西安交通大学 XI'AN JIAOTONG UNIVERSITY

研究生创新教育系列教材

企业财务管理案例解析

王俊霞 主编

西安交通大学出版社
XI'AN JIAOTONG UNIVERSITY PRESS

图书在版编目(CIP)数据

企业财务管理案例解析/王俊霞主编. —西安:西安交通
大学出版社,2017.9(2021.10 重印)
研究生创新教育系列教材
ISBN 978 - 7 - 5693 - 0175 - 5

Ⅰ.①企… Ⅱ.①王… Ⅲ.①企业管理-财务管理-
案例-研究生-教材 Ⅳ.①F275

中国版本图书馆 CIP 数据核字(2017)第 243986 号

书　　名	企业财务管理案例解析	
主　　编	王俊霞	
责任编辑	魏照民	

出版发行	西安交通大学出版社
	(西安市兴庆南路 1 号　邮政编码 710048)
网　　址	http://www.xjtupress.com
电　　话	(029)82668357　82667874(发行中心)
	(029)82668315(总编办)
传　　真	(029)82668280
印　　刷	西安日报社印务中心

开　　本	727mm×960mm　1/16　印张　16.25　字数　298 千字
版次印次	2018 年 1 月第 1 版　　2021 年 10 月第 3 次印刷
书　　号	ISBN 978 - 7 - 5693 - 0175 - 5
定　　价	39.80 元

读者购书、书店添货,如发现印装质量问题,请与本社发行中心联系、调换。
订购热线:(029)82665248　(029)82665249
投稿热线:(029)82668133
读者信箱:xj_rwjg@126.com

总　序

　　创新是一个民族的灵魂,也是高层次人才水平的集中体现。因此,创新能力的培养应贯穿于研究生培养的各个环节,包括课程学习、文献阅读、课题研究等。文献阅读与课题研究无疑是培养研究生创新能力的重要手段,同样,课程学习也是培养研究生创新能力的重要环节。通过课程学习,使研究生在教师指导下,获取知识的同时理解知识创新过程与创新方法,对培养研究生创新能力具有极其重要的意义。

　　西安交通大学研究生院围绕研究生创新意识与创新能力改革研究生课程体系的同时,开设了一批研究型课程,支持编写了一批研究型课程的教材,目的是为了推动在课程教学环节加强研究生创新意识与创新能力的培养,进一步提高研究生培养质量。

　　研究型课程是指以激发研究生批判性思维、创新意识为主要目标,由具有高学术水平的教授作为任课教师参与指导,以本学科领域最新研究和前沿知识为内容,以探索式的教学方式为主导,适合于师生互动,使学生有更大的思维空间的课程。研究型教材应使学生在学习过程中可以掌握最新的科学知识,了解最新的前沿动态,激发研究生科学研究的兴趣,掌握基本的科学方法,把教师为中心的教学模式转变为以学生为中心、教师为主导的教学模式,把学生被动接受知识转变为在探索研究与自主学习中掌握知识和培养能力。

　　出版研究型课程系列教材,是一项探索性的工作,十分艰苦。虽然已出版的教材凝聚了作者的大量心血,但还有必要在实践中不断完善。我们深信,通过研究型系列教材的出版与完善,必定能够促进研究生创新能力的培养。

西安交通大学研究生院

前　言

  案例教学法在国外由来已久,它将传授知识与培养能力并重,是被理论和实践证明行之有效的一种教学方法,我国教育界也逐渐重视并应用这种教学方法。近年来,受到国内外各学科案例教学成功实践的启发,我们教学组尝试着将案例教学法运用于研究生企业财务管理课程的教学中,取得了良好的教学效果。通过《企业财务管理案例解析》教材的使用,使学生树立科学的理财新观念,系统掌握企业财务管理的方法和手段,培养学生较强的财务预测、决策、控制和分析能力。

  《企业财务管理案例解析》教材将企业财务管理的理论与实践贯穿于企业财务管理全过程,通过对经典财务案例的剖析,将理论与实践有机结合在一起,使研究生了解学习理论的意义,体会实践的价值,缩短理论与实践的距离,增强应用理论解决实际问题的能力,使理论知识在实践中得以升华。《企业财务管理案例解析》对即将跨入企业管理领域的工商管理者提供经验与借鉴,具有良好的启发与警示作用,是丰富企业财务管理知识、扩展求知者商业思维的有效工具。

  本教材内容涉及面广,通俗易懂,适合各类人员使用。既可作为经济类院校研究生参考书,也可作为 MBA 学员、企业高管等人员的培训教材。

  本教材编写分工如下:第一章至第三章由西安交通大学教授王俊霞收集和整理;第四章至第六章由西安交通大学副教授李彬收集和整理;第七章至第八章由西安交通大学教授宋丽颖收集和整理。全书终稿由王俊霞老师审定。

  本教材在编写过程中,参考了大量的相关资料和最新研究成果,在此对有关作者表示衷心的感谢!

  本教材的出版得到了西安交通大学研究生教学研究与教学改革基金的资助,在此,我们表示衷心的感谢。

  由于编者水平和时间所限,书中疏漏在所难免,不妥之处,诚请读者不吝赐教。

2017 年 12 月

作者于西安交通大学

目　　录

第一章　财务管理基础案例

案例一
中原油田"财务"与"会计"分设的探索与评价

一、案例

摘要: 本案例以中原油田"财务"与"会计"分设为切入点,分析财务、会计分设的重要性,探索企业管理中独立的财务管理部门的管理内容以及管理方式。中原油田从 1995 年开始实行财会体制改革,本着集权管理的思想,他们采取了会计核算与财务管理分设的二元化体制,在管理模式上,以全面预算为统驭,辅之财务结算中心、会计核算中心的监督控制,并适时进行责任考核,真正实现了事前预算、事中控制、事后分析奖惩的财务管理体制。

关键词: "财务"与"会计"分设　探索与评价　案例分析

(一)企业背景

早在 1995 年中原油田就进行了财务体制改革,取消了原来局单位在银行开设的上千个账户,新成立了会计核算中心和财务结算中心。为了实现油田资金的集中管理,由财务结算中心在银行开户,局里的各项业务均必须通过结算中心办理,实现了资金从一个漏斗进出。

理顺体制,明确职能。财务结算中心直接受勘探局垂直管理,在业务上相对独立,管理全局的结算业务,局里的其他单位取消了在银行设立的账户,不再对外办理结算业务。结算中心根据计财处规划的资金预算对局属各单位的资金收支进行控制,对每项结算业务的合理合规性进行监督,没有预算不付款,账上没钱不付款,不符合财务制度规定不付款。

严格开户审查,监督资金合理使用。一是根据开户有关规定,对符合开户条件的各个单位的开户申请表进行审查,统一在财务结算中心进行开户。二是取消局属单位以前在银行设立的账户。三是加强成本控制,不允许油田下属的商业、饮食业、合资企业以及不隶属于油田勘探局的经营单位在财务结算中心开户。

加强资金管理,严格内部结算控制制度。财务结算中心在结算过程中,以国家财经政策、财经制度和财经纪律为准绳,站在全局的高度,从提高勘探局的整体效益出发,对每项结算业务认真做到"五把关",即严把结算审核关、严把印鉴使用关、严把核对关、严把内部结算关和严把对外付款关。

强化资金预算管理,确保企业经营目标的完成。为了进一步规范各单位的经营行为,1996年初,财务结算中心将财务管理与会计核算分开设立,并且自上而下设立了专门的预算管理机构,勘探局成立了预算管理委员会,负责全局资金预算的汇总平衡和审批;各生产单位的预算管理由各单位计划财务科来完成。坚持生产需要的必须纳入预算,纳入预算的必须按预算执行的原则。年度预算以生产、利润目标为依据测算,月度预算之和不能超过年度预算,月度预算经审查确定后,交财务结算中心监督执行。每月初,各单位计划财务科对上个月资金预算的执行情况进行事后对比分析,写出分析报告,交单位领导作为决策依据。

提高会计资料的真实性和资金的使用效益,实行会计核算的集中管理。为了防止会计资料弄虚作假,勘探局将局属各单位1200多名会计人员抽离出来,单独成立了会计核算中心,对核算中心会计人员的职称待遇进行统一管理,不再受原生产单位的行政干预。会计核算中心为局属正处级事业单位,其职能是代理会计核算、代表行政监督,确保了企业有限资金的合理使用。

中原油田的财会体制改革,是本着集权管理的思想,采取了会计核算与财务管理分设的二元化体制,在管理模式上,以全面预算为统驭,辅之财务结算中心、会计核算中心的监督控制,并适时进行责任考核,真正实现了事前预算、事中控制、事后分析奖惩的财务管理体制。

(二)课堂讨论

1. 财务、会计分设的必要性是什么?

企业财务管理越来越受到企业决策机构、管理当局(如董事会、董事长、总经理)的关注,财务管理是企业管理的中心的理念越来越深入人心。这种理念的形成不是理论熏陶、教授呼吁的结果,而是被企业面临的经营环境巨变、企业风险日益加剧、现金与成本压力越来越大等客观因素逼出来的。这里存在一个概念层面的问题需要解决,那就是财务和会计的关系问题。关于企业财务管理工作与会计核算工作的区别与关联,可以说理论界基本上已取得了共识。但是在实际的企业管理中可能还有差距,其原因是复杂的,主要是传统经济体制的客观影响。与财务理论和西方的实践比较,在我国目前公司制的法人治理结构中,CEO(总经理)的财务管理权力过大,而CFO(财务主管)的财务管理权力不足,这是与把企业财务工作同会计工作混为一体的体制相关的。从中原油田的实践可以看出:财务部门与会计部门的工作任务特点存在较大差别,只有将二者机构分设、工作分离,才能进一步重构会计体系,提升财务管理功能。会计部门主要负责信息收集、处理和报告的核算工作,工作弹性较弱,程序要求严格,而财务部门主要负责资金筹划、财务控制的工作,工作弹性强,程序要求比较灵活。如果把会计核算和财务管理工作混杂在一起,则"刚性"的会计核算工作很容易挤兑"弹性"的财务管理工作,容易造成"重核算,轻管理"的局面。只有通过设立类似中原油田独立的计划财务处这个组织,才能集中精力搞好本单位生产经营过程中的计划财务管理、资金预算编制、流动资金安排、费用支出控制、内部承包考核等日常管理工作。

2. 独立的财务管理部门"管"什么？怎么"管"？

企业财务机构独立是财务在"形式"上的独立,我们必须在"形式"独立的基础上实现财务"实质"独立。"实质"独立的含义就是财务部门具有独特的管理对象(内容)和管理方式。对此,中原油田的实践做出了有操作性的回答:以财务结算中心管理企业现金流转,以预算管理为轴心实现财务对企业业务活动、日常管理、资金流动的严格监管。只有这样才能使"财务管理是企业管理的中心"落到实处。没有财务对现金流量的管理,财务管理是错位的;没有财务对业务活动、日常管理活动的监控,财务管理是表层的。

在现金流转管理制度设计中,中原油田的实践提出了一个较为普遍的财务问题:财务管理特别对现金流转的监管、调度是应当集权还是分权。这是过去长期以来未解决好的问题,往往是一收就死,一放就乱。改革20多年来,我国国有企业在内部管理体制上无疑都经历了"集权"与"分权"体制的转换,在一些企业甚至可能出现过多次"折腾"。从财务理论上把握这个问题是没有标准的、唯一的答案,"一定要具体情况具体分析",因为我们都欣赏这样一句话:管理没有定式。然而,回顾我国国有企业内部管理体制的改革过程与结果,我们应该有这样的共识:企业管理较为松散,财务监控不到位,尤其多头开户导致资金分散,时常发生现金"体外循环"的问题。经济体制改革是要把国有企业推向市场,但是绝不是也绝不能把企业内部的各种资源通过"划小核算单位"完全细分并各自推向市场,否则每个国有企业整体将被全面瓦解,管理当局将成为一个行政机构。对此,我们的一批企业已经付出昂贵的"学费"。中原油田从现金流转的监管入手,取消了局属单位在银行开设的上千个账户,统一在财务结算中心开户,财务结算中心在银行开户,局内、外的各项结算业务均通过财务结算中心办理,实行一个"漏斗"进出的办法,实现了财务管理由分权向集权的回归。我们注意到近年我国一批企业已经开始或完成了这种回归,这可能是一种无奈的制度选择,但却是明智的和有效的。

关于资金结算中心,以前称为"内部银行"或"厂内银行",搞财务的人并不陌生。"内部银行"或"厂内银行"在我国企业较为广泛的推行至少有近20年的历史,也经历由"热"到"冷"再到"热"的反复过程,目前仍受到赞许和推广。但在实际运作中,许多企业推行内部结算中心或者资金集中管理并不能够达到预期的目的,效果并不明显,甚至出现"低效"和"内部冲突"加剧的后果。对此,我们应该加以深入分析。

第一,谁来掌管结算中心。推行内部结算中心是一种全新的、高度集权的财务运行体制,绝不仅仅是一种简单的财务技术方法。集权体制的安排尤其是从分权走向集权的体制变革最大的困难不是在技术层面上,而是管理层的改革决心和下级单位的心理抵触问题,这是一个超过了财务范畴的企业文化问题,但又必然反映到财务管理上来。解决集权体制下的内部冲突的良方就是高层管理者的直接"插手"。中原油田的财务结算中心是直接受勘探局领导的。没有这种"权威性",内部结算中心的功能和效率将会大大减弱,这也是"经营者财务"的要义。

第二,结算中心应该干什么。从概念上分析,该问题的答案是明确的,就是像中原油田的做法一样,通过集中办理企业内、外各项结算业务,实行全企业现金流量一个"漏斗"进出,由此实现资金控制。然而,我们了解到企业实际运行中有一个棘手的事项是内部核算工作(责任会计)的归属问题。不少企业是交由结算中心完成,使结算中心成为了内部核算中心,功能的转换使该中心的"主业"发生了偏离,势必影响其效率。一个部门和一个人一样,能力是有限的。内部责任核算的任务应该交由独立的会计核算部门完成,内部结算中心专心致力于资金控制才是明智的。

第三,结算中心怎样开展工作。中原油田的两个方面的做法具有推广价值:一是对每项结算业务认真做到严把五关,这就实现了对现金流转尤其是现金流出的主要风险的预防和控制。从控制力度分析,内部结算中心的现金控制要以致力于消除隐患、防范风险、规范经营、提高效率为宗旨,必须从细处入手,防微杜渐,建立全方位的现金控制体系、多元的监控措施和设立顺序递进的多道控制防线。二是建立全方位的资金预算管理模式,年度预算以生产、利润目标为依据测算,月度预算之和不能超过年度预算,月度预算经审查确定后,交财务结算中心监督执行。属生产正常需要的必须纳入预算,纳入预算的必须按预算执行。没有预算管理,结算中心的现金监控就缺少"规则"或依据,严密的全面预算是内部结算中心有效运行的重要前提条件。

3. 会计人员如何管理?

案例资料中提到为了制止会计信息资料的失真现象,勘探局将局属各单位1200多名会计核算人员从各生产经营单位中分离出来,会计人员的职称、待遇由会计核算中心实行统一管理,会计人员与生产单位只是核算、服务和监督关系,不再受原生产单位的行政干预,隶属关系发生了质的变化。会计核算中心的职能是代理会计核算,代表行政监督。从笔者所掌握的情况来看,类似中原油田,在一个企业或集团内部会计人员实行集中统一管理的体制,好像已经成为一种"时尚"。我们为这种改革"时尚"深为忧虑,原因是:①这种改革把会计仅仅定位为财务会计。财务会计固然重要,但是不能忽视管理会计(如责任会计),而管理会计的性质决定其是难以"统一管理",也不应该"代理"。②这种改革剥夺了下级单位负责人组织领导本单位会计工作的职权,因而他们也就不应该承担会计信息失真的种种责任。如果下级单位是一个独立法人的话,这与新《会计法》的要求相抵触。③可以认为这种改革仅仅出于会计信息真实的需要。但是把1200多名会计核算人员进行集中统一管理,企业不仅要付出较高的"改革成本"和"组织成本",而且也使会计监督有余,核算不足,会计人员的"主业"走偏,使他们的工作与内部审计趋同。当然,这也不能一概而论,我们想说明的是,企业内部任何一项改革都不能顾此失彼。

上述分析可以得出以下几点结论:

(1)财务、会计机构分设,工作分离,是提升财务管理功能、重构会计体系的组织保证。只有通过设立类似中原油田独立的计划财务处这个组织,才能集中精力搞好本单位生产经营过程中的计划财务管理、资金预算编制、流动资金安排、费用支出控制、内部承包考核等日常管理工作。

(2)以财务结算中心管理企业现金流转,以预算管理为轴心实现财务对企业业务活动、日常管理、资金流动的严格监管。只有这样才能使"财务管理是企业管理的中心"落到实处。没有财务对现金流量的管理,财务管理是错位的;没有财务对业务活动、日常管理活动的监控,财务管理是表层的。

二、案例使用说明

(一)教学目的与用途

(1)案例主要适用于中级财务管理课程,也适用于企业战略管理等课程。

(2)本案例的教学目的在于使学生了解"财务"与"会计"分设的必要性,独立财务管理部门的管理职责与管理方式。

(二)启发思考题

(1)中原油田为什么要"财务"与"会计"分设?

(2)"财务"与"会计"分设的必要性体现在哪些方面?

(3)简述独立财务管理部门的管理内容与方式。

(三)分析思路

本案例的分析思路是以中原油田"财务"与"会计"分设为切入点,重点分析"财务"与"会计"分设的必要性、独立财务管理部门的管理内容与方式以及会计人员的管理。使得学生了解财会分设的必要性和存在的难题。

（四）理论依据与分析

财务管理是指运用管理知识、技能、方法,对企业资金的筹集、使用以及分配进行管理的活动,主要在事前事中管理、重在"理";会计是指以资金形式,对企业经营活动进行连续地反映、监督和参与决策的工作,主要在事后核算,重在"算"。两者联系在于目的都是在于管理企业经营、提高企业效益;所指的对象都是企业资金。实务工作中,两者往往相互交叉,不分彼此。所以,也就不难理解,为什么财务部门从事会计核算了。但是,两者的职能、内容都是不同的。

（五）关键要点

了解财务与会计分设的必要性与独立财务管理部门的管理内容与方式以及会计人员管理的难题。

（六）建议的课堂计划

(1)了解中原油田企业背景与发展脉络。

(2)课堂讨论。

（七）案例的建议答案以及相关法规依据

建议答案见上文分析。

案例二
从泸天化的"十个统一"探讨企业财务管理体制建设

一、案例正文

摘要:在企业财务管理体制建设方面,目前我国一些集团公司存在着严重的问题,这些问题的存在不仅导致企业生产经营困难,而且使企业在建设现代公司制度的深层次改革道路上越走越远。本案例尝试以泸天化集团的财务管理体制建设为例,从十个方面重点剖析企业集团财务管理体制。

关键词:财务管理体制　"十个统一"　案例分析

（一）案例简介

泸天化(集团)有限责任公司,我国特大型化工企业,年销售额近20亿元,利税2亿元左右,是中国500家最大工业企业和最佳经济效益企业之一。集团公司形成了以"十个统一"为内容的财务管理机制和会计核算体系。

(1)统一资产管理。集团公司的资产由集团公司统一管理,其他单位的资产为受托经营,限额以内部分资产的处置权必须报集团公司批准并备案,公司内的各个单位和任何个人不具备资产处置权。

(2)统一资金管理。集团公司财务部成立了资金结算中心,取消了二级财务机构在各专业银行的账户,1997年度财务费用比上年同期减少了1 500多万元。具体措施主要有:①集团公司内所有资金由公司集中统一管理,通过资金结算中心对内部各单位统一结算和收付。②各二级单位在资金结算中心开立内部结算账户,并执行资金的有偿占用。③统一包括附营业务收入在内的所有财务收支,各单位通过资金结算中心统一结算。

(3)统一银行账户管理。各二级单位开立的账户均予以注销,二级单位确因生产经营、科研开发、基本建设等需要,在各专业银行或非银行金融机构开立账户时需报经集团公司批准。集团公司有权调用各单位的结余,并实行有偿占用。

(4)统一信贷管理。集团公司作为一级法人,统一向各专业银行、非银行金融机构和有关单位办理各种资金信贷事项,各二级单位向集团公司申请内部贷款,有偿使用。

(5)统一税费征纳管理。

(6)统一物资采购管理。集团公司内主要原材料、燃料、设备、备品备件、辅助材料由公司统一采购,各项物资采购必须编制采购计划,严格物资进出库的计量和检验制度。集团公司内有部分采购权的二级单位,其采购业务在供应部门的指导下进行,并优先使用公司内各级库存物资。

(7)统一财务收入管理。集团公司各种主营业务收入和附营业务收入都归为财务部门管理,各单位和部门的非财务机构不得截留公司的各项收入。各单位财务部门必须将所实现的收入通过资金结算中心的内部结算制度集中统一到集团公司。

(8)统一发票管理。集团公司实施了由财务部统一购领发票、统一解缴税金等一系列发票管理制度。

(9)统一会计核算和管理。①各单位财务负责人对所设会计科目和会计账簿的真实性和准确性负责,并全面及时地反映资产、负债、权益的财务状况和收入、成本(费用)、利润及其分配的经营成果,各内部报表编制单位必须及时、定期向集团公司财务部报送内部报表。②集团公司各单位必须建立财产清查制度,保证公司财产物资的账实、账账和账证相符。③各单位审核报销各种费用,必须按照集团公司的有关规定执行。④集团公司内各财务部门应当建立健全稽核制度,严格执行出纳人员不得兼管稽核、会计档案保管和有关收入、费用、债权债务等账务的登录。坚持出纳和会计核算岗位分开的内控原则。

(10)统一财会人员管理。集团公司财务实行月度例会制度,由财务部负责人主持,负责总结和布置集团公司财务工作。集团公司会计人员的业务接受财务部监督和指导,集团公司逐步实施对二级单位的会计主管和会计人员的集中管理。

另外,集团公司实施了基本建设三项管理制度——投资计划管理制度、项目在建管理制度、工程预决算管理制度。

(二)课堂讨论:"十个统一"财务管理体制的启示

在财务管理体制建设方面,目前我国一些集团公司存在着严重的问题,这些问题的存在不仅导致企业生产经营困难,而且使企业在建设现代公司制度的深层次改革道路上越走越远。无疑,泸天化集团"十个统一"为内容的财务管理体制改革给我们提供了成功的经验。

1. 为什么说集权管理是财务成功管理的核心?

集权管理是"泸天化"财务管理的本质。现代企业存在两个基本的管理模式:集权和分权。像一些大规模主业经营公司、初创公司、各子公司业务相似或相关、管理者控制能力不强的公司适合采用集权式管理,反之,则适合采用分权式管理。

近年来,许多集团公司在管理权,尤其是财权方面过度分散,致使企业没有发挥出明显的规模效益,必须花大力气调整财权配置。首先,应实现由分权型管理向集权型管理的根本转变,集中财权,统一管理。即:财务人员的任免权、投资权、资金调度权、收益分配权这些重大的财务权应收归集团总部,各级公司只保留经营权。其次,应避免财权被多层次分割而过于分散,合理控制财务管理半径,减少管理层次,使财权散布于各层级公司的局面得到根本转变。"泸天化"集团的财务管理体制变革恰恰就是这种思想的反映,具体说来,集团公司应坚持"以制度理财,用统管聚财,抓龙头控财,用指标管财"的基本原则。

2. 如何理解全面管理是实现集权管理的保障?

在财务集权管理的基础上,集团公司还必须对各子公司实施多样的、全方位的财务管理以实现集权管理的高效运行。财务集权管理是多层次、全方位的,总的原则是:横向到边,纵向到底,财务管理要到位;不仅要管得住,还要管得好,力度要加强。"沪天化"的经验启示我们,要想实现集权化管理,关键首先应做到以下五点:第一,活化资金管理,提高资金使用效率,避免资金闲置浪费,同时,还应监控各子公司的资金流动,避免资金运作风险;第二,强化投资管理,对外投资管理由集团公司集中实施,作为利润中心的各子公司无权单独对外进行投资,如确实需要,子公司可将投资项目的具体计划及可行性报告上报集团总部,总部审批后,再由子公司负责具体实施;第三,细化资产管理,集团公司的资产由集团公司统一管理,其他单位的资产为受托经营,限额以内部分资产的处置权必须报集团公司批准并备案,公司内的各个单位和任何个人不具备资产处置权;第四,深化成本管理,企业应改变只在生产过程抓成本控制的片面行为,从产品设计、材料采购方面就应做好成本控制,从"源头"消灭成本浪费,实现成本控制的事前参与和超前控制;第五,财会制度管理,只有完善财会制度体系建设,建立符合企业发展要求的财务管理体制,才能使整个集团公司按照统一口径标准进行财务核算,避免各自为战。

3. 如何对集权风险和运行变化进行理性思考?

第一,集权模式的可操作性。不是所有的集团公司都适用集权管理,集团的行业特征和产品特征往往影响集团的集权与分权选择。如果集团有多种产业和产品,各个子公司地理布局分散,生产流程又不相关,则集权模式的可操作性较小,带来的管理成本也将大于集权收益。

第二,集团总部的控制和协调能力。若集团总部的控制和协调能力很弱,适用市场能力又不强,"一管就死",则集中管理不仅不能协调、激发各子公司的积极性,还将会束缚各子公司手脚,削弱子公司适用市场的能力,妨碍其把握市场的机会。

上述分析可以得出以下几点总结:

(1)集权管理是财务成功管理的核心。面对众多集团公司出现的财权分散、财务制度混乱、公司竞争力下降而陷入经营困境的局面,必须进行财务制度改革,调整财权配置。其基本思路是:集中财权、统一管理。即:财务人员的任免权、投资权、资金调度权、收益分配权这些重大的财务权应收归集团总部,各级公司只保留经营权。其次,应避免财权被多层次分割而过于分散,合理控制财务管理半径,减少管理层次,使财权散布于各层级公司的局面得到根本转变。

(2)全面管理是实现集权管理的保障。在财务集权管理的基础上,集团公司还必须对各子公司实施多样的、全方位的财务管理,以此实现集权管理的高效运行。

二、案例使用说明

(一)教学目的与用途

(1)案例主要适用于中级财务管理课程,也适用于企业战略管理等课程。

(2)本案例的教学目的在于使学生了解财务管理的基础分析方法,财务管理体制集权的适用条件。

(二)启发思考题

(1)泸天化集团为什么要采用"十个统一"的财务管理体制?

(2)集权财务管理体制的适用性要考虑哪些方面?

(三)分析思路

本案例的分析思路是:以泸天化集团的集权财务管理体制作为切入点,重点分析集权管理对企业财务管理的重要性及集权财务管理体制的适用情况,使得学生了解集权财务管理体制的适用条件和存在的难题。

（四）理论依据与分析

集权式财务管理体制指存在于企业集团公司整体管理框架内，为实现企业集团公司总体财务目标而设计的财务管理模式、管理机构及组织分工等多项要素的有机结合，主要涉及母子公司之间重大财务决策权限的划分，包括融资决策权、投资决策权、资金管理权、资产处置权和收益分配权等，根据企业财权配置的不同方式，理论上将财务管理模式分为"集权型管理模式"、"分权型财务管理模式"和"混合型财务管理模式"。不可否认的是，集权型财务管理模式大有"独步天下"之势。

集权和分权都是相对而言的，没有绝对的分权，也没有绝对的集权。对企业集团进行财务集中控制，加强集权管理，是指在分权与集权之间更趋向于集权，而不是绝对集权，要在一定范围内和一定程度上进行有原则、有导向的分权。

（五）关键要点

了解集权式财务管理体制的重要性及其适用情况。

（六）建议的课堂计划

（1）了解泸天化集团企业背景与发展脉络。

（2）课堂讨论。

（七）案例的建议答案以及相关法规依据

建议答案见上文分析。

第二章 财务分析案例

案例三
财务指标分析——麦道与波音的比较

一、案例正文

摘要:本案例通过对麦道和波音公司主要财务指标的对比分析,发现麦道公司财务结构中存在的问题,使学生通过实例分析了解和掌握企业财务分析的基本方法。

关键词:比率分析法   比较分析法   财务指标

（一）案例简介

在 1992 年初,世界第三大飞机制造公司——麦唐纳·道格拉斯（McDonald Douglas）——计划出售百分之四十的股票给台湾的台翔公司。这一事件立刻引起了国际注意,美台朝野上下意见颇不一致。台湾组成了"麦道—台翔投资案研究评估小组",经过几个月的调查分析及研究,投资评估小组建议暂缓实施,使得这个轰动世界的投资案,胎死腹中。但世人依然议论纷纷,麦道的股票价格亦持续下跌,台湾为什么最后收回了投资呢? 麦道的股票为何下跌不振呢? 我们将采用一定的方法带领大家分析麦道公司的财务状况。

在分析企业财务状况时,可以采用一种方法,也可以同时采用几种方法进行分析。本案例中,我们采用了比率分析和比较分析相结合的方法。在比较分析法中,可与不同年度相比较,亦可与同行业企业相比较,我们将采用后者,以麦道公司的财务状况,与世界另一大飞机制造公司——波音公司——相比较,并略作分析。分析内容见表 2-1。

1997 年麦道与波音通过一个 130 亿美元的股票交换合并为波音公司。

表 2 - 1　　麦道与波音主要财务指标分析简表

财务指标	麦道	波音	表现结果	分析财务状况
1.流动比率	1.3	1.4	麦道较差	分析企业的偿债能力
2.速动比率	0.23	0.88	麦道较差	分析企业迅速偿债能力
3.自有资本率	26%	51%	麦道很差	分析企业总资产中,自有资本所占比率
4.总负债率	74%	49%	麦道很差	分析企业总资产中,负债所占比率
5.利息倍数	2.28	170	麦道非常差	衡量盈余能力支付利息费用的倍数
6.应收账款周转期	15 天	26 天	双方良好	显示平均应付账款期间
7.存货周转率	2.53	3.32	麦道较差	在一年中,企业产品售完又补充的次数
8.固定资产利用率	7.64	5.30	麦道较差	显示企业对固定资产能量的使用率
9.固定资产安定比率	62%	68%	麦道较差	在自有资本里,固定资产所占比率
10.总资产利用率	1.24	1.86	麦道较低	分析公司总资产的使用程度
11.总资产报酬率	2.39%	10%	麦道很差	衡量公司总资产所获得的报酬率
12.总资产利润率	9.2%	19.4%	麦道较差	衡量股东投资所得的报酬率
13.纯益率	1.95	5.43%	麦道很差	分析销货里,可产生多少利润
14.每股纯益率	$0.25	$4.5	麦道较差	每一股股票里可分配的利润
15.本益率	3.64	8.63	麦道较差	衡量投资人对公司每元利润所愿意出的价钱
16.市价与账面价值比率	0.4	1.7	麦道非常差	投资人对公司股票账面价值所愿付的价钱

(二)课堂讨论

台湾台翔公司为什么收回投资方案?

从以上麦道与波音主要财务指标分析中,我们可以了解麦道的财务结构中,最弱的一环是自有资本太少,而对外负债过高,麦道 1991 年利息费用四亿八千五百万美元,竟比全年的净利都高,在公司有盈余时还可以勉强维持营运,如果盈余降低,就可能有付不出利息费用的隐忧。

麦道公司为了维持它在世界飞机制造业的地位,准备发展最新式的商用客机MD - 12,但自知财力不足以负担巨大的研究发展经费,只有向外寻求合作者,这也是麦道找上台翔的原因。而台湾的"麦道—台翔投资研究评估小组"在几个月的研商后,终于做出了负面的决定。从我们对其财务分析中,也不难知道台翔收回投资案的原因了。

二、案例使用说明

（一）教学目的与用途

（1）案例主要适用于中级财务管理课程，也适用于企业战略管理等课程。

（2）本案例的教学目的在于使学生了解和掌握如何通过企业财务的比率分析法和对比分析法，发现企业财务结构中存在的问题。

（二）启发思考题

麦道公司的财务结构存在什么问题？

（三）分析思路

本案例的分析思路是，通过企业财务报表中相关指标间的关系，来判断企业财务结构中存在的问题。

（四）关键要点

了解和掌握企业财务分析的基本方法。

（五）建议的课堂计划

（1）了解麦道公司与波音公司主要财务指标及其分析方法。

（2）课堂讨论。

（六）案例的建议答案以及相关法规依据

建议答案见上文分析。

案例四
中江地产与浙江广厦财务状况比较分析

一、案例正文

摘要：本案例通过对中江地产和浙江广厦两家企业基本情况的介绍，重点对两家企业的偿债能力、营运能力、盈利能力等财务指标进行对比分析。通过分析使学生了解和掌握财务指标以及财务分析在企业和同行业财务分析中的重要性。

关键词：房地产行业 财务指标 财务分析

（一）公司简介

1. 中江地产

江西中江地产股份有限公司（以下简称"本公司"）的前身为江西纸业股份有限公司。江西纸业股份有限公司是经江西省股份制改革联审小组办公室 1996 年 12

月4日(〔赣股办〕〔1996〕15号文)批准筹建,由江西纸业集团有限责任公司独家发起,投入部分净资产,经中国证监会(证监发字〔1997〕109号文)批准,向社会公开发行4 500万股社会公众股,以募集设立方式设立的股份有限公司。

1998年5月,公司1997年度股东大会审议通过了1997年度派送红股及资本公积金转增股本的方案,向全体股东按每10股派送2股红股,共送红股2 100万股;向全体股东按每10股转增1股,合计转增股本1 050万股。1999年经中国证监会南昌特派办出具初审意见(赣证办〔1999〕87号文),并经中国证监会(证监发字〔2000〕24号文)核准,公司实施配股方案。本次增资配股方案是以1998年末总股本13 650万股为基数,每10股配售3股,共计可配售股份4 095万股。其中,国有法人股股东可配2 340万股,实际认购702万股,其余部分放弃。社会公众股股东配售1 755万股。经上海证券交易所批准,本次配股获配可流通股份已于2000年7月12日上市交易。2006年12月18日,中国证券监督管理委员会以证监公司字〔2006〕284号文核准,同意公司实施重大资产收购和定向发行新股。2006年12月20日公司相关股东大会审议通过了公司股权分置改革方案。截至2006年12月21日,公司已向江中集团增发人民币普通股14 000万股,增发新股价格为每股3.91元,公司募集资金总金额54 740万元,其中:实收资本(股本)14 000万元,资本公积40 740万元。江中集团持有江中置业95%的股权和江中制药厂持有江中置业5%的股权已变更为江西纸业股份有限公司持有。本公司变更后的注册资本为人民币30 107万元。公司第三届董事会第二十五次会议、2007年第一次临时股东大会审议通过了《公司名称变更》、《公司注册地址和经营范围变更》及《关于提请股东大会授权董事会办理相关工商变更》的议案。2007年2月5日经江西省工商行政管理局核准,公司法定名称变更为"江西中江地产股份有限公司"。

2. 浙江广厦

浙江广厦股份有限公司于2001年末进行了资产重组,主业由原来的工程建设转为房地产开发。近两年,公司在房地产方面进行了大规模的投入,采取了以杭州为基地、浙江为中心、沿海大城市为依托、中西部为重点的投资布局,旗下地产项目分布于杭州、南京、重庆、西安等大中型城市,呈现从东向西的扩张态势,已开发的项目有杭州"万安西苑"项目、"西湖时代广场"项目、上海"福楼望邸"项目、重庆"广厦经典"项目、南京"西季经典"项目等。浙江广厦股份有限公司(以下简称公司或本公司)系经浙江省股份制试点协调小组(浙股〔1992〕55号文)批准设立的股份有限公司,于1993年7月13日在浙江省工商行政管理局登记注册,取得注册号为330000000003557的《企业法人营业执照》。现有注册资本871 789 092.00元,折股份总数871 789 092股(每股面值1元),其中:有限售条件的流通股份A股565 155 492

股;无限售条件的流通股份 A 股 306 633 600 股。公司股票已于 1997 年 4 月 15 日在上海证券交易所挂牌交易。

（二）课堂讨论

对中江地产和浙江广厦的财务状况进行比较分析。

1. 基本数据对比

（1）主营业务总收入。

主营业务收入指企业（集团）从事某种主要生产、经营活动所取得的营业收入。从图 2-1 可以看出:浙江广厦 2006 年后几乎逐年增长,中江地产整体低于浙江广厦。

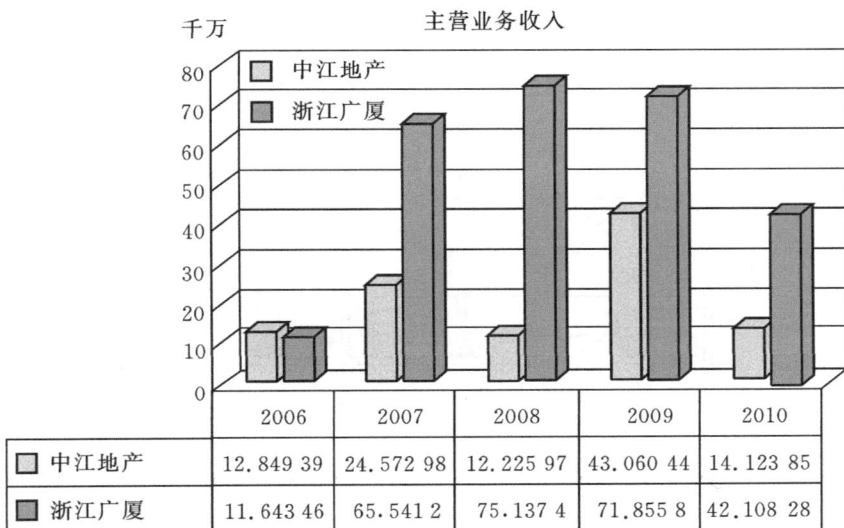

千万　　　　　　　　　　主营业务收入

	2006	2007	2008	2009	2010
中江地产	12.849 39	24.572 98	12.225 97	43.060 44	14.123 85
浙江广厦	11.643 46	65.541 2	75.137 4	71.855 8	42.108 28

图 2-1　公司主营业务收入分析图

（2）净利润。

净利润是获得投资回报大小的基本因素,对于企业管理者而言,净利润是进行经营管理决策的基础。从图 2-2 中可以看出:2007—2010 年四年里浙江广厦企业效益要远比中江地产好、稳定。

（3）总资产。

总资产是指企业拥有或控制的全部资产。包括流动资产、固定资产、长期投资、无形资产、递延资产等,即为企业资产负债表的资产总计项。从图 2-3 中可以看出:从 2006 年至 2010 年间,浙江广厦的总资产规模一直远远大于中江地产。

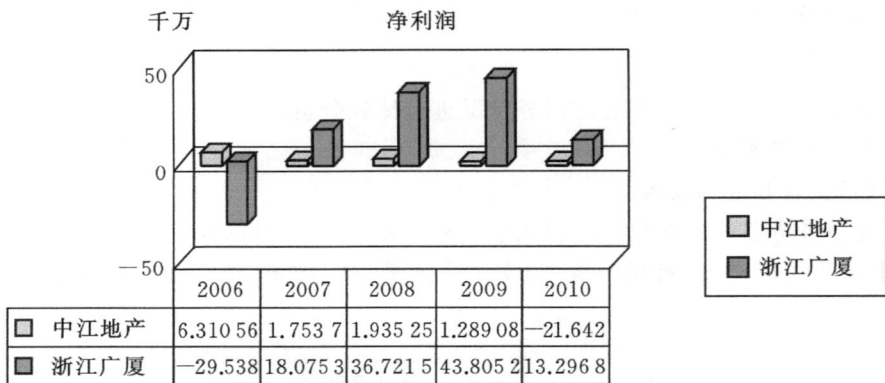

	2006	2007	2008	2009	2010
中江地产	6.310 56	1.753 7	1.935 25	1.289 08	−21.642
浙江广厦	−29.538	18.075 3	36.721 5	43.805 2	13.296 8

图 2-2 公司净利润分析图

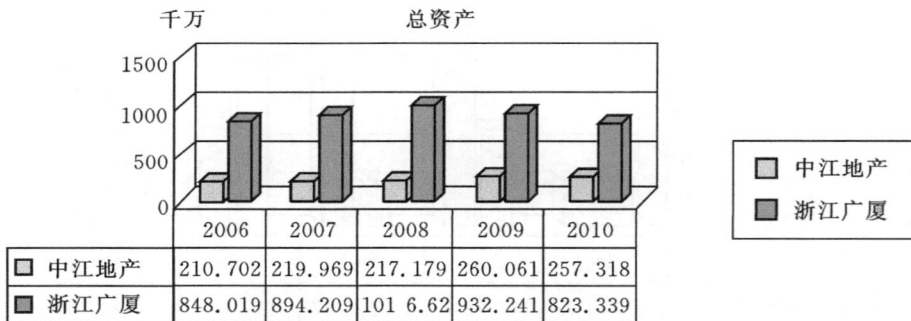

	2006	2007	2008	2009	2010
中江地产	210.702	219.969	217.179	260.061	257.318
浙江广厦	848.019	894.209	101 6.62	932.241	823.339

图 2-3 公司总资产分析图

(4)净资产。

净资产是指企业的资产总额减去负债以后的净额,在数值上等于企业全部资产减去全部负债后的余额,属于所有者权益。图 2-4 表明:浙江广厦在 2006—2010 年的净资产一直在中江地产之上。

2. 核心指标分析

(1)基本数据比较。

①净资产收益率。

$$净资产收益率＝(企业税后利润/净资产)\times 100\%$$

净资产收益率是企业税后利润与净资产的百分比。从图 2-5 可以看出:中江地产 2006 年至 2007 年净资产收益率增长,之后下降,表明 2007 年投资收益最大;

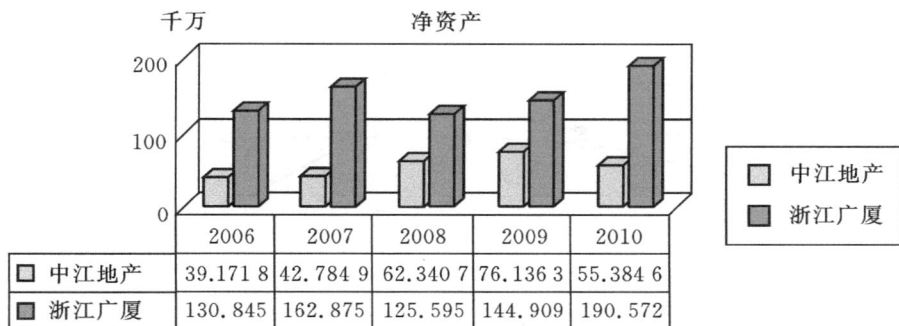

千万　　　　　　　净资产

	2006	2007	2008	2009	2010
□ 中江地产	39.171 8	42.784 9	62.340 7	76.136 3	55.384 6
■ 浙江广厦	130.845	162.875	125.595	144.909	190.572

图 2-4　公司净资产分析图

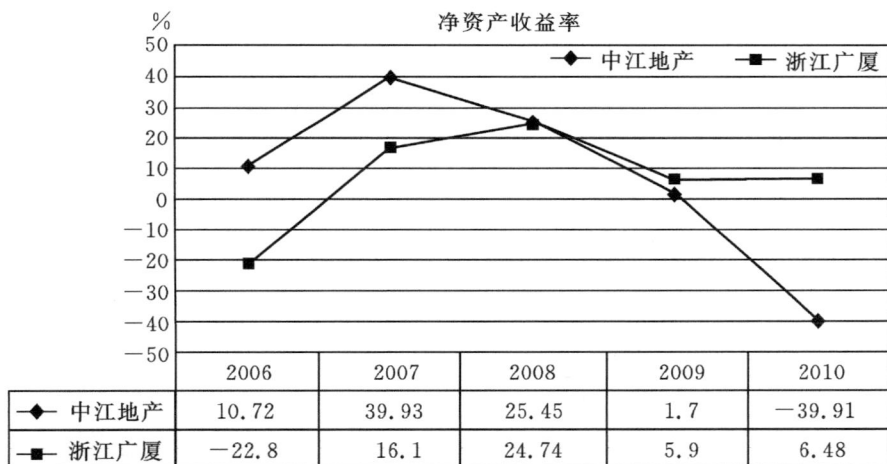

% 　　　　　　　　净资产收益率

	2006	2007	2008	2009	2010
◆ 中江地产	10.72	39.93	25.45	1.7	−39.91
■ 浙江广厦	−22.8	16.1	24.74	5.9	6.48

图 2-5　公司净资产收益率分析图

浙江广厦 2008 年前增长,2008—2009 年有下降,以后几乎没有波动,表明 2008 年收益最大。

②销售净利率。

$$销售净利率=(净利润/销售收入)×100\%$$

销售净利率是指企业实现净利润与销售收入的对比关系。从图 2-6 可以看出:中江地产 2008 年后开始下降,该公司应调整销售计划;浙江广厦收益水平始终稳定。

③总资产周转率。

$$总资产周转率=主营业务收入净额/平均资产总额×100\%$$

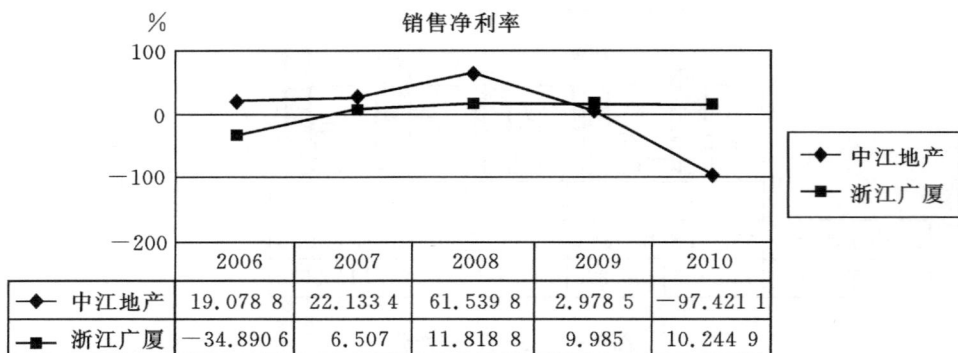

图 2-6　公司销售净利率分析图

	2006	2007	2008	2009	2010
中江地产	19.078 8	22.133 4	61.539 8	2.978 5	−97.421 1
浙江广厦	−34.890 6	6.507	11.818 8	9.985	10.244 9

总资产周转率是指企业在一定时期业务收入净额同平均资产总额的比率。从图 2-7 可以看出：中江地产对资产的利用率 2007 年后始终低于浙江广厦。

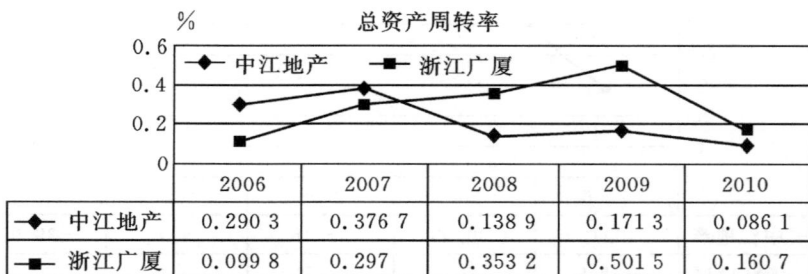

图 2-7　公司总资产周转率分析图

	2006	2007	2008	2009	2010
中江地产	0.290 3	0.376 7	0.138 9	0.171 3	0.086 1
浙江广厦	0.099 8	0.297	0.353 2	0.501 5	0.160 7

④股东权益比率。

$$股东权益比率=股东权益总额/资产总额×100\%$$

股东权益比率是股东权益总额与资产总额的比率,该比率说明企业资产中有多少是所有者投入的,反映企业基本财务结构是否稳定。从图 2-8 可以看出：两家公司的该项指标均比较低,表明企业有比较高的负债。

（2）核心指标分析结论。

从净资产收益率来看,2006—2007 年两家公司都有所增长,就 2007 年以后,浙江广厦几乎稳定发展,而中江地产则出现下滑。

销售净利率表明,由于中江地产要比浙江广厦成立早,因而销售净利率一直高于浙江广厦,直到 2009 年前后,开始落后于浙江广厦。浙江广厦的总资产周转率

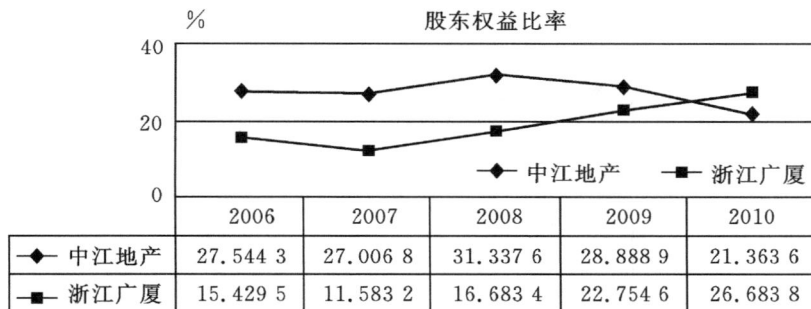

%	股东权益比率				
	2006	2007	2008	2009	2010
◆中江地产	27.544 3	27.006 8	31.337 6	28.888 9	21.363 6
■浙江广厦	15.429 5	11.583 2	16.683 4	22.754 6	26.683 8

图 2-8　公司股东权益比率分析图

2009 年前呈上升趋势,表明公司销售收入的增长大于总资产的增长,显示公司资产的边际效益上升,而 2009 年以后呈下降态势,即销售收入的增长小于总资产的增长,公司边际效益下降;中江地产则恰好相反。2010 年前中江地产的股东权益比率大于浙江广厦,显示其负债经营小。

3. 偿债能力分析

(1)基本数据比较。

①流动比率。

$$流动比率 = 流动资产/流动负债$$

流动比率是流动资产对流动负债的比率,用来衡量企业流动资产在短期债务到期以前,可以变为现金用于偿还负债的能力。从图 2-9 中可以看出:中江地产的流动比率大于浙江广厦,浙江广厦的短期还债能力较弱。

②速动比率。

$$速动比率 = (流动资产 - 存货)/流动负债$$

速动比率是速动资产对流动负债的比率,用来衡量企业流动资产中可以立即变现用于偿还流动负债的能力。从图 2-10 可以看出:两家公司的速动比率几乎相同,立即偿付债务的能力都比较弱。

③资产负债率。

$$资产负债率 = 总负债/总资产$$

资产负债率是企业总负债与总资产之比,它是一项衡量公司利用债权人资金进行经营活动能力的指标,也反映债权人发放贷款的安全程度。从图 2-11 可以看出:5 年中两个公司的资产负债率均比较高。

④利息支付倍数。

$$利息支付倍数 = 息税前收益/利息费用$$

流动比率

	2006	2007	2008	2009	2010
◆ 中江地产	1.875 2	2.292 4	2.104 6	2.349	2.700 3
■ 浙江广厦	1.317 8	1.174 2	1.092	1.502 2	1.269 9

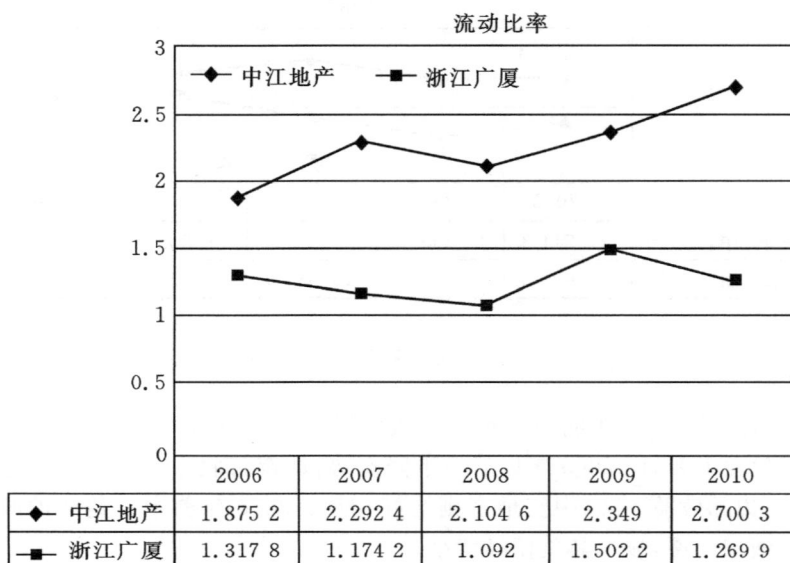

图 2-9 公司流动比率分析图

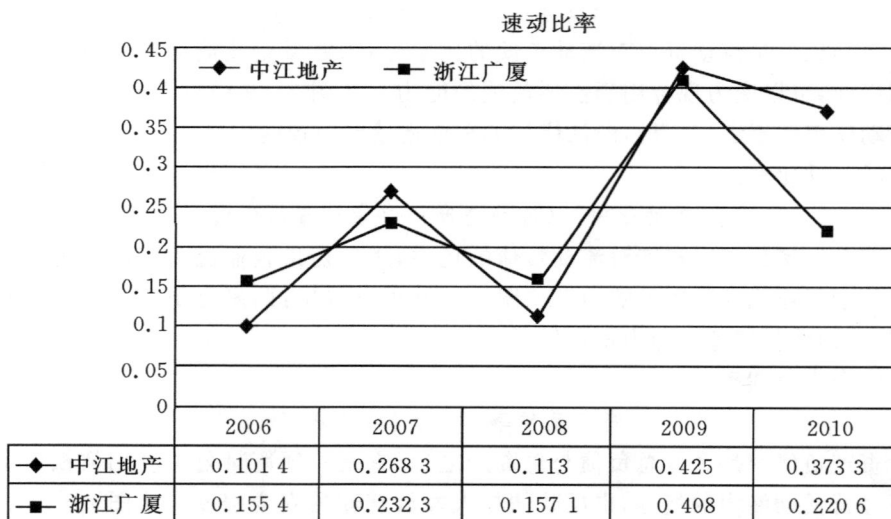

速动比率

	2006	2007	2008	2009	2010
◆ 中江地产	0.101 4	0.268 3	0.113	0.425	0.373 3
■ 浙江广厦	0.155 4	0.232 3	0.157 1	0.408	0.220 6

图 2-10 公司速动比率分析图

资产负债率

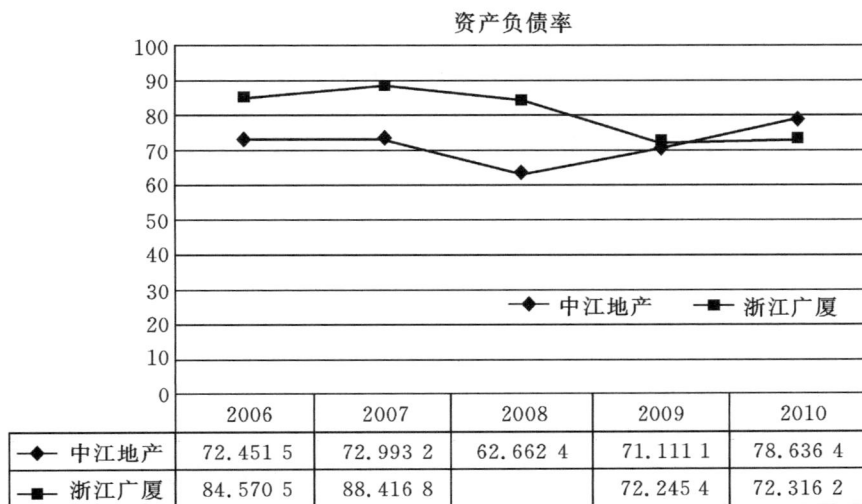

	2006	2007	2008	2009	2010
◆ 中江地产	72.451 5	72.993 2	62.662 4	71.111 1	78.636 4
■ 浙江广厦	84.570 5	88.416 8		72.245 4	72.316 2

图 2-11　公司资产负债率分析图

利息支付倍数是指企业经营业务收益与利息费用的比率,用以衡量偿付借款利息的能力,也叫利息保障倍数。从图 2-12 可以看出:两家公司利息支付能力都比较差,中江地产该项指标由 2006 年一度降低到负值,2009 年出现回升;浙江广厦在 2007 年后保持相对稳定。

利息支付倍数

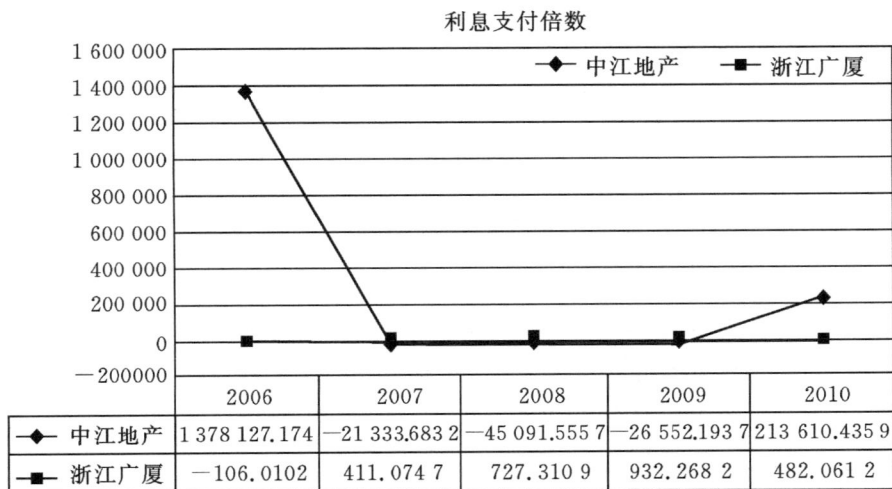

	2006	2007	2008	2009	2010
◆ 中江地产	1 378 127.174	-21 333.683 2	-45 091.555 7	-26 552.193 7	213 610.435 9
■ 浙江广厦	-106.010 2	411.074 7	727.310 9	932.268 2	482.061 2

图 2-12　公司利息支付倍数分析图

（2）偿债能力分析结论。

中江地产的流动比率大于浙江广厦，浙江广厦的短期还债能力较弱。

就流动比率、速动比率看，两家公司均正常，浙江广厦的速动资产偿还流动负债的综合能力只有 2006 年、2008 年较大。

两公司的负债率基本没有大幅变化，两公司都有较高的负债率，但浙江广厦要大于中江地产。

中江地产利息支付倍数呈下降状态，显示公司还贷能力变差；浙江广厦 2007 年后保持稳定，还贷能力较强。

4. 营运能力

（1）基本数据比较。

①应收账款周转率。

$$应收账款周转率＝赊销收入净额／应收账款平均余额$$

应收账款周转率是一定时期企业赊销收入净额与应收账款平均余额的比率。它是反映公司应收账款周转速度的比率，它说明一定期间内公司应收账款转为现金的平均次数。从图 2-13 可以看出：中江地产的应收账款周转率基本稳定，到 2010 年上升约 7.1 次；浙江广厦的应收账款周转率较大些，但至 2010 年有所缩短。公司的应收账款如能及时收回，公司的资金使用效率便能大幅提高。

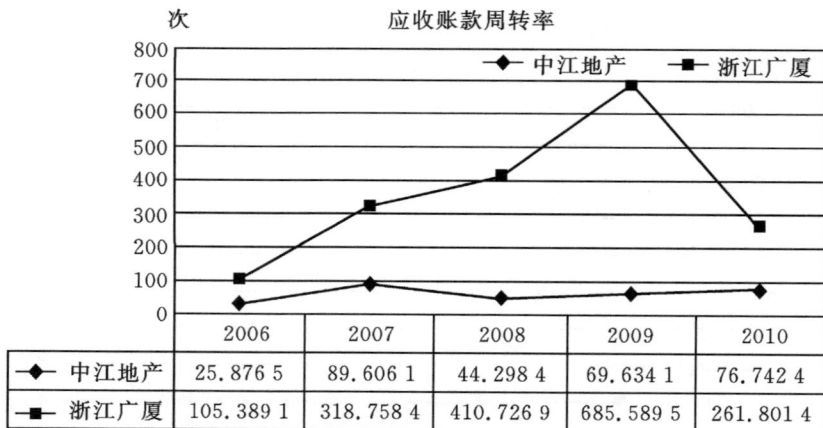

次	应收账款周转率				
	2006	2007	2008	2009	2010
◆ 中江地产	25.876 5	89.606 1	44.298 4	69.634 1	76.742 4
■ 浙江广厦	105.389 1	318.758 4	410.726 9	685.589 5	261.801 4

图 2-13　公司应收账款周转率分析图

②存货周转率。

$$存货周转率＝销货成本／平均存货余额$$

存货周转率是衡量和评价企业购入存货、投入生产、销售收回等各环节管理状况的综合性指标，它是销货成本与平均存货余额的比率。从图 2-14 可以看出：浙江广厦的存货周转率相对高,表明企业的销货成本数额增多,产品销售的数量增长,企业的销售能力加强,但2010年几乎和中江地产相当。

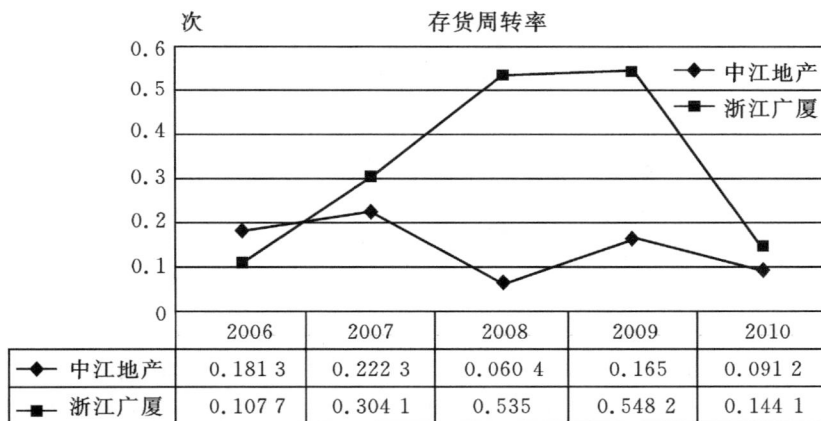

图2-14 公司存货周转率分析图

③流动资产周转率。

流动资产周转率=主营业务收入净额/平均流动资产总额×100%

流动资产周转率是企业一定时期内主营业务收入净额同平均流动资产总额的比率。流动资产周转率是评价企业资产利用率的另一重要指标。从图2-15可以看出:浙江广厦在2006年流动资产周转率较大,表明以相同的流动资产完成的周转额越多,流动资产利用的效果好,但之后降至2010年的0.087次;中江地产则一

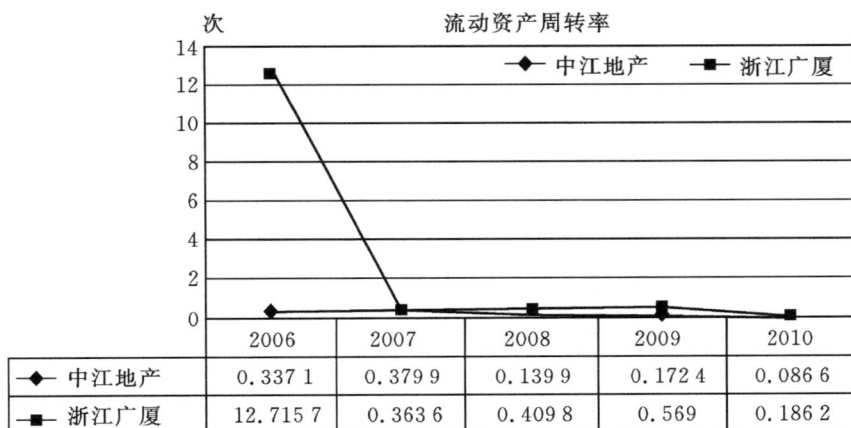

图2-15 公司流动资产周转率分析图

直保持比较低的流动资产周转率。

(2)营运能力周转率分析小结。

中江地产的应收账款周转率到 2010 年有所改善,周转次数约由 70 次提高为 76.74 次,这不仅说明企业的营运能力有所增强,而且对流动资产的变现能力和周转速度也会起到促进作用;浙江广厦继续保持着高周转次数,但仍比 2007 年、2008 年、2009 年降低许多。

浙江广厦存货周转率 2010 年比 2009 年延缓,这反映出该企业 2010 年存贷管理效率不如 2009 年,其原因可能与 2009 年存货增长幅度过大有关,企业的销货成本数额增多,产品销售的数量增长,企业的销售能力加强;中江地产 2010 年虽然仍然较 2009 年低,但比 2008 年高。

浙江广厦 2006 年流动资产周转的速度很快、企业产品的盈利水平较高,按销售收入计算的流动资产周转率也快,但 2007 年以后开始稳定着低周转率,说明企业盈利水平稳定;中江地产则一直维持低流动资产周转率,企业流动资金使用效益较低。

5. 盈利能力

(1)基本数据比较。

①总资产净利润率。

$$总资产净利润率＝净利润/总资产$$

从图 2-16 可以看出:2009 年浙江广厦的总资产净利润率超过中江地产,说明浙江广厦在 2009 年后对全部资产获取利润的能力增强。

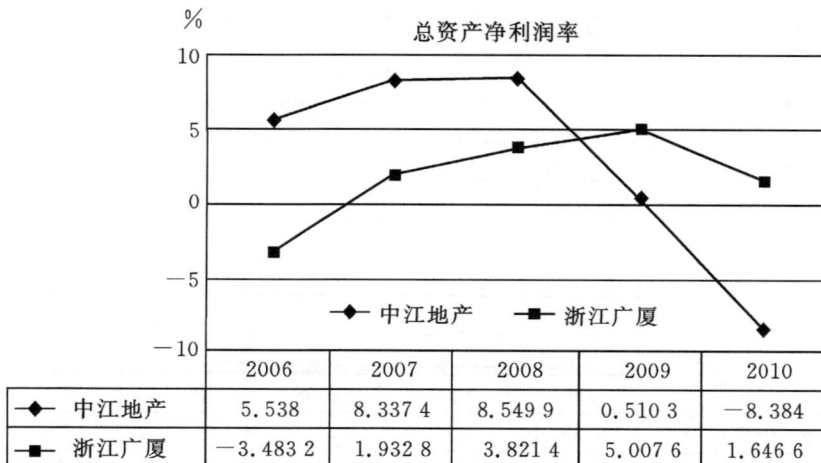

	2006	2007	2008	2009	2010
中江地产	5.538	8.337 4	8.549 9	0.510 3	−8.384
浙江广厦	−3.483 2	1.932 8	3.821 4	5.007 6	1.646 6

图 2-16　公司总资产净利润率分析图

②销售净利率。

$$销售净利率＝（净利润/销售收入）×100\%$$

销售净利润率是指企业实现净利润与销售收入的对比关系，用以衡量企业在一定时期的销售收入获取的能力。从图2-17可以看出：2009年以前中江地产较高，表明销售收入获取能力高于浙江广厦。

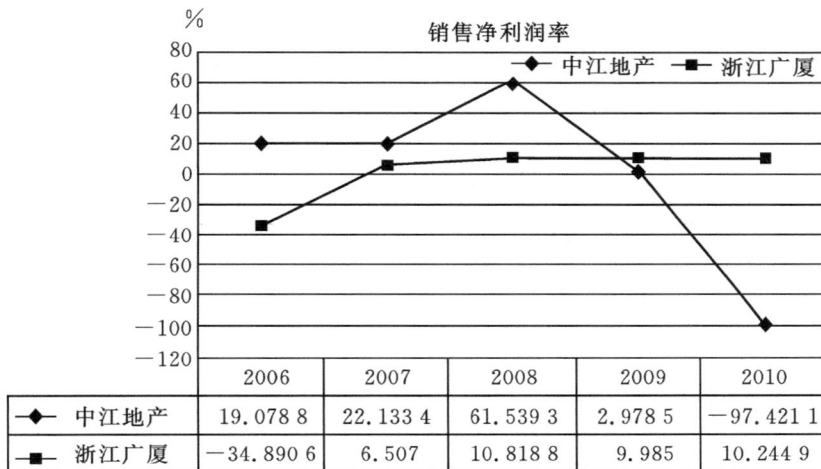

	2006	2007	2008	2009	2010
中江地产	19.078 8	22.133 4	61.539 3	2.978 5	−97.421 1
浙江广厦	−34.890 6	6.507	10.818 8	9.985	10.244 9

图2-17　公司销售净利润率分析图

③销售毛利率。

$$销售毛利率＝（销售净收入－产品成本）/销售净收入×100\%$$

销售毛利是销售净额与销售成本的差额。从图2-18可以看出：2009年中江地产的销售毛利率首次低于浙江广厦，表明中江地产的毛利额少于浙江广厦，如果持续下降，补偿期间费用后的盈利水平就不会高，也可能无法弥补期间费用，出现亏损局面。但是2010年下降趋势已有所缓和，说明中江地产已采取了措施。

（2）盈利能力分析小结。

两公司资产综合利用效率2010年均不如2009年，说明需要对企业资产的使用情况、增产节约工作开展情况等做进一步分析考察，以便改进管理，提高效益。

浙江广厦销售净利润高，表明企业为社会新创价值更多，贡献更大，也反映企业在增产的同时，为企业多创造了利润，实现了增产增收；而中江地产2009—2010年处于下滑。

中江地产的毛利额少于浙江广厦，如果持续下降，补偿期间费用后的盈利水平就不会高，也可能无法弥补期间费用，出现亏损局面。但是2010年下降趋势已有所缓和，说明中江地产已采取了措施。

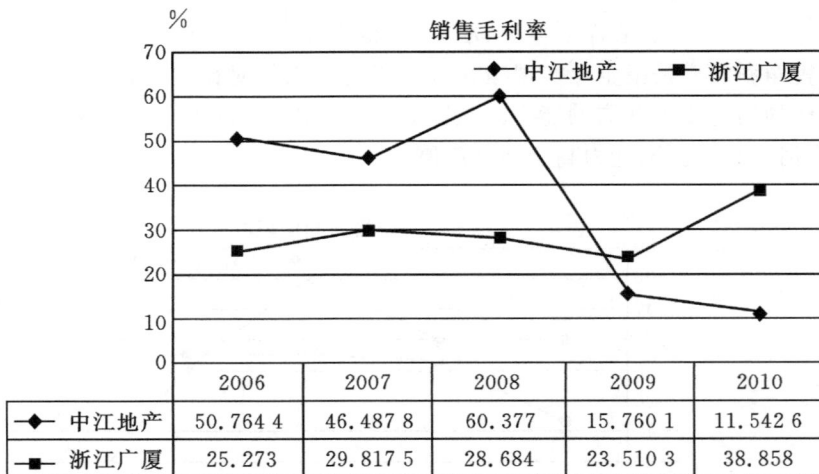

图 2-18 公司销售毛利率分析图

6. 财务总分析

2007 年之前房地产行业的过快发展甚至不正常发展导致国家出台一系列政策措施抑制房地产过热,而消费者持观望状态也致使房地产的冷淡。多种因素波及该行业中几乎所有企业,浙江广厦和中江地产也不例外。

从偿债能力分析,中江地产比浙江广厦的短期还债能力强,浙江广厦的速动资产偿还流动负债的综合能力只有 2006 年、2008 年较大。两公司的负债率基本没有大幅变化,两公司都有较高的负债率,但浙江广厦要大于中江地产。中江地产利息支付倍数呈下降状态,显示公司还贷能力变差;浙江广厦 2007 年后保持稳定,还贷能力较强。

中江地产对流动资产的变现能力和周转速度也会起到促进作用,企业流动资金使用效益较低;浙江广厦企业的销售能力较强,产品的盈利水平较高。

二、案例使用说明

(一)教学目的与用途

(1)案例主要适用于中级财务管理课程,也适用于企业战略管理等课程。

(2)本案例的教学目的在于使学生了解和掌握如何通过企业财务指标分析企业各方面的财务能力。

(二)启发思考题

两家公司的财务总分析结论是什么?

（三）分析思路

本案例的分析思路是通过企业财务报表中的相关指标来分析企业的偿债能力里、营运能力、盈利能力等。

（四）关键要点

了解和掌握企业财务分析的基本方法。

（五）建议的课堂计划

(1)了解两家公司的背景及财务报表数据,计算相关指标并进行分析。

(2)课堂讨论。

（六）案例的建议答案以及相关法规依据

建议答案见上文分析。

案例五

比亚迪公司财务分析

摘要:本案例主要针对比亚迪股份有限公司的财务状况进行分析,通过偿债能力、营运能力、盈利能力、发展能力、现金流量等方面的指标,来评价该企业在一定时期内财务运行状况,并对相关问题提出了合理建议,以期促进企业的良好发展。

关键词:比亚迪　财务指标　财务分析

一、案例正文

（一）企业背景

比亚迪股份有限公司(A 股 002594)创立于 2002 年 6 月,主要从事二次充电电池业务、手机部件及组装业务,以及包含传统燃油汽车及新能源汽车在内的汽车业务。

比亚迪汽车有限公司在广东、北京、陕西、上海等地共建有九大生产基地,总面积将近 700 万平方米,并在美国、欧洲、日本、韩国、印度等国和中国台湾、中国香港地区设有分公司或办事处,现员工总数将近 20 万人。

比亚迪汽车在车型研发、模具开发、整车制造等方面都达到了国际领先水平,产业格局日渐完善。尤其在新能源汽车领域,比亚迪掌握了动力电池核心技术,并已经拥有实现大规模商业化的技术和条件,能够开发更为节能、环保的电动汽车产品。

新能源汽车是相对于传统的燃料汽车而言的,包括混合动力汽车、纯电动汽车、燃料电池电动汽车、氢发动机汽车和其他新能源汽车等各类别产品。我国新能源汽车的发展起步于 20 世纪 80 年代,近年来发展迅速,产品种类增多,性能优化,在国际新能源汽车领域也具有一定的优势。我国未来能源安全、环境保护和交通压力等问题将进一步凸显,发展新能源汽车是汽车产业应对能源安全、气候变化和结构升级问题的重要突破口。

(二)课堂讨论

对比亚迪公司财务状况进行分析。

1. 企业偿债能力分析

偿债能力(debt-paying ability)是指企业用其资产偿还长期债务与短期债务的能力。企业有无支付现金的能力和偿还债务能力,是企业能否健康生存和发展的关键。

(1)短期偿债能力分析。

表 2-2　比亚迪短期偿债能力比率

	流动比率	速动比率	现金比率(%)
2011 年	0.642	0.444 4	12.229
2012 年	0.610 4	0.406	10.468 6
2013 年	0.676 9	0.479 9	13.155 3
2014 年	0.768 2	0.58	8.978 8
2015 年	0.823	0.584 8	10.734 1

根据西方的经验,流动比率在 2∶1 左右比较合适,速动比率在 1∶1 比较合适。从表 2-2 中可以看出比亚迪股份有限公司近五年来在流动比率和速动比率变化方面均不在正常范围之内,表明企业短期偿债能力较弱。现金比率呈先增长后下降的态势,表明企业的短期偿债能力在 2014 年出现了明显的下降,反映出企业当期经营活动产生的现金流量净额偿付流动负债的能力出现显著减弱。主要原因是 2011 年公司流动负债大量增加,2011 年 9 月的流动负债是 2008 年末的 2.5 倍。其中仅 2011 年应付票据就高达 54 亿。与之相对的是,流动资产四年仅增长了 50 亿,始终徘徊在 150 亿~200 亿之间。速动比率介于 0.4~0.6 之间,低于汽车制造业行业平均水平。

比亚迪公司近 5 年流动比率始终在 1.00 以下,理论上讲,流动比率指标的下限为 1.00,此时企业的流动资产等于流动负债,只有所有流动资产都能及时、足够地变现,不受任何损失地实现周转价值,债务清偿才有物质基础保障,否则,企业就会遇到债务不能及时清偿的风险。

（2）长期偿债能力。

表 2－3 比亚迪长期偿债能力比率

	资产负债率（％）	股东权益比率（％）	产权比率（％）
2011 年	63.458 5	36.541 5	164.535 9
2012 年	64.860 7	35.139 3	162.787 4
2013 年	67.462 4	32.537 6	178.655 8
2014 年	69.264 1	30.735 9	211.149 5
2015 年	68.802	31.198	202.213 7

由表 2－3 可知，2011 到 2014 年比亚迪股份有限公司的资产负债率不断地提高，而资产负债率反映企业偿还债务的综合能力，这个比率越高，企业偿还债务的能力就越差。从股东权益比率的角度来看，也是呈下降趋势，而股东权益比率越大，负债比率就越小，企业财务风险也越小，偿还长期债务的能力也就越强。从产权比率这个角度来看，这三年一直在小幅度上升，而产权比率越高，说明企业财务风险较大。2015 年，三项指标均出现了不同程度的降低。综合上述三个方面，由于资产负债率和股东权益比率表现不佳，所以该公司长期偿债能力是比较弱的。

公司近 5 年资产负债率在 66% 左右，波动较小，鉴于中国国情及公司所处行业，资产负债率基本合理；权益乘数介于 1.6～2.1 之间，理论上资产负债率在50% 左右，权益乘数合理的范围应该在是 2.00 左右，基本符合。企业资产对负债的依赖程度不是很高，风险适中。因此可以得出结论，比亚迪公司的长期偿债能力一般。

2. 营运能力分析

营运能力是指企业的经营运行能力，即企业运用各项资产以赚取利润的能力。

表 2－4 比亚迪营运能力比率

	应收账款周转率（次）	存货周转率（次）	流动资产周转率（次）	固定资产周转率（次）	总资产周转率（次）
2011 年	8.972	6.158	2.505 4	2.478 9	0.823 5
2012 年	7.976 5	5.760 6	2.161 3	1.961 3	0.697 6
2013 年	7.580 2	5.749 4	2.107 2	1.943 4	0.728 6
2014 年	5.428 9	5.400 8	1.687 4	1.981 6	0.683
2015 年	4.536 8	5.170 3	1.681 8	2.542 7	0.763 8

由表 2－4 可知,2011 年到 2015 年,比亚迪的应收账款周转率、存货周转率、流动资产周转率都在不断下降。应收账款周转率不断下降说明企业的应收账款回收困难,大量资金无法回收也导致了企业的经营生产困难;存货周转率下降说明企业销售困难,大量存货积压,企业应积极开拓新的销路;流动资产周转率下降说明企业的流动资产没有得到很好的利用,应提高流动资产的利用效率。另一方面,固定资产周转率和总资产周转率均呈现先降后升的趋势,固定资产周转率低,说明企业的生产效率比较低,会影响企业的盈利能力。

理论上讲,一般生产制造企业的存货周转率应达到 2～3 次,流动资产周转率应达到 1～2 次,应收账款周转率应达到 3～4 次。从表 2－4 看,比亚迪公司近几年的各项指标均超过行业平均水平,表明公司资金周转速度快,资本流动性强,公司营运能力良好。

3. 盈利能力分析

盈利能力就是公司赚取利润的能力,是企业生存发展的物质基础。

(1)营业收入分析。

从表 2－5 和图 2－19 可以看出,2011 年到 2015 年,比亚迪在营业利润率、销售净利率、销售毛利率、净资产收益率四个方面波动明显。2011 年到 2012 年比亚迪这四个指标呈下降趋势,公司的盈利能力在减弱,这主要是国内相关优惠购车政策取消,国内市场竞争加剧及原材料和人工成本不断上升造成的,内因外因综合导致盈利指标的下跌,2012 年尤为严重。

2014 年至 2015 年期间国家和地方政府对新能源汽车的购买者给予了大量优惠补贴,并且新能源汽车的配套设施建设日趋完善,市场环境和政策利好促使比亚迪新能源汽车销量大增,各盈利指标大幅上升,企业盈利能力明显提升。

表 2－5　比亚迪营业收入指标分析

	销售毛利率(%)	销售净利率(%)	营业利润率(%)	成本费用利润率(%)
2011 年	17.179 3	3.266 8	2.888 5	3.641 8
2012 年	14.301 3	0.454 4	−0.649 6	0.620 9
2013 年	15.613 2	1.467 7	0.201 8	1.586 9
2014 年	15.554 4	1.271 3	−0.307 8	1.502 9
2015 年	16.867 4	3.922 3	3.969 5	4.896 1

(2)资产盈利能力。

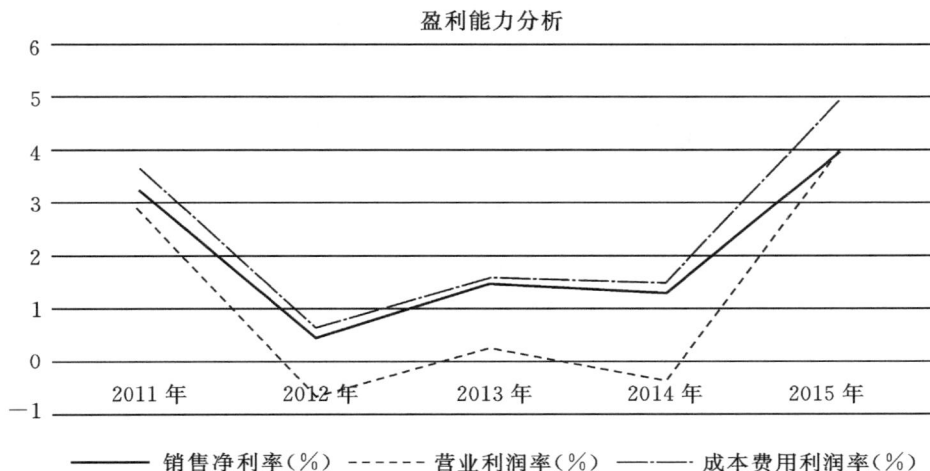

图 2-19　比亚迪盈利能力分析图

表 2-6　比亚迪资产盈利指标分析

	总资产利润率(%)	总资产净利润率(%)	净资产报酬率(%)	投资收益率(%)	每股收益(元)	每股净资产(元)
2011 年	2.430 6	2.690 1	43.412	151.815 2	0.677 6	10.186 5
2012 年	0.309 8	0.317	48.354 4	−1.372	0.090 4	10.256 3
2013 年	1.015 6	1.069 4	60.685 7	−4.351 5	0.329 6	10.558 8
2014 年	0.787	0.868 4	61.907 9	4.683 4	0.298 8	11.669 8
2015 年	2.717 4	2.996	64.017 9	58.902	1.267 4	14.551 4

从表 2-6 数据显示,总资产利润、总资产净利润率、净资产收益率均稳定在一定的水平上,而投资收益率的波动十分剧烈。2011 年至 2015 年比亚迪公司的投资收益率波动幅度超过 150 倍数,可见公司在投资项目选择和项目流程监管方面存在一定的问题,对资产的投资风险控制力度不足。

综合分析来看,比亚迪公司资产盈利能力较为稳定。

4. 发展能力分析

企业的发展能力,也称企业的成长性,它是企业通过自身的生产经营活动,不断扩大积累而形成的发展潜能。

从表 2-7 和图 2-20 可以看出,自 2011 年到 2015 年比亚迪公司发展能力各项指标整体处于上升趋势,主营业务收入一度出现负增长,随后快速上涨,这说明公司在发展能力方面存在较大的潜力,产品市场竞争力逐渐增强,企业基本保持健康发展。

表 2－7　比亚迪发展能力相关指标

	主营业务收入增长率(%)	净利润增长率(%)	总资产增长率(%)	净资产增长率(%)
2011 年	0.781 2	－45.347 7	23.905 2	13.375 5
2012 年	－4.041 1	－86.653 3	4.702 7	0.684 9
2013 年	12.826 1	264.444 5	11.180 9	2.949 2
2014 年	10.087 5	－4.639 5	23.059 7	16.245 3
2015 年	37.482 2	324.155 1	22.845 6	24.692 7

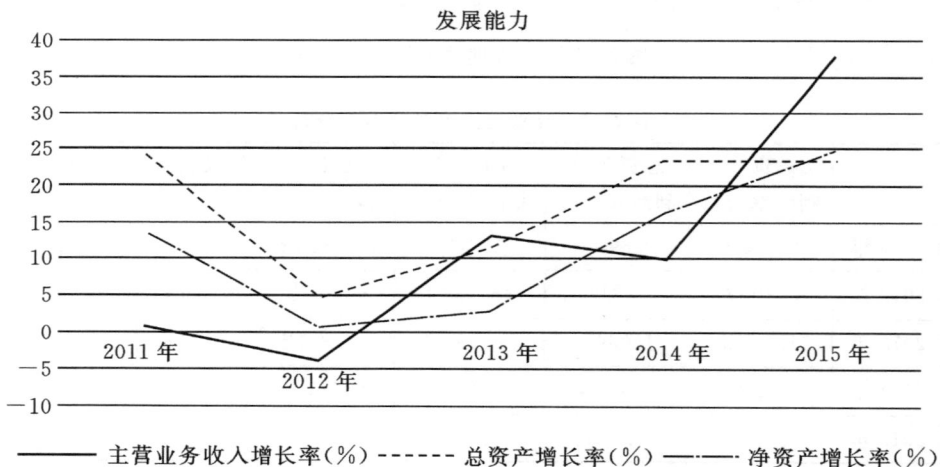

图 2－20　比亚迪发展能力分析图

从公司近 5 年的增长变化值可以看出,公司资产规模、资本及收入都在扩大,净利润虽有起伏,但总的来说还是呈上升水平,增幅速度良好,高于行业平均水平。

5. 现金流量分析

在当前"现金为王"的理财环境中,现金流量分析可以更加清晰地反映企业创造现金流量的能力,揭示企业资产的流动性和财务状况。因此,现金流量分析对信息使用者来说显得更为重要。

从表 2－8 和图 2－21 可以看出,2011 年至 2014 年比亚迪公司的现金流量比率大幅下降,表明公司经营活动导致现金流量出现明显的收紧,这是公司销售业绩和盈利能力的侧面反映,由上文对比亚迪公司业务动态的分析可知,其经营活动现金流的下跌是可以解释的。2015 年,现金流出现回升,与 2013 年的现金流水平基本持平,表明企业的现金管理能力增强,经营活动更加活跃,现金管理控制力得以强化。

表 2 - 8　比亚迪现金流量相关指标

	2011 年	2012 年	2013 年	2014 年	2015 年
经营现金净流量对销售收入比率(%)	0.122 6	0.118 6	0.046 1	0.000 7	0.048
资产的经营现金流量回报率(%)	0.091 2	0.080 9	0.031 9	0.000 4	0.033 3
经营现金净流量与净利润的比率(%)	3.751 9	26.094 8	3.139 9	0.051 5	1.224 3
经营现金净流量对负债比率(%)	0.143 7	0.124 7	0.047 3	0.000 6	0.048 4
现金流量比率(%)	17.933 3	15.461 1	5.839	0.071 8	5.811 7

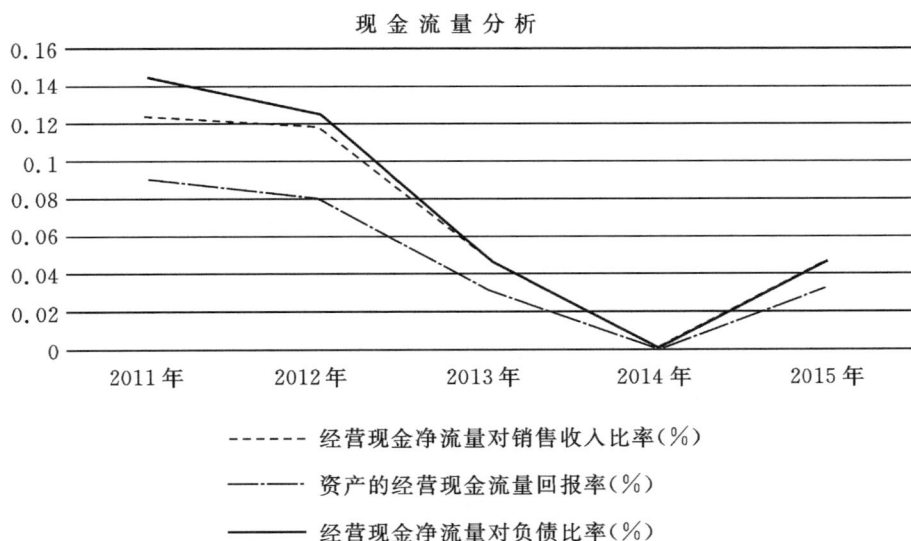

图 2 - 21　比亚迪现金流量分析图

纵观比亚迪公司整体财务指标,2011 年是经营情况最好的一年。随机选取汽车制造业四家上市公司 2010 年盈利指标与之对比,发现比亚迪公司基本资产盈利指标基本和行业平均值持平,每股收益和每股净资产略高于行业水平。

（三）几点建议

针对公司偿债能力不足的问题,公司应科学举债,优化资本结构,从原来的单一向银行贷款向多渠道资金筹措方向转变;同时公司应提高产品质量,增强产品竞争力,改善产品销售情况。

针对应收账款周转率低的问题,公司应建立企业信用评价体系,在交易发生前,对买方的信用进行评价,同时,公司应加强账款回收力度,通过制定应收账款账龄分析表来计提减值损失。

针对盈利能力不强的问题,公司首先应不断提高自身产品质量,增强产品竞争力,提高企业的售后服务质量;其次,公司应不断加强创新能力,研发推出新产品,在市场上保持竞争力;最后,公司应制定精确的营销策略,针对目标客户,不断改进研发新产品,迎合他们的需求。

针对成本过高的问题,各个部门应制定费用上限,将限额落实到员工个人,与企业的奖惩制度结合,树立员工的节约意识;公司做预算时,应削减一些不必要的支出;通过与竞争对手对比分析,从而发现自己在支出节约方面的不足,进而有针对性地改进。

二、案例使用说明

（一）教学目的与用途

（1）案例主要适用于中级财务管理课程,也适用于企业战略管理等课程。

（2）本案例的教学目的在于使学生了解如何通过企业财务报表分析企业各方面财务能力。

（二）启发思考题

（1）比亚迪公司的财务分析结论是什么？

（2）通过财务分析你发现比亚迪公司存在哪些问题？如何解决？

（三）分析思路

本案例的分析思路是通过企业财务报表中的相关指标,来分析企业的偿债能力、营运能力、发展能力和盈利能力等。

（四）关键要点

了解财务会计报表分析的方法。

（五）建议的课堂计划

（1）了解比亚迪的背景及财务报表数据，计算相关指标进行分析。

（2）课堂讨论。

（六）案例的建议答案以及相关法规依据

建议答案见上文分析。

案例六
ST 超日财务困境分析

一、案例正文

摘要:本案例尝试以 ST 超日财务困境为例，从财务管理的角度，对包括企业偿债能力、营运能力以及盈利能力等多方面分析企业财务状况。近年来，我国不少企业追求快速增长的经营模式，试图通过快速扩张使企业尽快占据市场份额。然而，现实却让人们看到快速扩张使许多企业走上了加速陷入财务危机甚至破产危机之路。ST 超日就是这许许多多例子中的一个，本案例将对其做出具体分析。

关键词:ST 超日　财务困境　案例分析

（一）案例简介

上海超日太阳能科技股份有限公司是一家研究、开发和利用太阳能资源的高新技术企业，公司成立于 2003 年 6 月。

2012 年 3 月 7 日，公司在深交所发行了规模为人民币 10 亿元的公司债，债券简称为"11 超日债"，债券代码 112061，期限为 5 年，债券票面利率为 8.98%，信用等级为 AA。因＊ST 超日 2011 年、2012 年连续两年亏损，深圳证券交易所根据《深圳证券交易所公司债券上市规则》等有关规定，于 2013 年 5 月 20 日对公司做出了《关于上海超日太阳能科技股份有限公司 2011 年公司债券暂停上市的决定》（深证上〔2013〕171 号）。根据该决定，"11 超日债"于 2013 年 7 月 8 日起正式在集中竞价系统和综合协议交易平台暂停上市。2014 年 3 月 4 日晚间，＊ST 超日发布公告称，"11 超日债"本期将无法于原定付息日 2014 年 3 月 7 日按期全额支付8 980万元利息，仅能够按期支付共计 400 万元。"11 超日债"以不付息的方式，成为长久以来公募债券市场打破刚性兑付的第一单。也成为中国资本市场上首例违约事件。

（二）案例分析：对 ST 超日的财务状况进行分析

1. 偿债能力分析

表 2-9　公司偿债指标

时间	资产负债率(%)	流动比率(%)	速动比率(%)
2010.06	55.18	1.49	1.29
2010.09	61.19	1.49	1.26
2010.12	31.31	3.16	2.95
2011.03	37.23	2.52	2.16
2011.06	45.94	1.92	1.66
2011.09	46.69	1.83	1.57
2011.12	56.41	1.25	1.02
2012.03	63.92	1.53	1.26
2012.06	64.05	1.43	1.15
2012.09	63.75	1.46	1.27
2012.12	84.21	0.78	0.71
2013.03	87.27	0.72	0.66
2013.06	88.64	0.67	0.64
2013.09	90.10	0.66	0.63

　　资产负债率可以反映长期偿债能力，流动比率和速动比率反映短期偿债能力。三个指标的行业平均水平分别在 0.5、1.3～1.8、1～1.5 之间。

　　从表 2-9 的数据来看，ST 超日资产负债率主要呈现上升趋势，说明负债水平越来越高，且高于行业平均水平，长期偿债能力较低；而流动比率和速动比率在 2011 年以后都呈现下降趋势，说明短期偿债能力也越来越低。

2. 经营能力分析

表 2-10　公司经营指标

时间	应收账款周转率(%)	存货周转率(%)
2010.06	3.93	5.63
2010.09	4.64	6.89
2010.12	5.79	10.21

续表 2 - 10

时间	应收账款周转率(%)	存货周转率(%)
2011.03	0.79	1.25
2011.06	1.4	3.35
2011.09	2.03	4.72
2011.12	2.33	5.12
2012.03	0.23	0.52
2012.06	0.44	1.01
2012.09	0.76	2.28
2012.12	0.75	3.87
2013.03	0.04	0.53
2013.06	0.14	1.25
2013.09	0.21	1.75

　　经营能力是指企业基于外部市场环境的约束,通过对资源有效配置而产生的资源使用效益大小的能力。2010 年至 2013 年,两个指标的行业平均水平分别在 3～6.4,3.3～4.8 之间。从表 2 - 10 可以看出,从 2010 年至 2013 年,ST 超日的应收账款周转率和存货周转率在大部分时间均低于行业平均值,说明公司的经营能力在逐步下降。

3. 盈利能力分析

表 2 - 11　公司盈利指标

时间	净资产收益率(%)	营业利润率(%)
2010.06	8.54	6.27
2010.09	24.51	11.18
2010.12	12.17	9.54
2011.03	1.23	6.24
2011.06	4.29	7.75
2011.09	7.63	10.16
2011.12	−1.84	−1.3
2012.03	1.24	6.98
2012.06	−5.07	−14.63

续表 2-11

时间	净资产收益率(%)	营业利润率(%)
2012.09	0.22	−1.05
2012.12	−83.45	−108.24
2013.03	−26.85	−279.28
2013.06	−45.99	−141.81
2013.09	−63.26	−111.16

从 2010 年到 2013 年间,企业净资产收益率和营业利润率两个指标的行业平均水平分别为:15.885%,8.69%,−2.63%,4.84%;829.9%,−67.17%,−299.98%,101.14%。从表 2-11 来看,ST 超日的这两个指标大部分情况下都低于行业平均值,尤其是 2013 年,说明公司经营亏损的情况非常严重。

4. 对三张财务报表的分析

(1)资产负债表。

表 2-12 公司 2010—2013 年资产负债表　　　单位:千元

项　目	2010 年	2011 年	2012 年	2013 年
流动资产总计	3 074 484.95	4 013 779.96	4 151 787.45	2 700 879.59
非流动资产总计	1 000 651.06	2 087 460.81	1 537 466.00	1 068 629.99
资产总计	4 075 136.01	6 101 240.77	5 689 253.45	3 769 509.58
流动负债总计	894 222.03	2 821 881.88	2 871 834.48	3 168 490.02
非流动负债总计	164 815.52	143 227.91	1 100 677.89	1 118 459.79
负债总计	1 059 037.55	2 965 109.80	3 972 512.36	4 286 949.81
所有者权益总计	3 016 098.46	3 136 130.97	1 716 741.08	−517 440.23

从表 2-12 来看,ST 超日公司的资产总额从 2010 年的 40.75 亿元减少到 2013 年的 37.70 亿元。2013 年总资产达到最低,所有者权益也变为负值,出现了资不抵债的情况,公司经营状况严重恶化,面临巨大的财务风险。此外,也可以看出,这四年中公司资产负债率持续上升,导致公司负债经营,偿债能力越来越低。

从资产结构来看,ST 超日公司的资产主要由固定资产、应收账款、预付款项、存货、无形资产等构成。流动资产占企业总资产比重从 2010 年的 75.4% 减少到 2013 年的 71.7%,;非流动资产中,固定资产占比略有上升,无形资产绝对值在 2011 年出现较大增长,之后基本保持不变。

从负债与所有者权益的结构来看,负债占总资产的比重从 2010 年的 25.99%上升到 2013 年的 113.7%,资产负债率出现极大的增速,公司财务风险不断加大,面临破产的风险。

(2)利润表。

表 2 - 13 公司 2010—2013 年利润表 单位:千元

项 目	2010 年	2011 年	2012 年	2013 年
一、营业收入	2 642 909.23	4 559 856.28	2 153 480.67	305 021.10
减:营业成本	2 297 291.43	3 941 611.43	2 309 138.92	382 483.03
营业税金及附加	1 707.81	1 544.94	3 617.26	120.11
销售费用	11 725.39	21 351.39	22 916.82	12 547.81
管理费用	80 327.42	87 276.83	109 174.85	83 360.37
财务费用	23 297.89	108 761.57	153 546.12	185 014.00
资产减值损失	37 159.79	142 421.15	900 321.72	1 783 085.16
加:公允价值变动收益				
投资收益	−1 149.46		1 694.71	
其中:对联营企业和合营企业的投资收益				
二、营业利润	190 250.05	256 888.98	−1 343 540.31	−2 141 589.38
加:营业外收入	4 465.82	6 092.44	5 471.08	22 252.02
减:营业外支出	64.76	741.96	671.22	114 843.94
其中:非流动资产处置损失	11.56			3 626.92
三、利润总额	194 651.10	262 239.46	−1 338 740.45	−2 234 181.31
减:所得税费用	25 903.26	36 766.95	30 744.36	
四、净利润	168 747.84	225 472.51	−1 369 484.81	−2 234 181.31
五、每股收益:				
基本每股收益				
稀释每股收益				
六、其他综合收益				
七、综合收益总额	168 747.84	225 472.51	−1 369 484.81	−2 234 181.31

从表2-13和ST超日在相关网站上公布的信息来看,ST超日公司2011年前3季度利润总额是2.8亿,但是公司公布的全年业绩预告的盈利只剩下8 300万元,到实际年报公布的时候竟然还亏损了5 400万元。从利润表中可以看到,主要原因是在2011年第四季度财务费用突然增加了2.5个亿,前三个季度财务费用是-227 792.61万元。同时,资产减值损失前3季度计提的是6 600万元,但全年计提的资产减值损失达到了2.1亿元,第四季度增加了1.44个亿。

公司年报中称"报告期内,销售费用增加的主要原因为销售量增加导致了外销运费和报关费的增加。管理费用增加的原因为本年生产规模扩大,研发支出、管理人员工资等费用增加。财务费用增加的原因为本期欧元汇率下降,汇兑损失大幅增加。所得税费用减少的原因为本期利润总额减少,相应的所得税费用减少所致"。

这里欧元汇率下降是由于2011年的欧债危机,经查证,欧元对人民币的汇率在2011年第四季度从8.4下跌到7.9,贬值超过6%。

同时,公司在2012年3月发行"11超日债"。但是根据证监会《公司债券发行管理办法》规定,公司发行公司债券要连续三个会计年度的净利润为正。因为＊ST超日发债后,业绩迅速变脸,从2011年业绩预告的盈利超过8 300万元,到实际年报亏损超过5 400万元。债权人质疑,中信建投是否认真履行尽职调查义务,有没有涉嫌违规保荐"11超日债"的上市。毕竟评级机构鹏元公司已经遭到深圳证监局的处罚。

另外,公司在2012年前三季度的营业收入是20.98亿元,但是在年报公布的全年营业收入只有16.38亿元,这说明公司第4季度营业收入不仅没有增加,反而减少了4.6亿元。这又是为什么?

(3)现金流量表。

表2-14　公司2010—2013年现金流量表　　　　单位:千元

项目	2010年	2011年	2012年	2013年
一、经营活动产生的现金流量净额	-858 709.01	-485 591.36	-781 839.84	3 107.67
二、投资活动产生的现金流量净额	-804 322.95	-1 092 192.84	-36 151.60	-1 969.42
三、筹资活动产生的现金流量净额	3 037 569.80	413 129.72	575 320.66	-1 926.83
四、汇率变动对现金及现金等价物的影响			284.23	5.42

续表 2 - 14

项目	2010 年	2011 年	2012 年	2013 年
五、现金及现金等价物净增加额	1 374 537.85	−1 164 654.48	−242 386.55	−783.16
加：期初现金及现金等价物余额	4 423.46	1 378 961.31	249 407.67	1 910.83
六、期末现金及现金等价物余额	1 378 961.31	214 306.83	7 021.12	1 127.67

从表 2 - 14 可以看出，公司经营活动产生的现金流量净额从 2010 年到 2012 年度都是负值，公司投资活动产生的现金流量净额从 2010 年到 2013 年度全是负值，说明公司从上市开始几乎每个年度的经营活动和投资活动产生的现金流量净额都是负的，公司现金流出大于现金流入。这也说明了公司的营运能力、投资能力和偿债能力都非常差。

因公司 2011、2012 和 2013 年度连续三年亏损，公司股票自 2014 年 5 月 28 日起暂停上市。暂停上市之后，为积极争取公司股票恢复上市，公司实施了以破产重整为主的一系列工作安排，破产重整完成后，江苏协鑫成为公司的控股股东，公司名称变更为协鑫集成科技股份有限公司。

（三）课堂讨论

（1）从"11 超日债"发行前后的业绩变脸，看其债务实质性违约是偶然还是必然？

（2）从对 ST 超日的财务分析中发现其在资金管理及企业内部控制中存在哪些问题？

（3）该事件给我们哪些启示？

二、案例使用说明

（一）教学目的与用途

（1）案例主要适用于中级财务管理课程，也适用于企业战略管理等课程。

（2）本案例的教学目的在于使学生了解和掌握财务分析的基本方法，了解如何通过财务分析发现企业可能面临的财务困境等。

（二）启发思考题

（1）ST 超日在经营过程中应该如何权衡营运能力、偿债能力和盈利能力之间的平衡？

（2）ST 超日陷入财务困境的原因是什么？有哪些经验教训？

（3）企业债券有哪些风险？

（三）分析思路

本案例的分析思路是以 ST 超日企业发展背景作为切入点，重点分析企业陷入财务困境的原因、解决的对策等，使学生了解和掌握如何从财务分析中发现企业面临的危机。

（四）理论依据与分析

（1）信用风险的存在是市场经济发展的客观规律，在市场经济中，企业面临多种风险，经营失败和困难是自然现象；在债务市场中，行业、企业等因素导致的企业债务偿还困难是必然的；没有违约事件的发生，就无法在市场中确立风险意识，无法合理风险定价，难以建立健全违约事件处置机制，债券市场就难以成熟，其发展也会受到极大的制约。

（2）破产是企业经营的一种结果，达到这一结果的过程是一系列可识别的环节：稳健经营—不稳健经营—财务困境—破产。财务困境又称财务危机（financial crisis），指企业现金流量不足以补偿现有债务的情况。

亏损企业按其亏损时间，可分为偶然亏损企业、间断亏损企业和连续亏损企业三类。偶然亏损企业是指历史上没有亏损发生，只是目前一年亏损的企业；间断亏损企业是指历史上亏损时有发生，但并非连续亏损的企业，即时盈时亏的企业；连续亏损企业是指连续两年以上亏损的企业。弄清这一点很必要。因为我国财务制度规定，企业亏损可由以后年度利润弥补，企业盈利可以先弥补以前年度亏损，然后计缴所得税，但弥补期限不能超过三年。若三年连续亏损，则第一年亏损就无法弥补。企业亏损的主要原因可能有：

①销售收入过小，成本费用过大；

②销售收入过小，现金短缺；

③成本费用过大，现金短缺；

④销售收入过小，成本费用过大，现金短缺。

对于前三种情况企业若能加强管理，问题不难解决。但是第四种情况则可能会使企业陷入财务困境，若不采取强力措施，恐怕企业只能破产，别无他途。

（五）关键要点

了解财务困境产生的多种原因、解决困境方法的适用性、企业债券的风险性，据此可以总结出 ST 超日失败的经验与教训。

（六）建议的课堂计划

（1）了解 ST 超日企业背景与发展脉络。

（2）课堂讨论。

（七）案例的建议答案以及相关法规依据

建议答案见上文分析。

案例七
万福生科财务造假事件

摘要：本案例以万福生科财务造假事件为切入点，详细分析了其财务会计造假的渠道及具体操作，进而分析了企业财务造假的原因，认为只有加强企业会计人员职业道德建设、建立和完善现代企业管理制度、加强企业内部控制，才能预防造假事件的再次发生。

关键词：万福生科　财务造假　企业内部控制

一、案例正文

（一）案例简介

1. 万福生科东窗事发

2011 年 9 月 27 日万福生科以每股 25 元的发行价成功登陆创业板，共募集资金 4.25 亿元，号称"稻米精深加工第一股"。2012 年 8 月，湖南证监局对上市不满一年的万福生科进行例行现场检查，督导小组竟然发现万福生科存在多套账本：税务账、银行账及一套公司管理层查阅的实际收支的业务往来账。9 月 14 日，万福生科收到了湖南证监局的《立案稽查通知》，9 月 17 日，其股票停牌，开始接受检查。2012 年 10 月 26 日万福生科公布了《关于重要信息披露的补充和 2012 年中报更正的报告》，报告称经过初步自查公司在 2012 年半年报中虚增营业收入 187 590 816.61 元、虚增营业成本 145 558 495.31 元、虚增利润 40 231 595.41 元，并且未披露公司上半年停产事项。10 月 29 日万福生科股票在当日开市起复牌，当日股价跌停。11 月 29 日万福生科发布风险提示公告，称配合证监会立案稽查，财务信息可能发生进一步变化，提示广大投资者注意投资风险。2012 年 12 月 10 日、2012 年 12 月 11 日、2013 年 1 月 9 日万福生科由于股价涨停，发布了风险提示公告，称今年公司业绩至少比上年下滑 75% 以上，提示投资者注意投资风险。2013 年 3 月 2 日公布了《关于重大事项披露及股票复牌的公告》，称公司自查发现 2008 年至 2011 年定期报告财务数据存在虚假记载，初步自查发现公司 2008 年至

2011年累计虚增收入7.4亿元左右,虚增营业利润1.8亿元左右,虚增净利润1.6亿元左右。

2013年4月3日,证监会对万福生科现场调查工作基本结束。根据证监会的调查,万福生科在首发上市过程中,存在虚增原材料、虚增销售收入、虚增利润等行为,涉嫌欺诈发行股票;同时,万福生科在2011年年报和2012年年报涉嫌虚假记载;造假手法隐蔽,资金链条长,调查对象涉及数十个县乡镇。2013年5月10日,证监会对万福生科造假案做出史上最严处罚,对发行人万福生科、保荐机构平安证券、会计师事务所中磊会计师事务所和律师事务所湖南博鳌律师事务所各自给予处罚,相应的责任人也受到了处分。

2.万福生科造假的"高明"之处

在中国股市上,上市公司财务造假屡见不鲜,如主板市场上的银广夏,中小板市场上的绿大地,但财务造假程度之深、造假方式之隐蔽当属创业板上市的万福生科。为了达到包装上市的目的,万福生科玩起了大量虚增收入和资产的数字游戏。万福生科虚增收入和资产的"高明"之处在于以下几个方面:

第一,由于个人现金支取难以监管,万福生科通过与大量个人账户进行交易来虚增收入。万福生科虚构了300多个个人供应商账户和大量的采购与销售合同,首先将自己的自有资金打入虚构的账户作为采购款,然后再从虚构的账户转入公司账户,形成虚构收入,该过程的循环将无限地虚增销售收入。

第二,虚增的销售收入以现销的形式形成,而不是以前大多数公司采用的手段即通过虚增应收账款来虚增销售收入,使得审计过程难以发现收入虚增问题。

第三,通过虚增在建工程和预付账款来虚增资产。以前大多数公司的手段是虚增应收账款、存货,而随着监管部门对这两项资产核查的收紧,导致企业开始采用新的手段。在建工程在没有转为固定资产前,其在报表中显示的账面价值难以测算,企业操作的空间很大。万福生科刚上市时,募投项目比较多,在建工程项目不会引起人们的注意,首先将预付工程设备款通过公司账户打入一些个人账户,一部分预付工程设备款用来抵付因虚增收入、由个人账户转入公司的款项,另一部分预付工程设备款则形成在建工程。因在建工程核算的相对自由性,账面在建工程进行了大量虚构。

第四,私刻客户假公章、编制虚假银行单据、假出库单,这一系列虚假单据链条,使虚增销售收入看起来合理,很难通过书面资料判断收入的虚实。同时,为配合虚构收入而不惜缴纳大量税赋,以使虚增的销售额看上去没有破绽。

(二)课堂讨论

1.通过分析万福生科财务报表,可以发现哪些财务造假的表现?

(1)公司毛利率异常。

在万福生科《首次公开招股说明书》中披露鲁洲集团、武汉佳宝、湖北德安府、郸城财鑫糖业、江西恒天、金健米业为其主营业务的主要竞争对手，除了金健米业在上交所上市能找到其财务数据外，无法找到其他竞争对手的可靠财务数据。而通过与其他主营业务相似的上市公司的毛利率进行比较，发现万福生科的毛利率（19.94%～24.5%）远高于金健米业（11.31%～16.08%）、北大荒（3.59%～8.9%）和新希望（5.4%～10.24）。

（2）自由现金流量异常。

自由现金流量作为衡量一个公司财务弹性的财务指标，是指企业经营活动产生的现金流量扣除资本性支出后的差额，其中资本性支出是维持企业现有生产能力的全部资本支出。自由现金流量涵盖了资产负债表、利润表和现金流量表中的关键信息，比较综合地反映了企业的经营业绩，可以起到更为客观和全面的评价衡量作用。自由现金流量指标，由于经营活动现金净流量扣除了资本支出和营运资本增加，它一般与净利润的增长趋势一致，但万福生科的自由现金流量却与净利润的增长趋势截然不同。2009年至2011年间，万福生科净利润增长平缓，而自由现金流量却在2011年达到4亿元，比2010年的5千万元高出数倍。万福生科的净利润和自由现金流量的增长趋势出现了严重背离，可见万福生科虚增销售、虚增利润后无法全面顾及所有指标。

（3）虚增在建工程。

2012年半年报显示，万福生科的在建工程从8 675万元增加到17 998万元，增加了8 323万元，同时在建工程没有项目转入固定资产。然而通过分析现金流量表，"购建固定资产、无形资产和其他长期资产支付的现金"项目只有5 883万元，所以可能是预付工程款或者应付工程款增加，通过分析资产负债表，应付账款和预付账款的增加额同在建工程的增加额相比微不足道，存在大量疑点。

通过对万福生科2011年年报和2012年半年报中在建工程项目的比较，也发现了重大疑点，在收到大量投资后，一些在建工程项目的施工进度反而降低了，比如淀粉糖改扩工程，在收到2 601万元投资后，工程进度反而降低了60%。

（4）隐瞒重大停产事项。

公司在2012年半年报中存在重大遗漏，隐瞒了上半年公司循环经济型稻米精深加工生产线项目因技改出现长时间停产，对其业务造成重大影响的事实。万福生科在《关于重要信息披露的补充和2012年中报更正的公告》中称，公司募投项目——循环经济型稻米精深加工生产线项目上半年因技改停产，其中普米生产线累计停产123天，精米生产线累计停产81天，淀粉糖生产线累计停产68天。公司循环经济型稻米精深加工生产线项目由于常德地区降雨导致技改工期延长，项目停产时间延长，公司今年上半年销售收入大幅度减少。

(5)高管更迭频繁是财务造假的一个重要信号。

万福生科上市仅一年半,经历了数次高管更迭:2011年副总经理张行、叶华辞职,监事杨满华、杨晓华辞职;2012年上半年在公司任职7年之久的副总经理黄平和董事会秘书肖明清辞职;2013年上半年财务总监覃学军辞职。

2. 万福生科造假事件的原因有哪些?

第一,万福生科通过财务造假以达到政策要求上市的标准,从而募集到巨额资金。

第二,万福生科2008—2010年的资产负债率分别为77.53%,58.29%,57.52%,总体负债水平较高,而且这些负债90%以上为短期负债,其速动比率达到0.25,0.31,0.41,短期偿债压力较大,万福生科急需上市以获取大量的资金支持。另外,证监会对于上市公司的监管要求也是诱发财务造假的一个原因。

第三,万福生科董事长兼总经理龚永福和董事杨荣华(二人为夫妻关系)分别持有公司29.99%的股份,合计为59.98%,而其他控股股东持股比例均不超过5%。在这种高度集中的股权结构下,公司实际控制人为龚永福、杨荣华夫妇。而对于2012年半年报的虚假记载和重大遗漏,万福生科也解释为内部控制管理放松,没有很好地执行内部控制制度,没有进一步加强法律意识和提高法制观念。

第四,在本案例中,对在建工程实施的有效审计程序是现场监盘,必要时需借助于专家的工作。但是出于审计成本的考虑,中磊会计师事务所不会聘用专家,而注册会计师可能由于缺乏工程管理专业知识,无法取得有效的审计证据进而发表合理的审计意见。

第五,《证券法》第189条规定:发行人不符合发行条件,以欺骗手段骗取发行核准,尚未发行证券的,处以30万元以上60万元以下的罚款;已经发行证券的,处以非法所募资金金额1%以上5%以下的罚款。而此次万福生科欺诈上市仅被证监会处以30万元罚款,并未终止上市,处罚力度非常有限。

3. 从企业内部控制的角度出发,应如何防范造假事件的再次发生?

(1)加强企业会计人员职业道德建设。

万福生科一案中,从财务总监到一般的会计人员、出纳,全员参与了财务数据的造假,财务总监"导演"了整个财务系统的造假流程,银行对账单、领料单等一系列单据、凭证都进行了精心设计、编造,财务总监、会计、出纳形同虚设,完全没有遵循相关会计法规和会计核算原则,纯然丧失了会计人员职业道德的基本要求。

作为IPO过程和年度财务审计中会计信息质量的签证者,万福生科的主审注册会计师也没有保持应有的会计职业谨慎、独立性和职业道德。对于万福生科财务造假程度之大、范围之广、时间之久,稍有职业谨慎的注册会计师是不可能发现不了问题的。因此,加强企业会计人员职业道德建设,是防范此类事件再次发生的基础。

(2)建立和完善现代企业管理制度。

科学的决策机制可以为企业制定正确的战略和经营方案,有学者研究表明,按照现代企业制度的要求,建立公司治理结构、完善公司治理机制可以不断提高公司绩效。健康的证券市场可以引导上市公司建立完善科学的公司治理和决策机制,这也是证券市场发展的目的。而在中国,许多上市公司上市的目的不在于通过证券市场的引导,提升自身管理和决策,而在于"圈钱"。为了达到"圈钱"的目的,这些公司在 IPO 之前大多会玩起会计数字游戏,这些公司 IPO 获取的大量资金并没有按照招股说明书中的募投项目进行使用,上市后业绩迅速变脸。

二、案例使用说明

(一)教学目的与用途

(1)案例主要适用于中级财务管理课程,也适用于企业战略管理等课程。

(2)本案例的教学目的在于使学生了解何为财务会计造假以及财务会计造假的渠道。

(二)启发思考题

(1)企业财务造假的原因有哪些?

(2)通过分析企业的财务报表,可以发现哪些财务造假的表现?

(3)杜绝企业财务会计造假的措施有哪些?

(三)分析思路

本案例的分析思路是以万福生科财务会计造假为切入点,重点分析财务会计造假的渠道以及危害,使得学生树立正确的职业道德意识。

(四)理论依据与分析

会计造假是指有关经济人为了实现其自身的利益目标所采取的违反国家法律和制度,或虽然不违反国家法律和制度但违背经济活动客观事实,致使提供的会计信息失去真实性和可靠性的行为。

从经济学的角度看,会计造假是造假需求和供给双方的互动行为,它的存在是因为它给供求双方带来利益,使会计造假行为成为广泛现象的条件,是制度环境的某些因素具有对会计造假供求动机的刺激。当制度环境使得会计造假能够给大批的供求者带来可观的净收益时,它的蔓延就成为现实。然而,会计造假活动的规模则取决于决定供求关系的各种变量。

就需求方而言,尽管不同的经济人对会计造假的需求出自于不同的利益动机,但他们的行为规律是一致的。需求方造假行为的产生取决于需求者对会计造假结果的预期收益与预期成本的权衡。

（五）关键要点

了解财务会计造假的方法和危害性以及杜绝财务会计造假的对策。

（六）建议的课堂计划

（1）了解万福生科财务造假的方法及具体操作方式。

（2）课堂讨论。

（七）案例的建议答案以及相关法规依据

建议答案见上文分析。

案例八
多元化经营的陷阱——巨人集团失败的财务分析

一、案例正文

摘要：本案例尝试以巨人集团的兴衰为例，从财务管理的角度，对多元化经营模式作出分析。近年来，我国不少企业采用多元化发展战略，以减轻企业的经营风险，保证企业的健康稳定发展。然而，多元化经营却使不少企业陷入了财务困境，甚至导致企业破产，巨人集团的兴衰就是其中一个典型的例子，本案例将对其做出具体分析。

关键词：多元化经营　巨人集团　财务分析

（一）案例简介

1989年8月，刚从深圳大学软科学管理系硕士研究生班毕业的史玉柱连同三个伙伴，用东拼西凑来的4 000元钱包下天津大学深圳科工贸发展公司电脑部，并开发了M-6401桌面排版印刷系统，销售额一举突破百万大关，从而奠定了巨人集团创业的基石。1991年4月，珠海巨人新技术公司注册成立，并在短短的3年里，巨人实现销售额3百亿元，利税4 600万元，成为中国极具实力的计算机企业。

由于电脑业于1993年步入低谷，巨人集团也受到重创。为摆脱危机，巨人集团走向了多元化经营之路，将计算机、生物工程和房地产作为新的产业支柱。1994年，号称中国第一高楼的巨人大厦动土，1995年，巨人集团一举推出保健品、药品、电脑三个系列的30多个产品。然而，快速的多元化发展却使巨人集团自身的弊端暴露无遗。企业放弃向银行贷款致使企业承担了过高的资本成本，由于资金的缺乏和内部的腐败使房地产开发占用了其他产业过多的资金，致使生物工程、减肥产品相继失败停产，拟建的巨人大厦未能按期完工，国内的购楼者纷纷上门要求退款,大厦在只完成了相当于三层楼高的首层大堂后停工,巨人集团的资金链断裂,负债2.5亿元的史玉柱黯然离开。

（二）课堂讨论

1. 多元化经营与核心竞争能力的矛盾

企业在进行多元化经营的决策时,应首先分析其自身的核心能力和竞争优势。具体来说,企业首先必须拥有一个具有市场竞争力的核心产品,围绕核心产品,分析其核心能力和竞争优势,再决定是否进行多元化经营。如果不具备核心能力、核心产品而进行多元化经营,并且在多元化扩张中又不能培养新的核心竞争力,企业最初的核心竞争力也终将丧失掉。

巨人集团在原有主业的基础上,未能巩固和发展最初的核心竞争力,贸然选择进入一个自己所不熟悉的行业,不仅没有培养出新的核心产品和核心竞争力,而且原有的优势也消失殆尽。尽管初期疯狂的外延式扩张掩盖了各种矛盾,但未能培育出新的核心竞争力为企业的发展留下了隐患。

2. 资金短缺与协调困难的矛盾

实物资产投资和金融资产投资虽然都是以盈利为目的,但投资对象的不同决定了二者的特点也不一样。在资金有限的情况下进行多元化投资,必须认真考虑各项目的比较选优问题,合理解决企业资产结构与资本结构、流动性与盈利性之间的有机协调。企业进行资产结构性管理,应使企业的流动资金维持在既能保证企业的正常生产经营,又在减少或不增加风险的前提下,给企业带来尽可能多的利润。

巨人集团在追求多元化发展的道路上,以十几倍其资金实力的规模投资于他们并不了解且回款缓慢的房地产行业,由于实物资产具有其特殊的时间约束性和整体性,造成了公司资金周转困难,财务资源遭到冻结,资产的盈利性与流动性面临着严重的矛盾。又因为实物资产的互斥性,房地产开发占用了其他产业的大量资金,生物工程由于资金不足,导致正常的生产经营受到了严重影响。同时,巨人集团在房地产的开发建设中,放弃使用财务杠杆,未向银行申请一分钱贷款,不仅使企业丧失了带来效益的可能机会,而且企业承担了过高的资本成本,最终造成了巨人集团资产结构与资本结构、盈利性与流动性之间的相互矛盾,使企业陷入了严重的财务困境。

3. 多元化经营与财务失控的矛盾

企业在多元化经营的道路中,规模迅速扩大,这就需要集团化管理,主要任务是集团公司的整合。没有经过整合的集团公司就相当于一个大拼盘,各个分子公司各自为政,集团内部难以统一协调,发挥整体优势,财务失控也就在所难免。

由于各个集团公司的组织形式不同,其相应的财务控制方式也不尽相同。就集团公司的组织形式而言,可以分为三种:U 型组织结构、H 型组织结构和 M 型组织结构。U 型组织结构又叫直线职能制,是一种中央集权式的结构,企业内部各个部门独立性较小,权利集中在最高决策者手中。H 型组织结构又叫控股公司制,这种组织形式多出现在经过横向合并而形成的企业中,企业内部各分子公司保留了较大的独立性。M 型组织结构又叫事业部制,这是一种分权式结构,已被全球各大公司所采用,在这种组织形式下,集团公司被分为几个半自主的利润中心,在各个利润中心内部,通常又都是按照 U 形结构来组织的。对于采用 M 形组织结构的公司而言,财务控制首先要解决好集权与分权的问题。

巨人集团采用的是 H 型组织结构,即控股公司制,给予了各个分子公司较大独立性,但由于集团内部相应财务控制制度的缺乏,从而使公司违规挪用、贪污腐败的问题层出不穷,这也进一步加剧了巨人集团的财务困境。

上述分析可以得出以下几点经验与教训:

(1)公司要想多元化发展,必须具备自己的核心竞争力。同时在多元化发展进程中,公司应注重培育和发展新的核心竞争力,维持公司的竞争优势,保证公司的长期健康发展。

(2)确保公司有限资金的合理高效利用,解决好资产结构与资本结构、资产盈利性与流动性的协调问题,在财务资金方面保证公司的健康发展。

(3)公司集团化的进程中必须发挥好财务制度的控制作用,集团公司的整合发展中,财务控制制度的建设是其中重要而关键的一个环节。

二、案例使用说明

(一)教学目的与用途

(1)案例主要适用于中级财务管理课程,也适用于企业战略管理等课程。

(2)本案例的教学目的在于使学生了解财务管理的基础分析方法,了解多元化经营的适用性与优缺点等。

(二)启发思考题

(1)巨人集团的多元化经营为什么会使企业陷入破产危机?

(2)巨人集团多元化经营失败的经验教训是什么?

(三)分析思路

本案例的分析思路是以巨人企业发展背景作为切入点,重点分析企业多元化经营造成的各种矛盾,使得学生了解多元化经营方式的适用对象与存在的难题。

(四)理论依据与分析

多元化经营的理论基础是证券投资组合理论,证券投资组合理论在生产经营活动中的应用即是多元化经营的实质。然而证券组合投资具有严格的限定条件，如果不加考虑盲目应用，必然会使企业面临丧失核心竞争能力、资金短缺和协调困难、财务失控等一系列问题，陷入多元化经营的陷阱。

（五）关键要点

了解多元化经营存在的多种陷阱，知道多元化经营的适用性，据此可以总结出巨人集团多元化经营失败的经验与教训。

（六）建议的课堂计划

（1）了解巨人企业背景与发展脉络。

（2）课堂讨论。

（七）案例的建议答案以及相关法规依据

建议答案见上文分析。

第三章　投资决策案例

案例九
绿远公司经营芦荟项目可行性分析

一、案例正文

摘要：本案例尝试以绿远公司为例，从财务管理的角度，对企业经营芦荟项目的可行性作出分析。项目可行性分析关系着企业对该项目是否投资和如何进行建设，对于企业发展与盈利具有十分重要的意义。绿远公司芦荟项目的可行性分析具有比较强的代表性，本案例将对其做出具体分析。

关键词：绿远公司　芦荟项目　可行性分析

（一）案例简介

绿远公司由某进出口总公司和云南某生物制品公司共同投资成立，准备合作开发经营芦荟生产项目。该项目是一个芦荟深加工项目，属于农产品或生物资源的开发利用，符合国家生物资源产业发展方向，是政府鼓励的投资项目。公司正组织相关专家对该项目进行深入细致的可行性论证，以下是该项目可行性分析报告的主要内容：

1. 芦荟产品的市场预测

20 世纪 90 年代我国化妆品工业销售额的平均增长率为 27％～35％，即使在受到东南亚经济危机的影响和国内经济通货紧缩的情况下，仍以高于国民经济增长的速度发展。根据化妆品工业协会与国际咨询公司 Datamonitor 的预测，中国化妆品市场今后几年仍将以 10％～20％的年平均增长率发展，其中，作为化妆品新生力量的芦荟化妆品，将以高于整个化妆品产业的发展速度增长。

2. 项目总投资估算

项目总投资 3 931.16 万元，其中，建设投资 3 450.16 万元，占总投资 87.76％；流动资金 481 万元，占总投资 12.24％。总投资构成如表 3－1 表示。

表 3 - 1　投资构成分析总表

投资内容	金额/万元	占总投资百分百%
总投资	3 931.16	100.00
建设投资	3 450.16	87.76
工程费用	2 710.10	68.94
其中:设备购置	2 197.50	55.90
建设工程	512.60	13.04
其他费用	469.05	11.93
预备费用	271.01	6.89
流动资金	481.00	12.24

以上工程费用和其他费用形成固定资产,其中芦荟浓缩液车间、冻干粉车间和管理部门使用的固定资产分别为 1 914.38 万元、1 197.38 万元、67.39 万元,预备费用形成开办费用。

3. 资金的筹集与使用

本项目总投资 3 931.16 万元,其中:1 572.46 万元向商业银行贷款,贷款利率 10%;其余 2 358.7 万元自筹,投资者期望的最低报酬率为 22%,这一资本结构也是该企业目标资本结构。

本项目建设期一年。在项目总投资中,建设性投资 3 450.16 万元应在建设期期初一次全部投入使用,流动资金 481.00 万元,在投产第一年年初一次投入使用,项目生产期为 15 年。

4. 财务成本预算

(1)产品成本估算。

①材料消耗。材料消耗按工艺定额和目前价格估算如表 3 - 2、表 3 - 3 所示。

表 3 - 2　芦荟浓缩液消耗定额及价格表

项　目	规格	单位	单价/元	单位消耗定额/吨	单位直接材料成本/元
原材料					22 488.91
原料					21 668.38
鲜芦荟	0.8～1.2kg	吨	1 080.00	20.0	21 600.00
添加剂		kg	136.75	0.5	68.38

项　目	规格	单位	单价/元	单位消耗定额/吨	单位直接材料成本/元
包装材料					820.53
无菌袋		个	42.74	5.0	213.70
铁桶		个	119.66	5.0	598.30
塑料桶		个	1.71	5.0	8.53
燃料及动力					832.30
水		吨	1.00	60.0	60.00
电		度	0.28	1 000.0	280.00
煤		吨	136.75	3.6	492.30
合计					23 321.21

表 3 - 3　芦荟冻干粉消耗定额及价格表

项　目	规格	单位	单价/元	单位消耗定额/吨	单位直接材料成本/元
原材料					528 612.50
原料					527 586.50
浓缩液	10∶1	吨	266 379.33	20.0	527 586.50
包装材料					1 026.00
复合膜	25kg	个	8.55	40.0	342.00
包装桶	25kg	个	17.10	40.0	684.00
燃料及动力					20 209.20
水		吨	1.00	2 600.0	2 600.00
电		度	0.28	88 000.0	24 640.00
煤		吨	136.75	14.4	1 969.20
合计					557 821.70

②工资及福利费。工资按定员与岗位工资标准估算。总定员 120 人,人均年工资 6 420 元。福利费按工资总额的 14％计提。根据全厂劳动定员,计入芦荟浓缩液、冻干粉成本中的工资及福利费分别为 321 480 元和 116 280 元。其余部分计入管理费用和销售费用已包含在下面的预计中。

③制造费用。预计芦荟浓缩液、冻干粉的年制造费用（含折旧费）分别为 2 125 012.94 元和 1 375 747.94 元。折旧年限按 15 年、残值率按 5% 计算。除折旧外，其余均为变动成本。

④管理费用。开办费按 5 年摊销；折旧费按 15 年、残值率按 5% 计算；其他管理费用估算为 80 万元/年（含工资），其中 60 万元为固定成本。

⑤销售费用。销售费用估算为 288 万元，包括人员工资及福利费、广告费、展览费、运输费、销售网点费等，其中 200 万元为固定成本。

该项目总成本费用如表 3-4 所示。

表 3-4　总成本费用表

项　目	2～6 年	7～16 年
(1)原材料	1 801.16	1 801.16
(2)燃料及动力	125.00	125.00
(3)直接人工	43.78	43.78
(4)制造费用	350.08	350.08
其中:折旧费	197.08	197.08
(5)制造费用合计:[(1)+(2)+(3)+(4)]	2 320.02	2 320.02
(6)管理费用	138.47	84.27
其中:折旧费用	4.27	4.27
摊销费	54.20	
(7)销售费用	288.00	288.00
(8)总成本:[(5)+(6)+(7)]	2 746.49	2 692.29
(9)固定成本	515.55	461.35
(10)可变成本:[(8)-(9)]	2 230.94	2 230.94

(2)销售价格预测。

国外报价:浓缩液折合人民币 121 550 元/吨,冻干粉折合人民币 2 340 000 元/吨。

本项目销售价格按国外报价的 50% 计算,即浓缩液 60 000 元/吨、冻干粉 1 200 000 元/吨。

(3)相关税率。

为方便起见,本案例假设没有增值税,城建税和教育费附加等已考虑在相关费用的预计中,所得税税率按 33% 计算。

（二）案例分析

下面将分别运用年平均报酬率法、投资回收期法、净现值法、内含报酬率法对项目可行性进行论证。

根据上述资料，本公司在进行了技术工艺可行性研究的基础上，根据确定的生产方案进行了财务可行性分析。

1. 现金流量测算

（1）投资期现金流量。

$NCF_0 = -3\,450.16$（万元）

$NCF_1 = -481.00$（万元）

（2）经营期现金流量。

经营期现金流量测算如表 3 - 5 所示。

浓缩液总成本 $= 23\,321.21 \times 800 + 321\,480 + 2\,125\,012.94$
$= 21\,103\,460.94$（元）

浓缩液单位成本 $= 21\,103\,460.94/800 = 26\,379.33$（元/吨）

冻干粉总成本 $= 557\,821.7 \times 20 + 116\,280 + 1\,375\,747.94 = 12\,648\,461.94$（元）

冻干粉单位成本 $= 12\,648\,461.94/20 = 632\,423.10$（元/吨）

表 3 - 5　经营期现金流量测算表

项　目	2～6 年	7～16 年
销售收入	4 800.00	4 800.00
减:总成本	2 746.49	2 692.29
利润成本	2 053.51	2 107.71
减:所得税(税率 33%)	677.66	695.54
净利润	1 375.85	1 412.17
加:折旧等非付现成本	255.55	201.35
经营现金净流量	1 631.40	1 613.52

（3）终结期现金流量。

$NCF_{16} = 481 + (1\,914.38 + 1\,197.38 + 67.39) \times 5\% = 3\,179.15$（万元）

2. 折现率的确定

由于该项目总投资额 3 931.16 万元，其中：向商业银行贷款 1 572.46 万元，贷款利率 10%；发行股票筹资 2 358.7 万元，投资者期望的最低报酬率为 22%。根据目标资本结构和个别资本成本计算确定折现率如表 3 - 6 所示。

表 3 - 6　折现率测算表

项目	资本成本	资本结构	综合资本成本
负债	$10\% \times (1 - 33\%) = 6.67\%$	$1\,572.46/3\,931.16 = 40\%$	$6.67\% \times 40\% = 2.67\%$
股权	22%	60%	$22\% \times 60\% = 13.2\%$
合计			$2.67\% + 13.2\% = 16\%$

所以,本项目选择 16% 作为折现率和基准收益率。

3. 固定资产投资评价指标计算

本项目计算了四个指标作为投资方案财务可行性判断的依据,其中前两个指标属于静态指标,后两个指标属于动态指标。

(1)年平均报酬率法。

本项目的年平均报酬率为:

年平均报酬率 $=(1\,631.40 \times 5 + 1\,613.52 \times 10)/15/3\,931.16 \times 100\% = 41.19\%$

(2)投资回收期法。

本项目投资回收期计算如表 3 - 7 所示。

表 3 - 7　投资回收期测算表

年份	现金净流量	累计现金净流量
第 0 年	$-3\,450.16$	$-3\,450.16$
第 1 年	-481.00	$-3\,931.16$
第 2 年	$1\,631.40$	$-2\,299.36$
第 3 年	$1\,631.40$	-668.36
第 4 年	$1\,631.40$	963.04

因此,投资回收期 $=3 + 668.36/1\,631.40 = 3.41$(年)。

(3)净现值法。

通过上述现金流量的分布可以看出 2～6 年和 7～16 年的现金流量是递延年金,可按年金的方法折现;其他现金流量可用复利现值的方法折现。

$$\text{NPV} = 1\,631.40 \times (3.685 - 0.862) + 1\,613.52 \times (5.669 - 3.685) + 3\,179.15 \times$$
$$0.093 - 3\,450.16 - 481 \times 0.862$$
$$= 4237.54(万元)$$

NPV 大于 0,方案可行。

(4)内含报酬率法。

采用逐次测试法和插值法求内含报酬率。

当 $I=40\%$ 时：

$$NPV = 1\,631.40\times(2.168-0.714)+1\,613.52\times(2.489-2.168)+3\,179.15\times$$
$$0.005-3\,450.16-481\times0.714$$
$$=-887.69(万元)$$

当 $I=36\%$ 时：

$$NPV = 1\,631.40\times(2.339-0.735)+1\,613.52\times(2.785-2.339)+3\,179.15\times$$
$$0.007-3\,450.16-481\times0.735$$
$$=-445.05(万元)$$

当 $I=32\%$ 时：

$$NPV = 1\,631.40\times(2.534-0.758)+1\,613.52\times(3.088-2.534)+3\,179.15\times$$
$$0.012-3\,450.16-481\times0.758$$
$$=14.65(万元)$$

可见，IRR 处于 32% 和 36% 之间，运用插值法。则：

$$IRR=32\%+14.65/(445.05+14.65)=32.14\%>16\%，方案可行。$$

4. 可行性分析结论

由于本方案的净现值远远大于 0，内含报酬率 32.14%，远远大于基准收益率 16%，说明本方案经济效益良好，值得投资。

（三）课堂讨论

(1)企业投资决策的主要方法有哪些？

(2)本案例中，公司采用了什么方法对投资芦荟项目进行科学论证的？

二、案例使用说明

（一）教学目的与用途

(1)案例主要适用于中级财务管理课程，也适用于企业战略管理等课程。

(2)本案例的教学目的在于使学生了解企业投资项目可行性分析方法，了解各种分析方法在实际中的运用等。

（二）启发思考题

(1)绿远公司经营芦荟项目可行性的论证方法有哪些？

(2)如何对绿源公司经营芦荟项目进行财务可行性分析？

（三）分析思路

本案例的分析思路是以绿远公司芦荟项目背景作为切入点，重点从经济效益角度、运用不同方法对企业芦荟项目可行性进行了论证，使得学生了解项目可行性分析方法的运用。

（四）理论依据与分析

本案例主要依据为《公司法》《证券法》等相关法律规定,具体内容参见上文分析。

（五）关键要点

了解可供企业选择的项目可行性分析方法,据此可以对企业项目是否投资做出分析与选择。

（六）建议的课堂计划

(1)了解企业背景与可行性分析报告。

(2)课堂讨论,针对项目可行性进行分析。

（七）案例的建议答案以及相关法规依据

建议答案见上文分析。

案例十
固定资产投资方案决策

一、案例正文

摘要: 本案例尝试以企业固定资产投资为例,从财务管理的角度,对固定资产投资方案的选择方法进行了分析,目的在于帮助人们进行投资决策。

关键词: 固定资产　投资方案　案例分析

（一）案例简介

宏庆公司为一制造业企业,准备购入一设备以扩充生产能力,现有甲乙两个方案可供选择:甲方案需投资 10 000 元,使用寿命为 5 年,采用直线法计提折旧,5 年后设备无残值,5 年中每年销售收入 6 000 元,每年付现成本 2 000 元。乙方案需投资 12 000 元,采用直线法计提折旧,使用寿命为 5 年,5 年后有残值收入 2 000 元,5 年中每年销售收入 8 000 元,付现成本第一年 3 000 元,以后随着设备陈旧逐年将增加修理费 400 元,另需垫付营运资金 3 000 元。假设所得税率 25%,资本成本 10%。

（二）课堂讨论

该公司应该选择哪个方案完成固定资产投资?

（三）案例分析

1. 计算甲、乙方案每年的净现金流量

首先明确几个关系：

$$经营成本＝付现成本＋折旧$$
$$利润总额＝销售收入－经营成本$$
$$净现金流量＝现金流入－现金流出$$
$$现金流出＝付现成本＋所得税$$

甲、乙两个方案各年现金净流量见表 3-8 和表 3-9。

表 3-8　甲方案各年现金净流量表　　　　　单位：元

序号	年份	0	1	2	3	4	5	备注
A	现金流入		6 000	6 000	6 000	6 000	6 000	A＝B＋C＋D
B	销售收入		6 000	6 000	6 000	6 000	6 000	
C	固定资产余值							
D	回收流动资金							
E	现金流出	10 000	2 500	2 500	2 500	2 500	2 500	E＝F＋G＋H＋J－L
F	经营成本（含折旧）		4 000	4 000	4 000	4 000	4 000	
G	固定资产投资	10 000						
H	流动资产投资							
I	利润总额		2 000	2 000	2 000	2 000	2 000	I＝B－F
J	所得税		500	500	500	500	500	J＝I×25%
K	净利润		1 500	1 500	1 500	1 500	1 500	K＝I－J
L	折旧		2 000	2 000	2 000	2 000	2 000	
M	净现金流量	－10 000	3 500	3 500	3 500	3 500	3 500	M＝A－E

表 3-9　乙方案各年现金净流量表　　　　　单位：元

序号	年份	0	1	2	3	4	5	备注
A	现金流入		8 000	8 000	8 000	8 000	13 000	A＝B＋C＋D
B	销售收入		8 000	8 000	8 000	8 000	8 000	
C	固定资产余值						2 000	
D	回收流动资金						3 000	
E	现金流出	15 000	3 750	4 050	4 350	4 650	4 950	E＝F＋G＋H＋J－L

序号	年份	0	1	2	3	4	5	备注
F	经营成本(含折旧)		5 000	5 400	5 800	6 200	6 600	
G	固定资产投资	12 000						
H	流动资产投资	3 000						
I	利润总额		3 000	2 600	2 200	1 800	1 400	I＝B－F
J	所得税		750	650	550	450	350	J＝I×25％
K	净利润		2 250	1 950	1 650	1 350	1 050	K＝I－J
L	折旧		2 000	2 000	2 000	2 000	2 000	
M	净现金流量	－15 000	4 250	3 950	3 650	3 350	8 050	M＝A－E

2. 计算两个方案的净现值

根据表 3-8 和表 3-9 中的数据,计算甲、乙两个方案的净现值如下:

$$甲方案 NPV ＝－10\,000＋3\,500×(P/A,10\%,5)$$
$$＝－10\,000＋3\,500×3.791$$
$$＝3\,268.5(元)$$
$$乙方案 NPV ＝－15\,000＋4\,250×(P/F,10\%,1)＋3\,950×(P/F,10\%,2)＋$$
$$3\,650×(P/F,10\%,3)＋3\,350×(P/F,10\%,4)＋$$
$$8\,050×(P/F,10\%,5)$$
$$＝－15\,000＋4\,250×0.909＋3\,950×0.826＋3\,650×0.751＋$$
$$3\,350×0.683＋8\,050×0.621$$
$$＝2\,154.2(元)$$

3. 判断

根据净现值法,可以得知:甲方案的净现值为 3 268.5 元,乙方案的净现值为 2 154.2 元,明显低于甲方案带来的收益,因此,宏庆公司应该选择甲方案来投资固定资产。

二、案例使用说明

(一)教学目的与用途

(1)案例主要适用于中级财务管理课程。

(2)本案例的教学目的在于使学生了解财务管理的基础分析方法,了解不同投资项目选择的具体分析方法等。

(二)启发思考题

(1)该公司应该选择哪个方案完成固定资产投资？

(2)什么是净现值法？什么是内部报酬率法？如何运用这些方法进行投资决策？

(三)分析思路

本案例的分析思路是以公司固定资产投资方案作为切入点,重点分析企业不同投资方案带来的收益水平之间的差异。

(四)理论依据与分析

本案例主要依据为企业财务管理关于企业投资决策等相关分析方法,具体内容参见上文分析。

(五)关键要点

了解不同投资方案的收益分析方法,作出符合企业利益的投资选择。

(六)建议的课堂计划

(1)了解公司不同固定资产投资方案带来的不同收益。

(2)课堂讨论。

(七)案例的建议答案以及相关法规依据

建议答案见上文分析。

案例十一
矿藏开采时间的选择

一、案例正文

摘要:本案例尝试以英石公司开采矿藏项目为例,从企业财务管理的角度,对该项目的时间点选择做出分析。

关键词:时间决策　投资收益　财务管理

(一)案例简介

英石公司拥有一稀有矿藏,这种矿产品的价格在不断上升。根据预测,6年后价格将一次性上升30%,因此,公司要研究现在开发还是6年后开发的问题。不论现在开发还是6年后开发,初始投资相同,建设期均为1年,从第2年开始投产,投产5年后就把矿藏全部开采完。初始投资的固定资产为100万元,投产时需垫付营运资金30万元,固定资产残值为0。矿藏年产销量2 000吨,现在开发每吨售价0.1万元,6年后开发每吨售价0.13万元,每年付现成本60万元。假设所得税率 25%,资本成本 10%。

(二)课堂讨论

公司应该现在开采还是 6 年后开采?

(三)案例分析

营业期净现金流量＝现金流入－现金流出

$$＝营业收入＋回收额－付现成本－所得税$$

$$＝营业收入＋回收额－付现成本－(营业收入－付现成本－折旧)×25\%$$

$$＝(营业收入－付现成本－折旧)＋折旧－(营业收入－付现成本－折旧)×25\%＋回收额$$

$$＝(营业收入－付现成本－折旧)×(1－25\%)＋折旧＋回收额$$

$$＝税后利润＋折旧＋回收额$$

年折旧＝100/5＝20

1. 计算现在开发的净现值

(1)计算每年净现金流量 NCF。

$NCF_0＝-100$(万元)

$NCF_1＝-30$(万元)

$NCF_{(2-5)}＝[2\,000×0.1-(60+20)]×(1-25\%)+20＝110$(万元)

$NCF_6＝110+30＝140$(万元)

(2)计算净现值 NPV。

$$NPV＝-100-30×(P/F,10\%,1)+110×(P/A,10\%,4)×(P/F,10\%,1)+140×(P/F,10\%,6)$$

$$＝-100-30×0.909+110×3.17×0.909+140×0.564$$

$$＝268.66(万元)$$

2. 计算 6 年后开发的净现值

(1)计算每年净现金流量 NCF。

$NCF_0＝-100$(万元)

$NCF_1＝-30$(万元)

$NCF_{(2-5)}＝[2\,000×0.13-60-20]×(1-25\%)+20＝155$(万元)

$NCF_6＝155+30＝185$(万元)

(2)计算净现值 NPV。

6 年后开发,开发完成到开发年度初的净现值:

$$NPV^*＝-100-30×(P/F,10\%,1)+155×(P/A,10\%,4)×(P/F,10\%,1)+185×(P/F,10\%,6)$$

$$=-100-30\times0.909+155\times3.17\times0.909+185\times0.564$$
$$=423.71(万元)$$

将该净现值折算到现在时点的净现值：

$$NPV=423.71\times(P/F,10\%,6)=423.71\times0.564=238.97(万元)$$

（四）分析结论

现在开发的净现值为 268.66 万元，而 6 年后开发折算到现在时点净现值为 238.97 万元，所以现在开发该矿藏收益较大。

附：年利率 10% 的几期年金现值、复利现值系数表，见表 3-10。

表 3-10　年金现值、复利现值系数表

n,10%	P/F	P/A
1	0.909	0.909
2	0.826	1.736
3	0.751	2.478
4	0.683	3.170
5	0.621	3.791
6	0.564	4.355

二、案例使用说明

（一）教学目的与用途

（1）案例主要适用于中级财务管理课程。

（2）本案例的教学目的在于使学生了解财务管理的基础分析方法，了解项目投资时间的收益分析方法。

（二）启发思考题

（1）通过计算判断该企业应该现在开采还是 6 年后开采。

（2）什么是投资回收期法？如何运用这种方法进行投资决策？

（三）分析思路

本案例的分析思路是以英石公司开采矿藏项目作为切入点，重点分析企业投资项目在不同时间点投入的不同收益，以此为依据选择投产时间。

（四）理论依据与分析

本案例主要依据为企业财务管理中资金时间价值原理等相关分析方法，具体内容参见上文分析。

（五）关键要点

了解企业财务管理中收益计算方法，计算投资项目不同时间投产的不同收益，判断投产时间，作出符合企业利益的投资选择。

（六）建议的课堂计划

（1）计算英石公司不同时间开发该矿藏的收益。

（2）课堂讨论。

（七）案例的建议答案以及相关法规依据

建议答案见上文分析。

案例十二
北方公司风险投资收益的计量分析

一、案例正文

摘要： 企业财务管理中的风险按形成的原因一般可分为经营风险和财务风险两大类。两种风险会因生产经营方面的原因给企业盈利和财务成果带来不确定性。完善企业风险投资收益计量工作，可以使企业在多变的市场环境、经济周期性波动面前实现风险投资收益均衡，降低企业风险。本文结合北方公司在其饮料市场变革中面临的项目开发决策问题对风险投资收益问题进行了计量分析。

关键词： 风险计量 风险收益 案例分析

（一）案例简介

1998 年北方公司原有柠檬饮料因市场竞争激烈、消费者喜好产生变化等原因开始滞销，导致公司陷入经营困境。为改变产品结构，开拓新的市场领域，公司现拟开发两种新产品。

1. 开发洁清纯净水

面对全国范围内的节水运动及限制供应，尤其是北方十年九旱的特殊环境，产品开发部认为洁清纯净水必将进入到百姓的日常生活，市场前景看好，有关预测资料如表 3 - 11 所示。

表 3 - 11　　开发纯净水市场前景预测

市场销路	概率	预计年利润（万元）
好	60%	150
一般	20%	60
差	20%	−10

经过专家测定，该项目的风险系数为 0.5。

2. 开发消渴啤酒

北方人有豪爽、好客、畅饮的性格，亲朋好友聚会的机会日益增多；北方气温大幅度升高，并且气候干燥；北方人的收入明显增多，生活水平不断提高。开发部据此提出开发消渴啤酒方案，有关市场预测资料如表 3 - 12 所示。

表 3 - 12　　开发啤酒市场前景预测

市场销路	概率	预计年利润（万元）
好	50%	180
一般	20%	85
差	30%	−25

据专家测算，该项目的风险系数为 0.7。

（二）课堂讨论

（1）对两个产品开发方案的收益与风险进行计量。

（2）进行方案评价。

（三）案例分析

某一行动（事件）的结果，具有多种可能而不肯定，就叫风险；反之，若某一行动（事件）的结果很肯定，就叫无风险。财务管理中的风险也就是在某一特定的环境下，由于某些难以控制或者无法预测的事情的存在，企业实际获得的收益与事先预计的收益发生背离，也即劳动成果与生产目的之间发生背离，企业存在遭受经济损失的可能性。风险按照其形成的原因一般可以分为经营风险和财务风险两大类。其中经营风险指的是企业因生产经营过程中的产、供、销等环节中的不确定因素而导致的企业劳动成果的不确定性。财务风险指的是由于企业债务融资而给企业盈利带来的不确定性。

风险的衡量可通过如下步骤进行：

1. 计算期望值

期望值是一个概率分布中的所有可能结果,以各自的概率为权数计算的加权平均的中心值。

假定开发洁清纯净水方案用 A 表示,开发消渴啤酒方案用 B 表示,则 A、B 两方案的期望收益值为:

$$E_A = \sum_{i=1}^{n} X_i P_i = 150 \times 60\% + 60 \times 20\% - 10 \times 20\% = 100(万元)$$

$$E_B = \sum_{i=1}^{n} X_i P_i = 180 \times 50\% + 85 \times 20\% - 25 \times 30\% = 99.5(万元)$$

从期望收益来看,开发洁清纯净水比开发消渴啤酒有利,预期每年可多获得利润 0.5 万元。

2. 计算标准离差

标准离差是反映概率分布中各种可能结果对期望值的偏离程度,即离散程度的一个数值。其数值的大小代表着风险的大小。

$$\sigma_A = \sqrt{\sum_{i=1}^{n} (X_i - E_A)^2 P_i}$$
$$= \sqrt{(150-100)^2 \times 0.6 + (60-100)^2 \times 0.2 + (-10-100)^2 \times 0.2}$$
$$= \sqrt{3\,240.13 + 42.05 + 4\,650.07} = \sqrt{7\,932.26} \approx 65$$

$$\sigma_B = \sqrt{\sum_{i=1}^{n} (X_i - E_B)^2 P_i}$$
$$= \sqrt{(180-99.5)^2 \times 0.5 + (85-99.5)^2 \times 0.2 + (-25-99.5)^2 \times 0.3}$$
$$= \sqrt{3\,240.13 + 42.05 + 4\,650.07} = \sqrt{7\,932.26} \approx 89$$

标准离差绝对数衡量决策方案的风险:在期望值相同的情况下,标准离差越大,风险越大;反之,标准离差越小,则风险越小。

从计算结果来看,方案 B 的风险大于方案 A。

3. 计算标准离差率

标准离差率是标准离差同期望值之比,也是反映风险大小的一个指标,它可以用于计算期望收益率不同方案的风险程度。

$$q_A = \frac{\sigma_A}{E_A} = \frac{65}{100} = 0.65$$

$$q_B = \frac{\sigma_B}{E_B} = \frac{89}{99.5} = 0.89$$

通过以上计算结果显示:北方公司拟开发的两种新产品 A 和 B,其中 A 产品即洁清纯净水是一个收益高风险小的投资项目,B产品即消渴啤酒是一个收益低风险大的投资项目。

二、案例使用说明

(一)教学目的与用途

(1)案例主要适用于中级财务管理课程。

(2)本案例的教学目的在于使学生了解企业风险收益的原理和计算方法。

(二)启发思考题

(1)财务管理风险产生的原因是什么?

(2)什么是风险收益均衡原理?

(3)结合现代公司治理理论谈谈北方公司走出困境应采取的策略。

(三)分析思路

本案例的分析思路是以北方公司背景作为切入点,结合北方公司在其饮料市场变革中面临的项目开发决策问题对风险投资收益问题进行了计量分析。

(四)理论依据与分析

财务管理风险产生的原因是企业面临的种种不确定性。如经济周期不规则波动,通货膨胀的喜怒无常,市场环境风云变幻,法律环境时常改变等等,从而导致企业产生经营风险,其直接表现便是营业收入及利润的不稳定,资金回报率(投资报酬率)忽高忽低。资金回报率的变动,同时加大企业财务风险。

假如:当资金回报率为20%,借款利率为10%,借入与自有资金比例为1∶1时:

自有资金报酬率=资金回报率+(借入资金/自有资金)×(资金回报率-借入资金利率)=20%+(1/1)×(20%-10%)=30%;

当资金回报率为5%时,其他情况不变时,则:

自有资金报酬率=5%+(1/1)×(5%-10%)=0

此外,因资金回报率下降,必然给企业偿债带来困难,轻者使企业丧失信誉,重者使企业陷入破产危机。

风险收益均衡原理,其发生的实质是因为投资者通常厌恶风险。此种心理也决定了投资者只有在具有额外的风险补偿时,才会选择风险性投资。当然,这种补偿与风险的大小是相适应的:投资的风险越大,投资者要求的投资报酬率也往往越高;投资的风险越小,投资者所要求的投资报酬率也会相对较低;对于风险很低或者基本没有风险的投资项目来说,投资者最终获得的投资报酬率就是资金的时间价值。

（五）关键要点

了解企业可能面临的投资风险和风险估算方法,知道企业在面对风险时如何依据企业具体状况做出决定。

（六）建议的课堂计划

(1)了解企业背景与风险计量。

(2)课堂讨论。

（七）案例的建议答案以及相关法规依据

建议答案见上文分析。

案例十三
水罐车租赁与购买的比较分析

一、案例正文

摘要:企业增加设备,可以通过购买方式取得,也可以通过租赁方式取得。在一定条件下,企业租赁设备比借款购设备更迅速、更灵活。因为以租赁方式取得设备,可以缩短设备的购进、安装时间,使企业尽快形成生产能力,有利于企业尽快占领市场,打开销路。本案例结合清泉饮料公司在水罐车的投资中,对购买与租赁的成本进行了比较分析,选择了有利于企业的投资方式,为企业节约了成本,带来了效益。

关键词:租赁　购买　比较

（一）案例简介

清泉饮料公司地处陕西一个山区县,公司生产的季节性非常强,淡旺季各为6个月。公司所在地100公里以外的一个叫羊山乡的地方,有一股一年四季常流不息的山泉,过去谁也没有把它放在眼里。2013年,国家将羊山乡方圆几十里的山泉区域定为旅游区,从而吸引了四面八方的观光游客。后来,经国家有关部门对水质分析鉴定,认为该山泉不仅符合饮用水标准,而且水中含有人体生长所需要的多种微量元素,有开发的经济价值。2014年初,羊山乡引进外资,购置了山泉水瓶装生产线,在当地建立了经营山泉水的企业。由于该企业的瓶装能力远远小于纯净山泉水的自然提供量,使这一宝贵的自然资源白白流失。为了使这一天然资源为乡里的经济发展提供财源,羊山乡购置了10辆水罐车向附近的企事业单位运送廉价泉水。但由于附近地区的企业有多半处于停产和半停产状态,泉水的需求量不需要10辆水罐车,每天有4辆就足够了。闲置的6辆水罐车形成了资金的闲置。

因此,当羊山乡山泉水企业得知清泉饮料公司开发灌装山泉水品种时,就主动向清泉饮料公司提出转让水罐车或者租赁水罐车的意向,并提出了转让的优惠价和租金标准。

(二)课堂讨论

清泉饮料公司应该如何考虑羊山乡山泉水企业的提议? 是购买还是租赁其水罐车?

(三)案例分析

接到羊山乡山泉水企业的提议后,清泉饮料公司领导责成财务部去认真研究这个问题。公司财务部经理张力担当了研究这个项目的主角。他首先了解了相关信息,然后进行了水罐车购买与租赁的投资成本分析。其分析过程如下:

1. 购买分析

(1)水罐车购买支出。

按饮料公司的产量需求,要保证山泉水供给,需要购买一辆水罐车,按照羊山乡的标价为 8 万元,其价格比市场价格低 5%。

(2)车辆运行支出。

公司如果购买一辆水罐车,每年的运行支出包括:

①油料费=每月耗油费×使用月份

$$=400×6$$

$$=2\,400(元)$$

②养路费=每季养路费×季度

$$=200×4$$

$$=800(元)$$

③车辆使用税=每季度税金×季度

$$=120×4$$

$$=480(元)$$

④司机工资=月工资待遇×月份

$$=1\,000×12$$

$$=12\,000(元)$$

⑤车辆保养费=每季保养费×季度

$$=400×4$$

$$=1\,600(元)$$

⑥车辆保险费=月标准×月份

$$=100×12$$

$=1\,200(元)$

⑦其他费用$=2\,000(元)$(包括:停车费、通行费、洗车费等)

车辆每年运行支出为:$2\,400+800+480+12\,000+1\,600+1\,200+2\,000$

$\qquad\qquad\qquad\quad=20\,480(元)$

(3)车辆运行平均年成本(考虑资金的时间价值)。

按该车辆跑满30万公里计算,平均的运行年限为6年,净残值为5\,000元,车辆运行各年现金流出的顺序如图3-1所示:

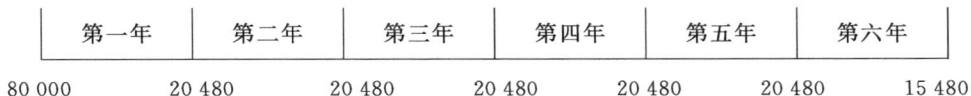

第一年	第二年	第三年	第四年	第五年	第六年
80 000	20 480	20 480	20 480	20 480	20 480　15 480

图3-1 车辆运行各年现金流出顺序图

按银行长期贷款年利率8%作为资金的时间价值标准,可展开如下计算:

①计算车辆运行支出的总现值。

车辆运行支出的总现值$=80\,000+20\,480\times(P/A,8\%,5)+15\,480\times(P/F,$

$\qquad\qquad\qquad\qquad\quad 8\%,6)$

$\qquad\qquad\qquad\quad=80\,000+20\,480\times3.992\,7+15\,480\times0.630\,2$

$\qquad\qquad\qquad\quad=80\,000+81\,770+9\,755$

$\qquad\qquad\qquad\quad=171\,525(元)$

②计算车辆运行支出的平均年成本。

车辆运行支出的平均年成本$=171\,525/(P/A,8\%,6)$

$\qquad\qquad\qquad\qquad\qquad=171\,525/4.622\,9$

$\qquad\qquad\qquad\qquad\qquad=37\,103(元)$

2. 租赁分析

按季承租水罐车每季租金15\,000元(含司机工资以及各项费用支出)),饮料公司每年只需租用两季,则每年租金支出为30\,000元。租金要在年初支付。即图3-2所示:

30 000	30 000	30 000	30 000	30 000	30 000

图3-2 年初租金支付图

为了将以上预付年金性质的等额租金改为后付年金的筹额序列,以便于与购买分析相比较,特作如下计算:

(1)计算租金总现值。

租金总现值＝30 000＋30 000×(P/A,8％,5)

　　　　　＝30 000＋30 000×3.992 7

　　　　　＝30 000＋119 781

　　　　　＝149 781(元)

(2)计算按后付年金序列组成的租金平均年成本。

租金平均年成本＝149 781/(P/A,8％,6)

　　　　　　　＝149 781/4.622 9

　　　　　　　＝32 400(元)

3. 两种方案比较

从表面上看,购买方案优于租赁方案(不足三年的租金可购置一辆水罐车);但是通过以上的分析可以发现,租赁方案的平均年成本为 32 400 元,低于购买方案的平均年成本 37 103 元,如选择租赁方案,每年可以相对节约 4 703 元。

张力以财务部的名义所作的购买与租赁的比较分析,以其无可争辩的理由和论据赢得了公司的赞赏。公司及时采纳了租赁方案,使公司长达 6 个月的生产淡季转产灌装山泉水。灌装山泉水的经营决策,使清泉饮料公司的淡季不淡,从而挽救了公司经营惨淡的命运,公司一举扭亏为盈,终于步入良性循环轨道。在这其中,财务部经理张力发挥了他的财务决策"功力",为公司的发展作出了贡献。

二、案例使用说明

(一)教学目的与用途

(1)本案例主要适用于中级财务管理课程,也适用于企业战略管理等课程。

(2)本案例的教学目的在于使学生了解企业增加设备的方式不仅仅是购买,也可以是租赁,哪一种方式对企业有利就选择哪一种。

(二)启发思考题

(1)对企业而言,租赁有哪些好处?

(2)如何进行租赁与购买的比较分析?

(3)什么是资金的时间价值? 什么是现值和终值?

(4)什么是年金? 年金有哪几种形式?

(三)分析思路

本案例的分析思路是以清泉饮料公司生产发展需要增加设备作为切入点,重点分析企业如何进行设备租赁与购买的比较,使学生了解和掌握进行设备租赁与购买的比较分析方法。

（四）理论依据与分析

本案例的理论研究主要是企业成本理论和时间价值理论。

（五）关键要点

了解和掌握租赁与购买的比较方法，本案例采用了成本比较法，除此以外还有净现值比较法等。

（六）建议的课堂计划

（1）自选生活中的一个例子，进行租赁与购买的比较分析。

（2）课堂讨论。

（七）案例的建议答案以及相关法规依据

建议答案见上文分析。

第四章　筹资决策案例

案例十四
华夏公司筹资方式决策

一、案例正文

摘要：本案例尝试以华夏公司为例，从财务管理的角度，对企业筹资方式决策作出分析。企业的筹资方式关系着企业筹资成本的高低，因此对于企业发展具有十分重要的意义。华夏公司的筹资方式决策案例具有比较强的代表性，本案例将对其做出具体分析。

关键词：华夏公司　筹资方式　案例分析

（一）案例简介

华夏公司是一家 IT 股份有限公司，公司已发起设立 2 年，注册资本 4 000 万元，目前公司股东人数为 560 人，公司净资产 5 800 万元。近年来该公司经营状况良好，产品供不应求，为抓住机遇，扩大公司规模，公司董事会决定筹集新资，并提出以下三个方案：

方案一：向国务院授权部门及证券管理相关部门递交申请，请求公司上市并发行新股，计划发行新股总金额为 6 000 万元，每股股票面值为 2 元。为吸收外资，其中 2 000 万元股份设定为优先股，其股东可享有权利如下：

（1）优先股股东能够按 8.5 折购买该股票；

（2）预先规定优先股的股利为 11％，且无论盈亏确保支付；

（3）股东大会上优先股股东依法享有表决权。

其余 4 000 万元股份设定为普通股，市场预计为溢价发行，并将股票发行获得的溢价收入列示到公司利润中。

方案二：公开发行债券。筹措资金 6 000 万元，期限 3 年，债券面值 100 元，票面核定利率 5％，达到国家规定水平。债券单利计息，到期一次还本付息。目前银行存款利率为 6％，债券折价发行。

公司近两年平均可分配利润为 350 万元,债券筹措的资金用途符合国家产业政策的规定;公司之前尚未发行过债券。

方案三:向银行借款。公司的投资报酬率为 10%,通过询价,已有三家银行愿意提供 3 年期、总额 6 000 万元的贷款,其条件如表 4-1 所示,华夏公司用款情况时间表如表 4-2 所示。

表 4-1　商业银行贷款条件表

商业银行	贷款额(万元)	年利率	限制条件
中国工商银行某行	6 000	8%	0.5%承诺费率,每年付息一次,到期还本
中国建设银行某行	6 000	6.5%	10%补偿性余额,一次性全额拨款,到期一次性还本付息
中国农业银行某行	6 000	7%	6 000 万元信贷额度,每年付息一次,到期还本

表 4-2　华夏银行用款情况时间表　　　　　　　　　　单位:万元

第一年	第二年	第三年	累计
2 000			2 000
	3 600		5 600
		400	6 000

(二)课堂讨论:华夏公司筹资方式选择

(1)试分析华夏公司申请上市及发行新股能否获得批准。

(2)华夏公司对优先股的规定是否合法?

(3)新股发行方案中还存在什么问题?

(4)华夏公司债券筹资方案是否可行?

(5)计算银行借款的资本成本,并作出选择哪家银行的决策。

(三)案例分析

1. 股票筹资方式

(1)新股发行标准。

我国《公司法》规定,股份有限公司申请其股票上市必须符合下列条件:

①股票经国务院证券管理部门批准已向社会公开发行;

②公司股本总额不少于人民币 5 000 万元；

③开业时间在 3 年以上，最近 3 年连续盈利，原国有企业依法改制而设立的，或者本法实施后新组建成立，其主要发起人为国有大中型企业的，可连续计算；

④持有股票面值达人民币 1 000 元以上的股东人数不少于 1 000 人，面向社会采取公开发行所占股份比例达公司股份总额的 25% 以上，公司股份总数大于人民币 4 亿元的公司，其向社会采用公开发行股票的比例应超过 15%；

⑤最近 3 年期间公司无重大的违法行为，财务会计报告真实记录；

⑥国务院制定的其他要求。

此外，我国《公司法》对公司发行新股有下列条件限制：

①前一次发行的股票资金已募足，并间隔 1 年以上；

②公司于最近 3 年期间连续盈利，有能力支付股东股利；

③最近 3 年中公司财务会计相关文件没有虚假记载；

④公司预计利润率达到或超过同期银行存款利率。

分析本案可知，华夏公司申请上市不可行，原因如下：第一，其注册资本只有 4 000 万元，低于《公司法》要求的人民币 5 000 万元，虽然目前公司净资产已达到 5 800 万元，但未申请注册资本变更；第二，该公司为发起设立，开业时间不足 3 年，不具备向社会公开发行股票的条件；第三，华夏公司目前股东人数只有 560 人，不满足"持有股票面值达人民币 1 000 元以上的股东人数不少于 1 000 人"的要求，所以华夏公司申请上市不会被通过。华夏公司即便不申请上市，就是申请发行新股，也必须有 3 年连续经营的良好业绩，华夏公司只有 2 年的经营期限，通过发行新股方式筹资是不可行的。

(2)优先股问题。

优先股是指相对于普通股，在分配收益和剩余资产等方面优先于普通股股东的股份。但能否实现优先股事先规定的红利率，有赖于公司是否盈利以及盈利水平是否能够保证优先股的红利获取，公司亏损或盈利较低时优先股的分红是不能保证的。华夏公司向优先股股东的承诺是不论公司盈利亏损，都按固定利率来支付股利，这违背了法律规定。此外，优先股股东一般不享有股东大会的表决权，华夏公司承诺优先股股东享有表决权也是错误的。

(3)其他问题。

华夏公司还存在其他问题，一是《公司法》规定，股票发行价格可以按票面金额，也可以超过票面金额，但不得低于票面金额，华夏公司规定的优先股股东以 8.5 折购买股份，违反了上述规定；二是《公司法》规定，超过票面金额发行的股票所得溢价款应计入资本公积。华夏公司将溢价发行的普通股的溢价收入款计入公司当年利润，显然是错误的。

2. 债券筹资方式

对于公司提出的债券筹资,按照我国《证券法》第十四条的规定,公开发行公司债券必须符合以下条件:

(1)资产条件:股份有限公司的净资产不得低于人民币 3 000 万元,有限责任公司的净资产不得低于人民币 6 000 万元;

(2)对累计发行债券的限制规定:累计债券余额不得超过公司总资产额的 40%;

(3)盈利要求:最近 3 年平均年可分配利润高于其债券一年的利息;

(4)用途要求:筹集的资金用于符合国家相关产业政策的产业;

(5)利率要求:债券的利率不得高于国务院规定利率水平;

(6)国务院颁布的其他要求。

本案例中,华夏公司作为股份有限公司其净资产达到 4 000 万元,满足不低于 3 000万元的条件;其筹资用途也符合国家产业政策要求,债券利率水平符合国务院限定的利率水平。公司计划筹资 6 000 万元,按照票面利率计算,年支付利息为:

$$6\ 000 \times 5\% = 300(万元)$$

公司目前实现年净利润 350 万元,满足利息支付的规定。

公司发行债券的唯一限制条件是连续 3 年盈利,而公司目前只有 2 年的经营期,不符合发行债券的条件。

3. 银行借款方式

从上述分析可知,华夏公司目前唯一的筹资渠道就是向银行借款。根据各家商业银行提供的贷款条件,结合华夏公司具体用款情况,应分析各自的资本成本,选择成本最低的银行借款。

(1)中国工商银行资本成本如表 4-3 所示。

表 4-3　中国工商银行资本成本情况　　　　　　单位:万元

年度	第一年	第二年	第三年
利息	$2\ 000 \times 8\% = 160$	$5\ 600 \times 8\% = 448$	$6\ 000 \times 8\% = 480$
承诺费	$4\ 000 \times 0.5\% = 20$	$400 \times 0.5\% = 2$	0
成本合计	180	450	480
现值	$180 \times (P/F, 10\%, 1)$	$450 \times (P/F, 10\%, 2)$	$480 \times (P/F, 10\%, 3)$
	$180 \times 0.909 + 450 \times 0.826 + 480 \times 0.751 = 895.80$		

(2)中国建设银行资本成本：

补偿性余额＝6 000×10％＝600（万元）

实际用款余额＝6 000－600＝5 400（万元）

即华夏公司能够动用的款项只有5 400万元。则：

年借款利息＝6 000×605％＝390（万元）

实际借款利息＝390/5 400×100％＝7.22％

三年到期时利息＝6 000×7.22％×3＝1 299.60（万元）

现值＝1 299.6×(P/F,10％,3)＝1 299.6×0.751＝976（万元）

(3)中国农业银行资本成本如表4－4所示：

表4－4　中国农业银行资本成本情况　　　　单位：万元

年度	第一年	第二年	第三年
利息	2 000×7％＝140	5 600×7％＝392	6 000×7％＝420
现值	140×(P/F,10％,1)	392×(P/F,10％,2)	420×(P/F,10％,3)
	140×0.909＋392×0.826＋420×0.751＝766.47		

结论：根据上述分析，中国农业银行资本成本最低，应选择在该银行借款筹资。

二、案例使用说明

（一）教学目的与用途

(1)案例主要适用于中级财务管理课程。

(2)本案例的教学目的在于使学生了解企业可选择的筹资方式，了解各种筹资方式的适用性与优缺点等。

（二）启发思考题

(1)华夏公司的新股发行方案存在什么问题？

(2)华夏公司债券筹资方案是否可行？

(3)试比较银行借款方式下的资本成本差异。

（三）分析思路

本案例的分析思路是以华夏公司背景作为切入点，对企业可供选择三种筹资方式进行了分析，重点分析企业新股发行方案与债券筹资方案的不可行性，同时比较了银行借款方式下的不同资金成本，使学生了解和掌握企业筹资方式的适用性与优缺点。

（四）理论依据与分析

主要依据为《公司法》《证券法》等相关法律规定,具体内容参见上文分析。

（五）关键要点

了解可供企业选择的筹资方式、知道各种筹资方式的适用性,据此可以对目标企业的筹资决策做出分析与选择。

（六）建议的课堂计划

（1）了解企业背景与筹资方案。

（2）课堂讨论。

（七）案例的建议答案以及相关法规依据

建议答案见上文分析。

案例十五

中国石化 A 股股权融资分析

一、案例正文

摘要:本案例以中国石化股份有限公司为例,从财务管理的角度,对企业融资方式决策作出分析。企业融资方式的选择、资本结构的调整,会显著影响企业融资成本,因此对于企业的经营发展具有十分重要的意义。中国石化的融资方式决策案例具有比较强的代表性,本案例将对其做出具体分析。

关键词:中国石化　股权融资　案例分析

（一）企业背景

1. 企业基本情况

中国石油化工股份有限公司(简称中石化,证券代码 600028)为一家境内外上市、产业链涵盖上中下游、强势主业为石油石化、销售网络较为完备的股份制企业。中国石化股份有限公司是由中国石油化工集团公司根据《中华人民共和国公司法》,在"所有制结构完成多元化、遵从市场经济规律、稳步形成现代企业制度"的思想指导下,秉持"主业辅业相分离、优质资产不良资产相分离、公司职能社会职能相分离"的原则,经过"业务、资产、债权债务、机构、人员"等多方面的整体重组与改制,通过独家发起方式于 2000 年 2 月 28 日设立的股份制企业。中国石油化工股份有限公司分别于 2000 年 10 月 18 日在纽约、19 日在香港和伦敦成功挂牌上市。在公开募股中,由于市场投资者认购踊跃,中国石化行使了超额发行权,共计筹资

37.3 亿美元。此次共计发售 180.385 亿股,占发行后总股本的 21.21%,其中在国际配售 95%,香港公开发售 5%。发行后,中国石化的母公司——中国石化集团公司——持有该公司 56.06% 股份,国内资产管理公司和开发银行持有 22.73% 股份,境外股东合计持有 21.21% 的股份。境外一些著名大公司和投资者看好中国石化,美国埃克森美孚、英荷壳牌、英国 BP、瑞士 ABB 等著名跨国公司和李嘉诚、李兆基等香港知名人士,分别与中国石化签署了购买其首次公开发行股票(IPO)的协议,成为中国石化的策略投资者或财务投资者。

2001 年 8 月 8 日,中石化在上海证券交易所成功发行国内公众股 28 亿股,募集资金 120 亿。目前,中国石油化工股份有限公司总股本为 867.024 39 亿股。中国石化集团公司持有的国有股约占总股本的 55.06%,国有资产管理公司和银行持股约占 22.36%,外资股占 19.35%,国内社会公众持股 3.23%,如图 4-1 所示。

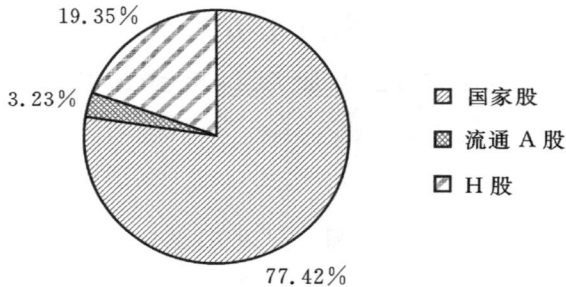

图 4-1　中石化(600028)最新股本结构

中国石油化工股份有限公司是国内最大的一家一体化能源化工公司,主业是开采、销售石油和天然气;石油炼制、石油化工、化纤、化肥及其他化工品的生产、销售、储运;石油、天然气的管道运输;石油、天然气、石油产品、石化和其他化工品以及其他商品、技术等的进出口和代理;技术、信息的探究、开发、应用等。中石化是目前国内生产和供应最多的石油产品(包括汽油、柴油、航空煤油等的批发和零售)的商家,也生产提供国内最多的重要石化产品(包括合成树脂、中间石化产品、合成纤维的单体及聚合物、合成纤维、合成橡胶以及化肥),也是第二大的原油生产商。2001 年,生产原油 3 791 万吨,天然气 46.1 亿立方米;新增已探明的石油地质储量 2.1 亿吨,石油可开采存储量 4 000 万吨,探明的天然气地质储量 520 亿立方米,可采储量 274 亿立方米;加工原油 10 142 万吨,生产汽煤柴成品油 6 114 万吨;生产乙烯 215 万吨,生产合成树脂 320.4 万吨,合纤原料 199 万吨,合纤聚合物 161 万吨,合成纤维 102.8 万吨,合成橡胶 39.8 万吨。全年共销售成品油 6 774 万吨,高达全国消费总量的 60％,区域内零售市场占有率达到 65％。

中国石油化工股份有限公司参考国际模式,构筑了新的公司架构,法人治理结构也进行了规范,实行专业化经营、分级管理和集中决策的事业部制管理体制,如图 4-2 所示。中国石油化工股份有限公司现有全资、控股和参股子公司及分公司等总计 70 余家,包含石油企业、销售企业、炼油和化工企业以及外贸、科研等单位,其生产销售主要集中在国内经济最活跃发达的东部、中部和南部地区。

中国石油化工股份有限公司秉承竞争,开放的经营观念;拓展市场、扩展资源、增加回报的发展战略;股东回报及公司利润最大化的经营宗旨;外部市场化,内部紧密化的经营机制以及规范、严谨、诚信的经营准则。中国石油化工股份有限公司的发展目标是成为一个真正世界级的主业突出、资产优良、技术创新、管理科学、财务严谨、在国际占一席之地和一体化的能源化工公司。

中国石化股份有限公司的前身——中国石油化工集团公司——是政府以原中国石化总公司为基础,重组成立的一家特大型的石油石化企业集团,吸收了相当多的上下游资产而形成的全国性一体化的石油石化公司。中国石化集团公司为国家独立出资设立,属于国有公司,是国家授权投资的机构和国家控股公司。

2. 抗风险,中石化拟定战略发展方案

凭着雄厚实力和优质可靠的产品及值得信赖的客户服务,"中国石化"及其相关品牌享誉市场,在零售及批发市场上均为首屈一指的优质石油和石化产品供应商,并成为大型国际性能源化工公司在中国进行项目投资时乐意选择的国内合作伙伴。截至 2000 年底,中国石化总资产已达到 3 409.18 亿人民币,固定资产2 018.54亿元,2000 年主营业务收入 3 229 亿元,比 1999 年增长了 39.8％,1999年同比 1998 年增长 21.5％;主营业务利润 2000 年 615.97 亿元,比 1999 年增长32.7％,1999 年同比 1998 年增长 32.9％;净利润 2000 年 162 亿元,比 1999 年增长 185％,2000 年每股收益为 0.19 元,2001 年每股收益预测为 0.21 元,显示出了良好的成长性。

但是,一方面由于中国石化营业额大多数来自石油产品和石化产品的销售,此类产品具有周期性,对宏观经济条件十分敏感,所以,为减少市场周期性变化的影响,中国石化须保持合理的原油和成品油储备,同时扩大市场份额,拓展盈利空间。另一方面,由于公司生产石油产品和石化产品需耗用大量原油和其他原料,如2000 年公司原油加工量达 10 548 万吨,占中国总加工量的 52.1％。公司炼油业务所需原油约四分之三购自外部供应商,其中 55％为进口原油。中国原油价格自1998 年 6 月与新加坡的原油价格挂钩后,国际原油价格的波动将直接或间接地影响该公司的原油成本。虽然公司一体化的业务结构有助于消除原料价格上升对经营业绩的影响,但公司能否将增加的成本完全消化,还受到市场情况的限制和政府

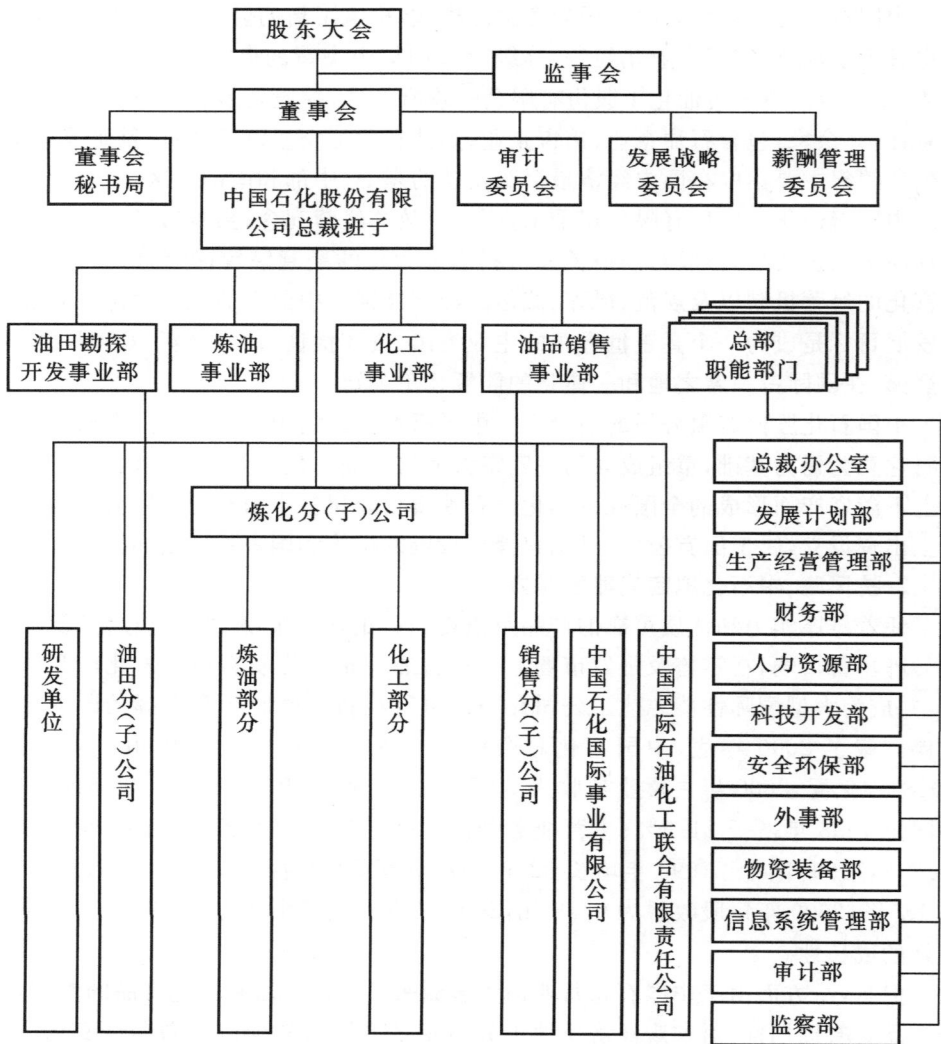

图 4-2　中国石油化工股份有限公司组织架构

监管的影响。为了降低国际原油价格波动的影响,公司已经并继续采取一系列有效措施,包括加强该公司的上游业务,从而提高其原油自供比例。

公司需要寻找新的战略突破点来增强核心竞争力。为此,公司管理层制定了"扩大资源,拓展市场,降低成本,严谨投资"的发展战略。其中包括三大主项目:

(1)用 64.46 亿元收购集团公司所持有的重组后的新星公司 100%的权益;

（2）用 14.64 亿元建设宁波—上海、南京进口原油管道工程项目；

（3）用 24.36 亿元建设大西南成品油管道工程项目。

收购新星公司有利于加强中国石化的上游业务实力，并为中国石化在天然气生产与市场开发方面带来有利机会。中国石化主要业务包括：石油和天然气的勘探、开发、生产和贸易；石油的加工，石油产品的生产，石油产品的贸易及运输、分销和营销；石化产品的生产、分销和贸易。虽然公司是一个集原油勘探、开发、炼油、化工和成品油销售的上中下游一体化综合性能源化工公司，但相对于公司中游强大的石化产品加工能力，上游的原油勘探、开采、供应能力较为薄弱，按 2000 年产量计算，只能满足该公司需求量的 26％左右，其余部分需外购和进口。这样，国际原油价格的波动容易影响到公司的经营业绩，给公司经营带来较大的不确定因素。所以，对进入资本市场发展快车道的中国石化来讲，加强上游业务已成当务之急。

新星公司是一个较有前途的资源性公司，拥有数量较大的原油和天然气储量。新星公司主要业务集中于石油与天然气的勘探开发活动，是一个处于成长早期的油气资源性公司，且中国目前所有主要油气田都是由他们所发现的，这些油气田包括大庆油田、胜利油田、南海与东海海域油气区块，和最近发现的塔里木油气区块。所以，完成收购后，中国石化将可以同时从事陆上与深海石油与天然气勘探与开采业务，公司石油与天然气的产量与储量将分别增加 10％和 19％，上游业务将得到加强，油气勘探开发能力将显著提高，原油生产成本将进一步降低，石油天然气产量将得以增加，原油自供比例和业务一体化程度将得到提高。尤其值得注意的是，新星公司丰富的天然气储量将提升中国石化在中国新兴天然气行业中的地位。可以想见，中国石化收购新星这样一个有较大潜力的资源性公司，将会加大油气开采力度，其经济效益将会逐年上升。

宁波—上海、南京进口原油管道工程可利用管线将在用和拟建的一系列油库连接起来，增加这些油库的利用效率，增大进口原油储备能力。这一项目是为了解决中国石化的进口原油由宁波至上海、南京的储运问题。该工程建成后，中国石化可以利用管线将在用和拟建的宁波大榭岛油库、算山油库、镇海石化油库、镇海中转油库、陈山油库、石埠桥这六大油库连接起来。届时，中国石化的进口原油将可以通过这一工程的管线从宁波的大榭岛 25 万吨油轮码头，直接输送到上海和南京，分别供应给原油资源主要依赖进口的上海石化、高桥石化、金陵石化和扬子石化，满足中国石化上海和南京地区石化企业近期进口原油的需求。由此，既可以提高六大油库的利用率，也可以增大进口原油的储备能力，从而有效地锁定成本。

由于当时国际油价居高不下，油价波动幅度较大，给石油进口带来了较大的冲击，随着我国进口原油量的逐年增长，加工进口原油的风险也随之加大，因此，提高原油的储备能力，将降低原油价格波动带来的风险。该项目建成后，将可大大降低中国石化的原油运输成本,每年管输 2 000 吨,可为炼油厂节约 6.51 亿元的运输成本,从而可以有效提高中国石化的经济效益和竞争力。

　　大西南成品油管道工程项目是为了解决大西南地区油品运输难的问题。大西南地区作为我国的战略后方和主要的民族聚居区,因各种客观条件的制约,是我国目前唯一没有大中型炼油企业的地区,成品油的供应存在不及时、不稳定等问题。随着西南地区成品油消费量的迅速增长,成品油的供给与运输将面临更高的要求。这两项工程不仅符合目前国内原油配置的原则,流向合理,而且有利于提高石化企业的经济效益,促进地方经济的发展。

3. 战略发展需要战略融资

　　中联资产评估有限公司对重组后的新星公司进行了资产评估,评估的基准日为 2000 年 12 月 31 日,于上述基准日重组后的新星公司资产总额为人民币 773 403.07 万元,负债总额为人民币 444 985.77 万元,资产为人民币 328 417.30 万元。新星公司 2000 年合并资产负债表和合并利润表主要数据如表 4-5、表 4-6 所示。

表 4-5　合并资产负债表　　　　单位:千元人民币

2000 年资产合计	7 332 777
其中:流动资产合计	1 974 821
长期投资	491 097
固定资产合计	4 860 859
其他资产	6 000
负债合计	3 821 763
其中:流动负债合计	1 479 583
长期负债合计	2 342 180
少数股东权益	228 290
净资产(股东权益)	3 282 724

表 4-6　合并利润表　　　　单位:千元人民币

主营业务收入	2 408 172
主营业务利润	1 422 803
营业利润	457 677
利润总额	1 144 256
净利润	815 611

据上述中介机构的工作报告、新星公司的报表及就收购项目聘请的财务顾问的价值评估报告,中石化决定以人民币 644 610 万元的现金收购新星公司全部股权。全部资金通过普通股 A 股融资来实现。

宁波—上海、南京进口原油管道工程项目在 2001 年开始建设,计划工期 1 年。初步估计管线的总投资为 20.91 亿元。项目总投资的 70% 为发行 A 股募集的资金,约 14.64 亿元;30% 为银行贷款,约 6.28 亿元。

大西南成品油管道工程项目在 2001 年开始建设,计划工期 3 年,项目生产期 20 年。初步估计管线的总投资为 34.80 亿元。项目总投资的 70% 为发行 A 股募集的资金,约 24.36 亿元;30% 为银行贷款,约 10.44 亿元。

上述三个项目的投资及融资计划如表 4-7。

表 4-7　项目投资及融资计划表　　　　　　单位:千元人民币

项目名称	预计总投资额	普通股	银行贷款	普通股所占比例
收购新星公司	64.461	64.461	0	100%
宁波—上海、南京原油管道工程	20.92	14.644	6.276	70%
大西南成品油管道工程	34.8	24.36	10.44	70%
合计	120.181	103.465	16.716	86%

4. 为融资,超级航母登陆 A 股市场

(1)航母回归本土。

2001 年 6 月 22 日,中石化宣布将增发 28 亿 A 股,募资额可能超过百亿元,创下 A 股市场一次募资额最大的纪录,并且将自 2000 年以来中国境外上市公司特别是 H 股公司向国内市场增发 A 股的回归势头推到最高潮。

2000 年 7 月 25 日,公司第三次临时股东大会通过了在全球发行不超过 230 亿股境外上市外资股(H 股)(包括新发及存量出售)的发行计划。该计划已于 2000 年 8 月 24 日获得中国证监会批准。2000 年 10 月 19 日,中石化在全球发售 16 780 488 000 股 H 股,并在香港联交所、纽约股票交易所和伦敦证券交易所成功上市。为在境内资本市场发行境内上市内资股(A 股),公司 2001 年 6 月 5 日召开的股东大会做出决议,调整 2000 年 7 月 25 日公司第三次临时股东会通过的发行计划,在该计划中加入 A 股发行部分,使公司可以在境内资本市场发行不超过 230 亿股 A 股。根据《国务院关于股份公司境外募集股份及上市的特别规定》第十条的规定,调整发行计划需经政府证券监管机关审批,中国证监会批准公司对第三次临时股东大会通过的发行计划进行上述调整。

(2)发行方案基本情况。

发行方式:经中国证券监督管理委员会证监发行字〔2001〕38 号文核准,中国石油化工股份有限公司向社会公众公开发行人民币普通股股票。发行采用向法人投资者网下配售和向一般投资者上网定价发行相结合的方式。

股票种类:人民币普通股(A 股)。

发行数量:280 000 万股。

每股面值:1.00 元。

根据 2001 年赢利预测,预计发行后全面摊薄每股收益 0.21 元。

发行后总股本:8 670 243.9 万股。

发行对象:于上海证券交易所登记股东账户的境内法人、自然人(法律法规等禁止其购买的人士除外)。有权购买的法人还应满足招股意向书中相关要求。

发行价格:发行价格的区间将通过预路演的价格发现机制确定,按照国家有关规定,其下限将高于每股账面净资产。预路演结束后,发行人与主承销商将依据预路演的结果进行商定并公示发行价格区间,法人投资者在该区间内申报认购价格和股数,主承销商和发行人将根据网下簿记结果协商最终确定发行价格,并在《招股说明书摘要》和上网发行公告中公布。

回拨机制:主承销商和发行人先初步确定网上网下配售比例,当网上申购中签率低于某一比例时,主承销商会将部分股票从网下回拨至网上。

承销方式:由中国国际金融有限公司组织的承销团以余额包销的方式承销。

承销期:2001 年 6 月 22 日—2001 年 7 月 23 日。

预计上市证券交易所:上海证券交易所。

发行费用:预计承销费人民币 17 724 万元、审计费用人民币 760 万元、评估费用人民币 3 150 万元、律师费用人民币 880 万元、预计发行手续费人民币 784 万元～1 225万元、审核费人民币 3 万元。

发行日程:

2001 年 6 月 22 日公示招股意向书及申购预约公告,预路演开始;

2001 年 7 月 2 日价格区间公告,接受法人和投资人申购报价,路演、簿记开始;

2001 年 7 月 5 日结束路演;

2001 年 7 月 11 日簿记结束;

2001 年 7 月 12 日确定发行价格;

2001 年 7 月 13 日刊登招股说明书和上网发行公告;

2001 年 7 月 16 日上网定价发行。

（3）法人投资者配售。

6月22日，中石化在《中国证券报》《上海证券报》和《证券时报》同时刊登了《申购预约公告》，详细规定了对法人投资者配售办法。

配售对象：

本次发行配售对象为战略投资者、一般法人投资者和证券投资基金。战略投资者是指与发行人建立了长期紧密的上下游关系、与公司的重要业务拓展有密切联系、愿意长期持有发行人股票的法人。主要包括：发行人产品具有代表性的最终用户，如汽车、化工产品等主要的燃油消费者，以化纤为原料的大生产商；发行人产品的重要代理商、原材料供应商、运输服务商。

一般法人投资者是指在2000年12月22日之前在中华人民共和国登记注册的法人，具备中国证监会规定的投资资格，其申购资金来源必须符合国家有关规定。

证券投资基金是指按照"证券投资基金管理暂行办法"成立的，中国证监会批准的证券投资基金。基金申购程序比照一般法人投资者。

配售原则：

①对战略投资者的配售：

战略投资者最低有效申购数量不得少于2 000万股，超过2 000万股以上部分必须是100万股的整数倍。

申购价格高于发行价格的战略投资者，将获得足额配售，其锁定期不少于6个月。

②对基金和一般法人投资者的配售：

如果有效申购股数总量等于或小于拟向基金和一般法人投资者配售的股票，则有订单获得足额配售。

如果有效申购股数总量大于拟向基金和一般法人投资者配售的股票，则有效订单按一定配售原则进行配售。具体配售办法如下：

有效订单将按下列标准分为三类，见表4-8。

表4-8 有效订单分类表

订单类别	分类标准	配售比例
A类	来自证券投资基金，且承诺锁定期不少于4个月者	a
B类	来自其他一般法人投资者，且同时满足以下两条标准者：①有效申购股数2 000万股或以上；②承诺锁定期不少于4个月	b
C类	其余有效申购订单（锁定期不得少于3个月、最低申购股数在100万股或以上）	c

配售比例 a＞b＞c,目的是鼓励专业投资者、长期投资者和大额订单。

主承销商根据网上中签率确定是否启动股票回拨机制,进而确定网上、网下的配售比例,从而最终确定网下配售的总股数。网下配售总股数确定之后,再确定各类订单的配售比例(a,b 和 c)。按照上述标准分入同一类的有效订单将获得相同的配售比例。即:

某有效订单获配售数量＝该有效订单的有效申购股数×该类订单的配售比例

主承销商不会以任何其他标准对有效订单进行区别配售。配售比例保留小数点后面五位,即最小配售比例为 0.000 01 或 0.001％。

(4)网上、网下配售比例及回拨原则。

2001 年 7 月 2 日,中石化 280 000 万股 A 股发行开始接受网下法人投资者报价申购。同日,中石化发布了《中国石油化工股份有限公司法人投资者申购报价公告》,对网上、网下初步确定的配售数量、回拨原则、网下申购价格区间和相关具体程序做了详细说明。

配售比例:

预定 84 000 万股用于上网定价发行,196 000 万股在网下向法人投资者配售(包括战略投资者),网上网下配售比例分别为 30％、70％,该预定配售数量是根据回拨机制确定最终网上网下配售数量的判断基准。

回拨原则:

在上网申购日申购结束后当天,主承销商根据交易所主机统计的网上申购结果,确定是否回拨。具体回拨原则为:

第一,在网上没有超额认购的前提下,不实施回拨,认购不足部分由承销团包销。

第二,在网上有超额认购的前提下按照下列回拨原则:

①当网上申购中签率高于或等于 4％时,主承销商将不启动回拨机制,维持30％:70％配售比例;

②当网上申购中签率低于 4％但高于或等于 3％时,主承销商将启动回拨机制,将 28 000 万股网下股票回拨至网上,使网上、网下配售股票的数量比例分别为40％、60％,即网上发行数量为 112 000 万股,网下发行数量为 168 000 万股;

③当网上申购中签率低于 3％但高于或等于 2％时,主承销商将 56 000 万股网下股票回拨至网上,使网上、网下配售股票的数量比例分别为 50％、50％,即网上发行数量为 140 000 万股,网下发行数量为 140 000 万股;

④当网上申购中签率低于 2％时,主承销商将 70 000 万股网下股票回拨至网上,使网上、网下配售股票的数量比例分别为 55％、45％,即网上发行数量为

154 000万股,网下发行数量为126 000万股。

报价区间:

本次网下法人投资者申购报价的区间为3.90元/股至4.30元/股,投资者的全部申报价格须位于此区间内(包括上下限价格本身)。

参与报价的前提条件:

①已经按照《申购预约公告》的要求向主承销商中国国际金融有限公司提供了相关的材料,并通过了法人投资者的资格审核;

②已经按照主承销商的要求填写《认购要约》(主承销商将书面传真《认购要约》给经审查合格的法人投资者);

③主承销商提请投资者注意,在申购时应遵守公司法等有关法律法规的规定(包括但不限于公司法第一章第十二条关于对外累积投资额不得超过公司净资产的50%等有关规定)。对申购者的违规或违法行为,主承销商将不承担责任。

报价时间:

2001年7月2日至7月9日9:00—12:00;13:00—17:00(周六、周日除外),申购报价时间以送达或传真文件收到的时间为准。

在上述期间,节假日不接受订单。为保证有足够的时间申购,请投资者尽早报价和缴纳定金。

报价的方式:

①法人投资者可以根据自己的判断,自行确定申购价格,每0.01元为一个申报价位;每个投资者只能申购一次。

②每个股票账户的申购股数不得低于100万股。超过100万股的必须是10万股的整数倍。

③每个申购可包括不超过3个价格的申购报价,一经申购不能撤单。

④每个股票账户申购上限为50 000万股。

定金的缴纳:

凡参与申购报价的投资者须在发出认购要约的同时缴纳定金,定金缴纳的数量为:所有申购价位中最大申购股票数量×价格区间上限×30%,应缴定金在千元位四舍五入。定金到达主承销商指定的账户时间必须在7月10日下午5点之前,在此时间后到账的定金视为无效申购定金,请投资者注意资金在途时间。

其中,定金的缴付账号为:

收款人:中国国际金融有限公司

开户银行:中国建设银行北京市分行朝阳支行国贸分理处

(全国联行号50961;同城交换号851)

账号:50730002

投资者在划出定金后,请向主承销商书面传真汇款凭证,主承销商在收到定金后将书面与投资者确认,凡定金晚于规定时间到账的申购视为无效申购。

认购股款的交纳和定金退回:

①主承销和发行人根据网下簿记建档情况协商确定发行价格,并在上网发行日前刊登的(招股说明书摘要)和(中国石油化工股份有限公司 A 股上网定价发行公告)(上网发行公告)中公布。

②上网申购日(T 日)申购结束后,主承销商根据网下和网上申购情况决定是否回拨,以最终确定网下、网上的配售比例,随后确定配售给各法人投资者的配售比例,并书面通知获得配售投资者的获配股数和所需补交的认购股款金额。

③需补交认购股款的法人投资者在接到主承销商的通知后,在主承销商规定的时间内将需补交的认购股款划至主承销商指定的账户,主承销商在资金到账后将向投资者发出书面传真确认。请投资者提前作好补交股款准备。主承销商规定的划款日均指资金到账日,逾期视为无效申购。

④对于申购价格等于或高于发行价格的法人投资者,其缴纳的申购定金将被直接抵交获配股票的认股款。

⑤对于申购价格低于发行价格的法人投资者,其缴纳的申购定金将在价格确定后的第一个工作日开始返还。

⑥对于其他无效申购定金将在价格确定后的第一个工作日后开始返还。

⑦对于配售后超出认购股款部分的定金将于上网申购日后第三个工作日后开始返还。

违约申购的处理:

获得配售的投资者如未能在指定时间内缴纳认购股款,将视为违约申购。违约者的定金将不获返还,用于冲抵承销商重新发售违约股票的风险及费用。违约定金的利息将归主承销商,冲抵发行费用。

对于由于法人投资者违约从而导致网下配售产生的余股,由主承销商酌情配售给 A 类投资者(见《申购预约公告》)。本次配售结果和违约情况将报中国证监会备案,并将在网下配售结束后予以公告。

预约、申购报价及缴纳定金的期限:

凡在 6 月 28 日前预约并通过审查的客户,公司在 7 月 2 日发出要约;其余的公司在收到客户的预约后尽快审查客户的资格,合格后发出要约。如果客户在发出预约后的第三日仍未收到要约,请来电查询。

参与预约登记的投资者仍可在 7 月 6 日(含该日)前参与登记,但申购报价应不迟于 7 月 9 日下午 5:00 完成,定金划拨应不迟于 7 月 10 日下午 5:00 完成。

(5)发行定价。

①发行定价的主要考虑因素。本次发行定价主要考虑下列因素:

- 公司发行当年的盈利情况及预计今后数年的收益增长情况;
- 发行时的市场情况;
- 同行业上市公司股价情况;
- 预路演、路演时投资者对公司的反应;
- 公司对资金的需求情况。

②发行定价的估值方法。本次发行定价主要运用了可比公司法和 DCF(现金流折现法)方法。

③发行价格的确定。发行价格通过预路演、路演、网下簿记建档,根据投资者的申购情况,由主承销商与发行人协商后最终决定发行价格。发行价格定为 4.22元/股。

④本次发行后的摊薄情况。预计本次发行可募集资金总额 118.16 亿元,预计发行后全面摊薄每股收益为 0.21 元,比 2000 年增加 10.52%。

(6)股利分配政策。

①公司的股利分配政策(历年情况/有无变化)。除股东大会授权董事会分配中期股利或特别股利外,公司每年派发一次股利。股利分配采用现金和股票两种方式。公司每年的利润分配方案由董事会根据公司的业务经营情况、现金流、财务状况、公司发展前景等重要因素而定。派付现金股息(如有)应由董事会以人民币宣布,公司的 H 股以港元派付,该公司的 A 股持有人以人民币派付。

公司利润按照下列顺序分配:

- 弥补上一年度亏损;
- 提取 10%法定公积金;
- 提取 5%～10%法定公益金;
- 提取任意公积金;
- 支付股利。

根据公司章程细则,公司的可分派利润应以根据中国会计准则及国际会计准则两者中较低者为准。

②公司的历次股利分配情况。继 2000 年 2 月,重组完成及公司成为一个独立法人后,公司分配股利 5.79 亿元。经 2001 年 6 月 5 日公司股东大会批准,公司2000 年产生的利润 40%以现金方式按董事会确定的日期分配给所有登记在册的股东。其余部分留待以后分配。

③本次发行完成前滚存利润的分配政策和 2001 年预计分配政策。经 2001 年 6 月 5 日公司股东大会批准,自 2001 年 1 月 1 日至本次发行前的滚存利润由新老股东共同享有。

④2001 年股利分配计划。公司预计,自 2001 年及今后各年的可分配利润中,不超过 40％的部分将作为股息分配,股利的分配方案需经过股东大会通过。

(7)网上路演,初步探视市场。

2001 年 7 月 3 日到 5 日,中石化董事长李毅中、总裁王基铭、副总裁兼财务总监张家仁、董秘局主任张洪林及中国国际金融有限公司董事总经理李弘等先后在北京、上海、深圳三地举行了现场推介会,7 月 12 日又在全景网络上进行了四个小时的网上路演。随后,中石化发布了《中国石油化工股份有限公司股票上网定价发行公告》,公告中披露中国化工本次 A 股发行价格确定为每股 4.22 元,发行总量为 28 亿股,公司预计募集资金总额为 118.16 亿元,其中预计承销费为 1.772 4 亿元。2001 年预计实现税后利润约人民币 180.23 亿元(所得税率 33％),预计发行后每股盈利(全面摊薄)0.21 元,发行市盈率(全面摊薄)为 20.10 倍。

本次发行的 28 亿股中,初步确定 19.6 亿股向包括战略投资者、证券投资基金在内的法人投资者配售,8.4 亿股通过上网定价发行的方式向一般投资者发售。首次进入资本市场的全国社会保障资金作为战略投资者将获得 3 亿股,其他战略投资者将获得 2.8 亿股。中国石化于 7 月 2 日至 9 日对机构投资者的申购进行了簿记建档。公司此次网下发行获得机构投资者的热烈追捧,一般法人投资者认购量达 576 亿股,如按照向网上回拨最大额 7 亿股计算,此次超额认购 83 倍。

由于采用了预路演和簿记建档启动市场价格发现机制,本次发行将根据网上申购的结果决定是否启动回拨机制,当网上中签率低于 2％时,也就是网上申购资金大于 1 772.4 亿元时,将向网上回拨 7 亿股网下股票。

(8)网上发行。

2001 年 7 月 12 日,在路演完毕和发行价格等基本确定的情况下,中石化在各大媒体上公布了《中国石油化工股份有限公司股票上网定价发行公告》,公告对网上发行的相关事项做出了以下说明:

①基本原则。

本次上网定价发行方式为利用上交所交易系统,在上网申购日指定时间内进行定价发行。由主承销商作为股票唯一"卖方",将上网发行的股票存入其在上交所开设的股票发行专户,以发行价作为卖出价。各地申购者在指定时间内,通过与上交所联网的证券交易网点,根据发行价格和申购数量交足申购款,进行申购委托。申购结束后,由上交所系统主机根据资金到位情况,统计有效申购总量和申购户数。并根据有效申购总量和申购户数确定申购者的认购股数。具体的处理原则为:

a. 如果有效申购量小于上网发行数量,申购者按有效申购量认购,剩余股票拨至网下配售给法人投资者。

b. 如果有效申购量等于上网发行数量,申购者按各自有效申购量认购。

c. 如果有效申购量大于上网发行数量,由上交所交易系统的电脑主机自动按每1 000股有效申购确定一个申报号,顺序排号,然后通过摇号抽签确定中签的申购号,每一个申购号可认购1 000股。

②申购股数的规定。

a. 参与本次网上发行申购的每个股票账户的申购量不得低于1 000股,超过1 000股的必须是1 000股的整数倍。

b. 每个股票账户只能申购一次,一经申报不能撤单。同一股票账户的多次申购委托除首次申购外,其余申购委托均视作无效申购。

c. 每个股票账户的申购上限为84万股(证券投资基金除外)。

③申购程序。

a. 办理开户手续。凡申购本次"中国石化申购"股票的投资者,必须持有上交所的股票账户卡。

尚未办理开户登记手续的投资者,必须在网上申购日(2001年7月16日)之前办妥上交所股票账户的开户手续。

b. 存入足额申购资金。已开立资金账户但没有存入足额资金的申购者,需在网上申购日之前存入足额申购资金。

尚未开立资金账户的申购者,必须在网上申购日之前在与上交所联网的证券营业部开设资金账户,并根据申购价格和申购数量存入足额申购资金。

c. 申购手续。投资者当面委托时,应填写"代理买入股票委托单"的各项内容,尤其是股票账户号码和认购数量,必须填写清楚,不得涂改,并确认其资金账户存款数额必须大于或等于认购股票所需的款项。投资者持填好的"代理买入股票委托单"及本人身份证或法人的营业执照、股票账户卡和资金账户卡到申购者开立资金账户的并与上交所联网的证券营业部办理委托申购手续。柜台经办人员收到投资者交付的各项凭证后,复核各项内容无误,并查有足够的资金后,即可接受申购委托。

投资者通过电话或其他自动委托方式委托的,应按各证券营业网点规定办理申购委托手续。

投资者的申购委托一经接收,不得撤单。

④配号与抽签。

如果有效申购总量大于本次上网发行量,采用摇号抽签方式认购。

a.申购配号确认。申购日后的第一个工作日(7月17日),各证券营业部将申购资金划至清算银行申购资金专户。资金未到清算账户的申购将被视为无效申购。确因银行结算而造成申购资金不能及时入账的,须在该日提供通过中国人民银行电子联行系统汇划的划款凭证,并确保7月18日上午申购资金入账。所有申购资金将集中冻结在指定清算银行的申购专户中。

申购日后的第二个工作日(7月18日),由上海证券中央登记结算公司会同主承销商进行核查资金、验资、配号、确认有效申购,并由具有证券从业资格的会计师事务所进行验资,出具验资报告。上交所交易系统主机对实际到账资金(包括已按规定提供人民银行划款凭证部分)确认有效申购并按照时间顺序进行连续配号,配号结束后,由上交所将配号结果传送至各证券营业部。凡资金不实的申购,一律视为无效申购,将不予申购配号。

申购日后的第三个工作日(7月19日),各证券交易网点将配号结果公布于交易大厅显著位置,投资者到原委托申购的证券营业部确认申购配号。

b.公布中签率。中签率将于申购日后第三个工作日(7月19日),由主承销商在指定的报刊上公布。计算公式为:中签率=(网上发行量/有效申购量)×100%。若有效申购量大于发行量,采取摇号抽签方式。

c.摇号抽签。申购日后的第三个工作日(7月19日),在公证部门的监督下,由主承销商和发行人主持摇号抽签,确认摇号中签结果,于当日将抽签结果通过上交所卫星网络传送给各证券交易网点,并于次日在指定报刊上公布摇号中签结果。

d.确定认购股数。申购日后的第四个工作日(7月20日),投资者根据中签号码确定认购股数,每一个中签号码认购1 000股。

⑤清算与交割。

a.申购结束后的第一个工作日到第三个工作日(共三个工作日),全部有效申购资金由上海证券中央登记结算公司冻结在其指定清算银行的申购资金专户内。所冻结资金产生的按企业活期存款利率计算的利息归发行人所有(共三天)。有效申购资金划拨、冻结事宜遵从上交所有关规定。

b.申购结束后的第三个工作日(7月19日),由上海证券中央登记结算公司根据摇号抽签结果进行股份确认、股东登记,并将有效申购结果发给各证券交易网点。

c.申购结束后第四个工作日(7月20日),上海证券中央登记结算公司对未中签部分的申购资金予以解冻,并向各证券交易网点返还未中签部分的申购资金余额;同时将中签的申购款项扣除发行手续费后划至主承销商指定的银行账户。主承销商按照承销协议的规定将此款项划入发行人指定的银行账户。

d. 新股股权登记由上交所交易系统电脑主机在本次定价发行结束后自动完成,由上海证券中央登记结算公司以软盘形式交给主承销商和发行人。

⑥发行费用。

a. 本次上网定价发行不向投资者收取佣金、过户费和印花税等费用。

b. 上网定价发行手续费按实际成交金额的 0.35% 提取。由主承销商委托上海证券中央登记结算公司根据参加上网定价发行的各证券交易网点的实际成交金额确定手续费,将这笔费用按比例自动划至各证券交易网点的账户。

2001 年 7 月 16 日,中石化利用上海证券交易所系统上网定价发行股数不低于 84 000 万 A 股,获得圆满成功。经上海证券交易所主机统计本次股票发行申购股数为 4 772 954 000 股,中签率为 0.623 270 45%。根据 7 月 2 日刊登在《中国证券报》《上海证券报》和《证券时报》上的《中国石油化工股份有限公司法人投资者申购报价公告》(《申购报价公告》)公布的回拨办法,主承销商将 70 000 万股的股票从网下回拨到网上。经过上述调整,本次实际上网发行量为 154 000 万。根据上海众华沪银会计师事务所出具的验资报告和上交所出具的《新股上网发行中签情况》,实际有效申购户数为 2 399 947 户,有效申购股数为 134 756 491 000 股,上网发行中签率为 1.142 802 09%。本次采用分组配号方式进行摇号,通过交割单上"成交时间"一栏设置组别标志,"成交时间"是"111111"的为第一组,"成交时间"是"222222"的为第二组;起讫号码范围分两组,第一组为 10 000 000 至 99 999 999,第二组为 10 000 000 至 54 756 490。

回拨之后,网下实际配售数量为 126 000 万股。除社保基金和其他战略投资者共获得 57 000 万股的配售外,其余三类法人投资者获得配售比例分别如下:

A 类:获配比例 4.500 0%;

B 类:获配比例 1.263 7%;

C 类:获配比例 0.900 0%。

中国石油化工股份有限公司和主承销商中国国际金融有限公司将于 2001 年 7 月 19 日上午在上海市公证处的公证下主持摇号抽签仪式。摇号结果于 7 月 20 日公布。网下配售详情也于 7 月 23 日公布。

5.28 亿股发行成功

(1)发行结果。

根据主承销商对收到的法人投资者认购要约做出的最终统计,本次有效申购的法人投资者共计 1 590 家,其中战略投资者 10 家,一般法人投资者 1 580 家。法人投资者共有效认购的股数为 5 605 500 万股,其中,战略投资者 57 000 万股,一般法人投资者 5 548 500 万股。

根据《中国石油化工股份有限公司发行 A 股对法人投资者配售的具体办法及申购预约公告》中规定的配售安排,发行人和主承销商按照战略投资者、一般法人投资者顺序进行配售。本次法人投资者基本配售情况见表 4 - 9。

表 4 - 9 法人投资者基本配售情况表

投资者类别	数量(家)	申购股数(万股)	配售股数(万股)	配售比例
战略投资者	10	57 000	57 000.00	100.00%
A 类法人投资者	35	141 710	6 376.95	4.50%
B 类法人投资者	529	3 838 420	48 507.72	1.26%
C 类法人投资者	1016	1 568 370	14 115.33	0.90%
总计	1 590	5 605 500	126 000.00	

经发行人同意并报中国证券业协会法人配售审核小组批准后,主承销商本次共向 10 家战略投资者进行了配售,具体结果如表 4 - 10。

表 4 - 10 战略投资者配售情况表

序号	机构名称	申购价格(元/股)	申购数量(万股)	配售价格(元/股)	配售数量(万股)	与发行人关系
1	四川长虹电器股份有限公司	4.30	3 000	4.22	3 000	中石化重要的石化产品用户
2	青岛港务局	4.30	6 000	4.22	6 000	为中石化提供原油中转服务
3	武汉钢铁(集团)公司	4.30	2 000	4.22	2 000	中石化重要的钢材供应商
4	云南红塔实业有限责任公司	4.30	4 000	4.22	4 000	中石化是其化工原料、成品油等最大供应商
5	中国化工进出口总公司	4.30	2 000	4.22	2 000	中石化进口原油重要代理商及业务合作伙伴

续表 4 - 10

序号	机构名称	申购价格（元/股）	申购数量（万股）	配售价格（元/股）	配售数量（万股）	与发行人关系
6	宁波港务局	4.30	4 000	4.22	4 000	为中石化提供原油中转服务及合作伙伴
7	杭州汽轮动力集团有限公司	4.30	2 000	4.22	2 000	中石化是其产品最大客户
8	中国远洋运输（集团）总公司	4.30	2 000	4.22	2 000	中石化最重要的进口原油运输商
9	上海宝钢集团公司	4.30	2 000	4.22	2 000	中石化重要的钢材供应商
10	全国社会保障基金理事会	4.30	30 000	4.22	30 000	战略投资者的一种特殊类别

本次共有 35 只证券投资基金获得配售。

获得配售的法人投资者的获配股票应在约定的持股期限期满后,方可上市流通。持股期自中石化股票在上交所上市交易之日起计算,上市流通前由上海证券交易所冻结。各法人投资者的持股期限如下:

①战略投资者:按 8 个月执行;

②A 类、B 类法人投资者:按 4 个月执行;

③C 类法人投资者:按 3 个月执行。

(2)法人配售股份的流通及其对中石化股本结构的影响。

上网发行的 154 000 万股于 2001 年 8 月 8 日在上海证券交易所挂牌交易。

C 类一般法人投资者配售购入股票规定的持股锁定期限于 2001 年 11 月 7 日期满,根据上海证券交易所的安排,向 C 类一般法人投资者配售的 41 153 300 股于 2001 年 11 月 8 日开始上市流通。

本次向 C 类一般法人投资者配售的 141 153 300 股上市后公司的股本结构变动情况如表 4 - 11。

表 4 - 11　C 类一般法人投资者配售股本结构变动情况表　　　单位:股

	变动前	本次变动增减	变动后
1.尚未流通股份			
(1)国家股	67 121 951 000		67 121 951 000
(2)境内法人配售股(A 股)			
其中:战略投资者	570 000 000		570 000 000
一般法人投资者	690 000 000	−141 153 300	548 846 700
其中:证券投资基金	63 769 500		63 769 500
尚未流通股份合计	68 381 951 000	−141 153 300	68 240 797 700
2.已流通股份			
(1)境外上市的普通股(H 股)	16 780 488 000		16 780 488 000
(2)境内上市的普通股(A 股)	1 540 000 000	141 153 300	1 681 153 300
已流通股份合计	18 320 488 000	141 153 300	18 461 641 300
3.股份总数	86 702 439 000		86 702 439 000

2001 年 12 月 7 日,A 类和 B 类一般法人投资者配售购入股票规定的持股期限期满,根据上海证券交易所的安排,向一般法人投资者配售的 548 846 700 股于 2001 年 12 月 10 日开始上市流通,至此向一般法人投资者配售的股票将全部上市流通。

本次向一般法人投资者配售的 548 846 700 股上市后中国石油化工股份有限公司股本结构变动情况如表 4 - 12。

表 4 - 12　一般法人投资者配售股本结构变动情况表　　　单位:股

	变动前	本次变动增减	变动后
1.尚未流通股份			
(1)国家股	67 121 951 000		67 121 951 000
(2)境内法人配售股			
其中:战略投资者	570 000 000		570 000 000
一般法人投资者	548 846 700	−548 846 700	0
其中:证券投资基金	63 769 500	−63 769 500	0
尚未流通股份合计	68 240 797 700	−548 846 700	67 691 951 000
2.已流通股份			
(1)境外上市的普通股 H 股	16 780 488 000		16 780 488 000
(2)境内上市的普通股 A 股	1 681 153 300	548 846 700	2 230 000 000
已流通股份合计	18 461 641 300	548 846 700	19 010 488 000
3.股份总数	86 702 439 000		86 702 439 000

　　2002年4月8日,公司战略投资者配售购入股票所规定的持股期限届满,根据上海证券交易所的安排,该部分股票于2002年4月8日开始上市流通,至此,国内公开发行的28亿人民币普通股(A股)将全部上市流通。

　　本次向战略投资者配售的570 000 000股上市后中国石油化工股份有限公司股本结构变动情况见表4-13。

表4-13　战略投资者配售股本结构变动情况表　　　　　单位:股

	本次变动前	本次变动增减	本次变动后
1.尚未流通股份			
(1)国家股	67 121 951 000		67 121 951 000
(2)境内法人配售股			
其中:战略投资者	570 000 000	−570 000 000	
尚未流通股份合计	67 691 951 000	−570 000 000	67 121 951 000
2.已流通股份	16 780 488 000		16 780 488 000
(1)境外上市的普通股(H股)	2 230 000 000		2 800 000 000
(2)境内上市的普通股(A股)	19 010 488 000	+570 000 000	19 580 488 000
已流通股份合计	86 702 439 000	+570 000 000	86 702 439 000
3.股份总数			

　　表4-14是中石化历年来的股本结构变化情况。

表4-14　中石化历年来的股本结构变化情况表　　　　　单位:股

变化日期	总股本	国家股	法人股	流通A股	H股
2002-04-08	8 670 243.90	6 712 195.10		280 000.00	1 678 048.80
2001-12-08	8 670 243.90	6 712 195.10	57 000.00	223 000.00	1 678 048.80
2001-11-08	8 670 243.90	6 712 195.10	111 884.67	168 115.33	1 678 048.80
2001-08-08	8 670 243.90	6 712 195.10		154 000.00	1 678 048.80

　　(二)课堂讨论:中石化融资方式分析

1. 融资与投资战略的关系

　　融资和投资是一对孪生兄弟,投资是目的,融资是手段。

中国石化集团公司是一个"容纳了 360 行"的庞大企业群,"大而全"、"小而全"、多级法人分散决策。

2000 年 2 月 25 日,中国石化集团将其几乎全部精华集中到一起,成立了"中国石化化工股份有限公司"。实行集中决策、分级管理和专业化经营的事业部制;一级法人、三级管理;投资决策和资金运营中心由总部控制,事业部、专业公司和子公司是利润中心,地方分公司则是成本控制和生产管理中心。

中石化的发展策略:扩大资源,拓展市场,降低成本,严谨投资。

扩大资源。建立稳定可靠的石油资源供应,在新油区进行勘探,寻找接替资源。其中收购中国石化集团公司所属的新星石油公司,就是扩大资源的一项重要内容,也是本次发行 A 股筹集资金的最主要的用途。新星公司被中国石化收购后,中国石化的油气产量与储量将分别增长 10% 和 19%。

拓展市场。在成品油市场方面,公司将加速建造和完善油库,输油管线和加油站为主体的成品油销售网络,继续完善销售信息管理系统,加强市场动态分析,预计到 2005 年,加油站将达到 30 000 座左右,其中特许加油站 2 000 座,成品油零售量占总销量的比例由今年的 51% 提高到 70%。在拓展化工市场方面,公司首次暗示要开拓高附加值化工产品市场,同时建立有效的直销及分销网络,化工产品直销比例提高到 70%。其次是继续发展电子商务,降低交易成本,预计今年网上交易额可达到 150 亿元。公司还将利用石化市场的商机,采取改造、新建、收购等措施,提高乙烯的产能。

大西南地区作为我国的战略后方和主要的民族聚居区,目前区内的成品油,95% 以上依靠铁路从区外调入。第三个募集资金投资项目是大西南成品油管道工程项目,即修建茂名—贵州—昆明的成品油输送管道。该项目的投资是 24.4 亿元人民币。新修管线以茂名为起点,途经广西、贵州、云南等省直达昆明,该工程设计成品油输送能力为 1 000 万吨/年,管线总长 2 085 公里,干线全线 1 590 公里。该项目的建设首先可以解决目前大西南地区成品油的消费市场。

降低成本。公司已经制定了切实可行的成本削减计划,在努力降低原油等大宗原材料采购成本的基础上,将重点放在降低物耗能耗、提高装置开工率和削减销售、一般费用及管理费用等具体措施上,三年累计节约成本 133.4 亿元。2001 年至 2005 年计划减员 10 万人,以节约人工成本。

本次募股的第二个项目是宁波—上海—南京进口原油管道工程,这一项目是为了解决中国石化的进口原油由宁波至上海、南京的储运问题。该工程建成后,中国石化可以利用管线将在用和拟建的宁波大榭岛油库、算山油库、镇海石化油库、镇海中转油库、陈山油库、石埠桥这六大油库连接起来,届时,中国石化的进口原油将可以通过这一工程的管线从宁波的大榭岛 25 万吨油轮码头,直接输送到上海和南京,分别供应给原油资源主要依赖进口的上海石化、高桥石化、金陵石化和扬子石化,满足中国石化上海和南京地区石化企业近期进口原油的需求。由此,既可以提高六大油库的利用率,也可以增大进口原油的储备能力,从而有效地锁定成本。

提高原油的储备能力,可以降低原油价格波动带来的风险。该项目建成后,将可大大降低中国石化的原油运输成本,每年管输 2 000 吨,可为炼油厂节约 6.51 亿元的运输成本,从而可以有效地提高中国石化的经济效益和竞争力。

严谨投资。公司以投资回报最大化的原则,统一决策,优化项目,调整结构,增强整体竞争力。公司从 2000 年起调整了投资方向,使资金的配置向具有高回报的油田勘探开发业务和油品销售业务倾斜。比如,2000 年到 2003 年,销售部分的投资在总投资中的比重将由 1998—1999 年的 8% 提高到 28%,这将扩大市场占有率,提高投资回报率有着十分重要的意义。

"扩大资源,拓展市场,降低成本,严谨投资"的发展战略实施以来与庞大的资金支持,这也正是中石化发行新股的动机所在。这样,中国石化通过国内和国际金融市场相结合的方式,改善公司的资本结构,以最低的资金成本,最大限度地获得资金。同时,通过海内外发行股票并上市,使公司接受国际国内双重监督,进一步促进公司的市场化和国际化,奠定大蓝筹的坚实基础。通过 H 股和 A 股的发行,公司也积聚了迎战"入世"挑战的力量,进一步确保公司在"入世"以后的市场优势的业务实力。

2. 中石化选择发行 A 股的原因

"中石化为什么选择发行 A 股"分为两个问题:

第一,为什么选择回归本土市场?

中国企业在海外市场表现不佳,原因很多,既有海外投资者对中国企业了解不足的因素,也有中国企业总体业绩相对不佳以及在信息披露、法人治理结构等方面存在差距的影响。

B 股市场长期低迷,使 B 股公司在很长一段时间里实际上推动了再融资机会。

2000 年下半年起科技网络股泡沫的破灭,美国股市暴跌和经济增长放缓,引发依赖于主要市场一片跌势,其对中国公司的热情同步下降,融资能力急剧萎缩,中国企业海外上市计划被迫推迟。

国内 A 股市场热火朝天,经过几年来的规范和发展,市场规模和容量有相当程度的提高。相关政策的调整已经为境外上市的公司打开了返回 A 股市场的方便之门,B 股公司增发 A 股的多个成功案例更是起到了对众多计划境外上市或已境外上市的企业的示范效应。2000 年底出现的重大转折点——定钢股份在 A 股上市发行,当时不仅创下了 A 股市场的资产、股本规模最大的纪录,而且是对 A 股市场容纳和承接能力的大考验,管理者就此对 A 股市场承受力的信心大为增加,纷纷投资涌入 A 股市场。

第二，为什么选择股权融资，而不是债券融资？

中石化的三个投资项目 86％采用了普通股融资的方式，根据施东晖的《上市公司资本结构与融资行为实证研究》（2001.1）解释，中国的企业存在对外部股权融资的偏好。

当时一年期贷款利率为 5.85％。同时中国证监会配售新股的规定又十分苛刻，当时上市公司申请配股的前提条件是"最近三年连续赢利，且净资产收益率平均在 10％以上，但任何一年均不得低于 6％（现在已调整为最近 3 个会计年度加权平均净资产收益率平均不低于 6％）"，因此，如果有上市公司符合配股条件，对这些上市公司而言，债务融资的资金成本低于股权融资成本，理论上应该提高债务融资在融资总额中的比重，充分利用负债经营的"财务杠杆"效应，但现实却恰恰相反，上市公司仍然偏好外部股权融资，资产负债率不但不上升反而有所下降。

根据资本结构理论，资金成本、公司控制和融资工具等外部环境因素都会影响公司融资方式的选择。事实上，中石化融资方式的选择也是在特定的制度框架和市场环境下，结合上述影响因素综合考虑后得出的"理性"结果。

（1）资金成本。

资金成本即公司为筹集和使用资金而付出的代价，它是决定一个公司融资方式选择的最根本因素。债务融资和股权融资由于融资方式的性质不同，二者的资金成本也不相同，债务融资的成本主要是在有限期间内支付利息和到期偿还本金，而股权融资的成本主要是当期支付的股息和投资者预期的未来股息增长。

我国的实际情况是，证券市场规模过小的同时投资者的需求巨大，二者形成的反差以及大量非流通股的存在，使得证券市场的市盈率和股价长时间内居高不下，相比之下公司的派息就显得微不足道了，因此投资者都希望通过在证券市场进行短期投机来得到匹配利得，而不是指望公司的派息获得投资回报。因而，以股本扩张进行分配的公司更受投资者欢迎。

对于上市公司而言，债务融资具有"硬约束"的特点，必须按期还本付息，相比之下，配股融资的资金成本其实只是一种机会成本，不具有强制性，具有"软约束"的特点。因此股权融资对于上市公司管理层来说相当于一种不用还本付息的长期低成本资金来源。这是上市公司偏好股权融资的根本原因。

（2）公司控制。

公司治理结构对于融资方式的选择具有十分重要的影响。其中，股权融资对应的治理结构具有"干预型治理"的特点，即经营者由投资者经过董事会来选择和监督，投资者还可以通过在市场上买卖股票来间接约束管理层；债权融资对应的治理结构则是"目标型治理"，企业必须要向债权人定期支付一定数额的报酬，当企业不能履行其支付义务时,债权人对企业特定资产或现金流量具有所有权。

然而股权融资并不能对上市公司管理层形成强有力的监督约束。一方面,在我国证券市场上,由于绝大部分国家控股的股票并不能在市场上自由流通和转让,使得证券市场上代理权争夺对管理层的监督作用削弱了;另一方面,由于尚未明确国家所有权的主体,上市公司通过实践形成了严重的"内部人控制"。与此相反,公司主要依据新投资项目的预期收益率向银行贷款或发行债券,对项目的审查较严格,对资金投向也具有较强的刚性约束。并且银行具有对其贷款使用监督的规模效益,从而形成对企业行为经常性和制度性的约束。综上所述,上市公司管理层显然更愿意通过配股来获得资金,而不是向银行贷款或发行债券。此外,由于国家股处于绝对控股地位,很多情况下企业行为完全受到国有大股东的引导,在自身基本上都放弃配股的前提下,国有大股东显然是乐意分享因向社会股东溢价配股带来的净资产增值收益。

(3)融资工具。

资本市场体系从广义来讲包括长期借贷市场、债券市场和股票市场。如果资本市场上具有多样化的融资工具,那么企业可通过多种融资方式来优化资本结构。如果资本市场的发育不够完善,融资工具缺乏,那么企业的融资渠道就会遭遇阻滞。从而导致企业的融资行为产生结构性缺陷。

从我国资本市场发展的实际情况来看,也存在着结构失衡的现象。一方面,股票市场和国债市场迅猛发展,规模不断扩大,然而,企业债券市场却停滞不前,没有得到相应的发展,并且由于企业债券发行市场受到过多的计划管理,发行规模过小,使企业缺乏动力和积极性来发行债券,一定程度上也限制了企业债券市场的发展。另一方面,我国的商业银行功能并不完善,长期贷款的风险又高,因此金融机构并不愿意向银行长期贷款来获取资金。以上两个方面的因素导致企业债权融资的渠道不通畅,在资本市场上,上市公司只能选择配股的方式来进行融资,从而影响了资本结构的优化和其他速效能力的发挥。

上述分析框架很好地解释了中国上市公司偏好于股权融资的特点,这些解释同样适合中石化此次融资行为。

第一,中石化最后定价在4.22元,市盈率20倍,比一年前海外发行价1.35港元和11倍的市盈率高出了一倍多,如此低成本的融资当然让中石化心动。

第二,募股以后,中国石油化工股份有限公司总股本为867.024 39亿股,中国石化集团公司持有的国有股约占总股本的55.06%,国有资产管理公司和银行持股约占22.36%,外资股占19.35%,国内社会公众持股3.23%,国有股合计占到了将近80%,公司的控制权并不因为外部股权融资而被稀释,大股东仍然对企业有着一锤定音的权利。

第三,中石化在 2000 年刚完成债转股,再次向商业银行贷款存在很大困难。即使商业银行同意贷款,面对这么大的盘子,任何一家商业银行都不可能独自承担风险,因而必然会在贷款合同中规定苛刻的贷款条件和其他限制性条款,这样必然会束缚公司管理层的手脚。

3. 对中国股市低成本的融资方式的评价

资金来源的不同配比组合形成了不同的资本结构,资本结构不同意味着资金成本、利益冲突和财务风险不同,进而影响了公司的市场价值。长期以来股东和债权人的共同目标,就是如何形成最优资本结构,利用融资行为使负债和股东权益维持在合理的比例,这同样也是财务管理和金融理论研究的重点。

著名的 MM 理论认为,在完全市场和公司税、个人所得税都不存在的前提下,资本结构与企业价值无关(即 MM 定理)。随后金融学家们又逐步放松 MM 定理中过于简化的假设条件,引入税收因素、破产成本、代理理论、信息不对称等理论基础来研究资本结构的主要影响因素。与此同时,对公司资本结构的实证研究也开始在学术界蓬勃兴起,实证研究的结果表明:在现实中,公司规模、盈利能力和经营风险等因素对于资本结构的决定有着重要影响。

融资成本是公司融资行为的最根本决定因素。作为两种不同性质的融资方式,债务融资的主要成本是必须在预定的期限内支付利息,而且到期必须偿还本金;而股权融资的主要成本则是目前的股息支付和投资者预期的未来股息增长。

中石化最后定价在 4.22 元,市盈率 20 倍,比一年前海外发行价 1.35 港元和 11 倍的市盈率高出了一倍多,在公司价值没有明显增长的情况下,中国资本市场给中石化送了一份厚礼。

对于中石化来说,围绕融资成本,当时存在三个风险。首先是比照国际标准和中石化自身来讲,当时定价采用的 20 倍的市盈率并不低,比它第一次海外发行的市盈率高出一倍以上。中石化和发达市场在规模上是接轨的,28 亿流通股的规模即使在发达的资本市场,盘子也不算小。这样中石化在国内市场上发行 A 股,很好地获得了“高市盈率、低成本融资”的优势。其次从基本面讲,中石化是个综合类的油气股,不仅有开采业务,还有成品油分部、炼油分部和更加庞大的石化分部,从 2000 年的报表看,石化的增幅很好,其中油气开采分部对新增利润的贡献率达到 107%,其他分部对增长部分的贡献则是负数,这说明石化分部处于滑坡状态。在国际市场上,2000 年在石化价格的拉动下都是下滑的,2001 年石化的跌幅继续增大,石化分部的利润滑坡比 2000 年更大,因并购新星公司而带来的利润会被石化分部的滑坡抵消掉。另外,相对于国际公司而言,石化的规模小;加入 WTO 之后,石化产品的进口税从 18% 下降为 6.5%,来自于进口产品的冲击不可回避。

在这样的情况下,市场还给了中石化 3.2 元的溢价,说明了国内投资者对海归派的蓝筹大国企的巨大期望和一定程度的迷信,从而在中石化的融资创造了有利条件。

4. 中石化发行定价方式的特色

完全市场化定价。中石化定位充分借鉴了国际成熟市场大型股本股票的发行定价模式,本次发行通过预路演和路演启动市场价格发行机制。在发行正式开始之前的预路演,并不确定发行价格区间,以主承销商为主的承销团将对资本市场进行尽职调查,通过了解参与预路演的机构投资者对公司的价值认同及申购需求,在对比和定量分析估计企业价值的基础上,提出初步的价格区间;然后,根据市场需求信息的收集、整理和分析,以及投资者的需求修订价格区间;最后通过路演、簿记与投资者进行尽可能广泛的沟通,以确定最终的发行价格。

2001 年 7 月 3 日到 5 日,中石化董事长李毅中、总裁王基铭、副总裁兼财务总监张家仁、董秘局主任张洪林及中国国际金融有限公司董事总经理李弘等先后在北京、上海、深圳三地举行了现场推介会,7 月 12 日又在全景网络上进行了四个小时的网上路演。随后,中石化发布了《中国石油化工股份有限公司股票上网定价发行公告》,公告中披露中国化工本次 A 股发行价格确定为每股 4.22 元,发行总量为 28 亿股,公司预计募集资金总额为 118.16 亿元。

同时规定由于采用了预路演和簿记建档启动市场价格发行机制,这次发行将根据网上申购的结果决定是否启动回拨机制,当网上中签率低于 2% 时,也就是网上申购资金大于 1 772.4 亿元时,将向网上回拨 7 亿股网下股票。回拨之后,网下实际配售数量为 126 000 万股。除社保基金和其他战略投资者共获得 57 000 万股的配售外,其余三类法人投资者获得配售比例分别如下:

A 类:获配比例 4.500 0%;

B 类:获配比例 1.263 7%;

C 类:获配比例 0.900 0%。

显然,中石化的 A 股发行方案较以往发行方式更贴近市场,更接近国际惯例。既充分考虑了国内现有的市场条件和本次发行项目的特殊性,又借鉴了国际通行的市场化发行方法,进行了一系列的、具有特色的发行创新。

二、案例使用说明

(一)教学目的与用途

(1)案例主要适用于中级财务管理课程。

(2)本案例的教学目的在于使学生了解企业是如何选择融资方式的,认识到资本结构的重要性,了解在我国进行 A 股股权融资的优势等。

（二）启发思考题

（1）如何看待融资是为投资战略服务的？

（2）中石化为何选择发行 A 股？

（3）如何看待中国股市低成本的融资方式？

（4）中石化发行定价的方式有哪些特色？

（三）分析思路

本案例的分析思路是以中石化企业背景作为切入点，对该企业的股权融资方式进行了分析，重点分析企业融资与投资战略的关系，总结企业进行股权融资的原因，同时剖析了在我国进行股权融资成本较低的原因，使学生了解企业选择融资方式的过程与在我国进行股权融资的特点。

（四）理论依据与分析

主要理论依据为资本结构理论及与资本结构相关的其他理论。

根据资本结构理论，资金成本、公司控制和融资工具等外部环境因素都会影响公司融资方式的选择。

资金成本是决定一个公司选择融资方式的主要因素。债务融资和股权融资两种融资方式性质不同，资金成本高低不同，债务融资的成本主要是在有限期间内支付利息和到期偿还本金，而股权融资的成本主要是当期支付的股息和投资者预期的未来股息增长。

融资方式的选择对公司治理结构具有非常重要的影响。其中，股权融资引致的治理结构为"干预型治理"，即经营者由投资者经过董事会来选择和监督，投资者还可以通过在市场上买卖股票来间接约束管理层；债权融资对应的治理结构则是"目标型治理"，企业必须要向债权人定期支付一定数额的报酬，当企业不能履行其支付义务时，债权人对企业特定资产或现金流量具有所有权。

学术界对公司资本结构的相关研究结果表明：在现实世界中，公司规模、盈利能力以及经营风险等因素对于资本结构的决定有着重要影响。

（五）关键要点

了解企业选择的融资方式特别是股权融资方式要考虑的因素、知道进行股权融资的主要程序，据此可以对目标企业的融资决策做出分析与选择。

（六）建议的课堂计划

（1）了解企业背景与股权融资方案。

（2）课堂讨论。

（七）案例的建议答案以及相关法规依据

建议答案见上文分析。

案例十六
中小企业筹资方式的选择

一、案例正文

摘要:本案例尝试以向阳集团为例,从财务管理的角度,对企业筹资方式决策作出分析。企业的筹资方式关系着企业筹资成本的高低,因此对于企业发展具有十分重要的意义。向阳集团的筹资方式决策案例具有比较强的代表性,本案例将对其做出具体分析。

关键词:向阳集团 筹资方式 案例分析

（一）案例简介

向阳集团属于中小企业集团——中日合资的农业产业化龙头企业。自身优势在于种源、技术研发和人才方面以及生物工程,外部优势在于政策支持、居民消费结构转变。企业目标是最终形成集肉牛饲料生产、高端肉牛养殖、屠宰、加工及相关产品销售服务为一体的,具有国内竞争优势的产业集团公司。

目前辽宁本地客户居多,全国销售渠道尚未打开。正是由于向阳集团具有优越的自身优势、外部优势及良好的发展前景而被称为朝阳企业,进而公司发展需要扩大产能以及规模需大量资金投入。

筹资渠道:政府财政资本;银行信贷资本;其他法人资本;企业内部资本;非银行金融机构资本;民间资本;外商投资。

筹资方式:投入资本;发行股票筹资;发行债券筹资;银行措款筹资;商业信用集资;发行一般本票;租赁筹资。

合理配合:一些筹资方式仅仅只能应用于某一个特别的筹资渠道;虽然资金可来源于同样的筹资渠道,但其获取往往也可以采用多种筹资方式;而某一特定筹资方式通常又能应用于各种筹资渠道。

避免或降低筹资风险:合理安排筹资结构;尽量降低筹资成本。

（二）课堂讨论

(1)向阳集团的选择是否合理?

(2)从宏观和微观角度谈谈中小企业融资的困境应如何解决?

（三）案例分析

因为向阳集团急需大量资金，但风险投资公司投资过程比较繁琐，且审核需要大量时间，无法解决集团的燃眉之急，所以此种方法不适合向阳集团筹资。

因公司资产负债率已达 57％，如果继续贷款则对公司财务以及资金健康与运营产生不利影响。虽然商业银行有贷款意向，但是贷款额度有限，无法满足向阳集团扩大规模所需的资金，所以，此种方法也不适合向阳集团筹资。

虽然有很多公司有意投资入股，与向阳集团进行合作，其中不乏像北海株式会社以及田总老朋友老赵这些比较有实力的企业，但是公司董事会并不想让其他公司干预企业管理，以防泄露核心技术，田总也表示不愿意转让股份。所以这种方法也不适合向阳集团筹资。

案例中提到上市是一个较好的选择，从国家政策，以及外部环境均有利于公司长远发展，并且能满足企业大量资金需要，所以，上市是一个可行方案，但也存在缺点。与银行贷款相比，审核程序严格，在我国金融体制下仍需较长时间，所以，站在向阳集团的立场上可以选择不同融资方式进行筹资。

1. 集团的选择

老赵入股投资。田总与老赵是多年的朋友，彼此在合作方面存在良好默契，能相互理解，且能及时入股，解决一部分资金问题。

上市。通过案例分析我们可以知道上市好处很多，为弥补企业审查严格时间较长的缺点可与入股投资相结合，先用入股筹集资金，同时准备上市。

2. 借鉴意义

健全金融机构运行机制，完善信用建设体系，避免或降低筹资风险，合理安排筹资结构，尽量降低筹资成本。

（1）严控负债融资比例，实行谨慎的财务政策。

（2）按资产使用期限的长短来安排和使用相应期限的债务资金。

（3）适时调整筹资结构，降低财务风险。

中小企业融资难的问题，除企业天生特点导致的原因外，还有外界因素的影响。但本质原因是我国的金融机构现行运行机制中存有漏洞。我国的金融体系的主体是四大商业银行，其他各类金融机构起辅助作用。考虑到提供给中小企业资金会造成规模不经济，并且贷款具有风险大和成本高等缺点，故国有银行更乐意批准大企业的贷款申请，缺乏动机向中小企业提供支持。各银行都制定了严格的贷款审批制度，另外，我国目前的信用建设体系还不完善，信用贷款存在高风险，银行的商业理性使得它基本停止了信用贷款，更多地采用抵押担保贷款。但是中小企业由于自身没有足够的可抵押资产。这就使得银行贷款这一重要的融资渠道不够畅通。

上市的好处：取得固定的融资渠道，面临更多融资机遇，支持持股人自由交易股票，获得的资本可用于创业，持续发展或跨行业扩展，募集资金可改善企业发展资金的短缺状况。管理者为提高控制权可收购股票，也可行使股权激励来挖掘雇员的积极性。提升知名度和竞争地位，打造公司形象，更多使用"政策"。上市同样是降低企业的债务比例的一种可行措施。

二、案例使用说明

（一）教学目的与用途

（1）案例主要适用于中级财务管理课程。

（2）本案例的教学目的在于使学生了解企业可选择的筹资方式，了解各种筹资方式的适用性与优缺点等。

（二）启发思考题

（1）向阳集团的选择是否合理？

（2）从宏观和微观角度谈谈中小企业融资的困境应如何解决？

（三）分析思路

本案例的分析思路是以向阳集团背景作为切入点，对企业可供选择的筹资方式进行了分析，重点分析了企业在不同经济形势下的筹资方式的选择以及适合本企业筹资的方式，使得学生了解企业筹资方式的适用性与优缺点。

（四）理论依据与分析

主要依据为《公司法》《证券法》等相关法律规定，具体内容参见上文分析。

（五）关键要点

了解可供企业选择的筹资方式，知道各种筹资方式的适用性，据此可以对目标企业的筹资决策做出分析与选择。

（六）建议的课堂计划

（1）了解企业背景与筹资方案。

（2）课堂讨论。

（七）案例的建议答案以及相关法规依据

建议答案见上文分析。

案例十七

恒丰公司短期资金筹资决策

一、案例正文

摘要：本案例尝试以恒丰公司为例，从财务管理的角度，对企业短期资金的筹资方式决策作出分析。企业的筹资方式关系着企业筹资成本的高低，因此对于企业发展具有十分重要的意义。恒丰公司的筹资方式决策案例具有比较强的代表性，本案例将对其做出具体分析。

关键词：恒丰公司　短期资金　筹资决策

（一）案例简介

恒丰公司是一个季节性很强、信用为 AA 级的大中型企业，每年一到生产经营旺季，企业就面临着产品供不应求，资金严重不足的问题，让公司领导和财务经理大伤脑筋。2013 年，公司同样碰到了这一问题，公司生产中所需的 A 种材料面临缺货，急需 200 万元资金投入，而公司目前尚无多余资金。若这一问题得不到解决，则给企业生产及当年效益带来严重影响。为此，公司领导要求财务经理张峰尽快想出办法解决。接到任务后，张峰马上会同公司其他财务人员商讨对策，以解燃眉之急。经过一番讨论，形成了四种备选筹资方案。

方案一：银行短期贷款。工商银行提供期限为 3 个月的短期借款 200 万元，年利率为 8%，银行要求保留 20% 的补偿性余额。

方案二：票据贴现。将面额为 220 万元的未到期（不带息）商业汇票提前 3 个月进行贴现。贴现率为 9%。

方案三：商业信用融资。天龙公司愿意以"2/10、n/30"的信用条件，向其销售 200 万元的 A 材料。

方案四：安排专人将 250 万元的应收账款催回。

恒丰公司的产品销售利润率为 9%。

（二）课堂讨论

请你协助财务经理张峰对恒丰公司的短期资金筹集方式进行选择。

（三）案例分析

1. 此案例要关注的要点

（1）存货资金必须用短期资金筹集方式；（2）各种短期资金筹集方式在数量和偿还期上是否能满足需要；（3）各种短期资金筹集方式成本要和企业的资产报酬率

比较,企业举债的基本条件是企业的资产报酬率、资金成本率;(4)各种短期资金筹集方式资本成本计算;(5)产品销售利润率和资产报酬率谁大,取决于资产周转率和负债情况;(6)各种短期资金筹集方式带来的后果。

2. 分析与提示

方案一:实际可动用的借款=$200 \times (1-20\%)=160$(万元)<200 万元,实际利率=$8\%/(1-20\%) \times 100\%=10\%>$产品销售利润率 9%,故该方案不可行。

方案二:贴现贷款的实际利率=利息/(贷款余额-利息)$\times 100\%=9.89\%$。

方案三:企业放弃现金折扣的成本=$2\%/(1-2\%) \times 360/(30-10)=36.73\%>9\%$。

若企业放弃现金折扣,则要付出高达 36.73% 的资金成本,筹资期限也只有一个月,而要享受现金折扣,则筹资期限只有 10 天。

方案四:安排专人催收应收账款必然会发生一定的收账费用,同时如果催收过急,会影响公司和客户的关系,最终会导致原客户减少,不利于维持或扩大企业销售规模,因此该方案不可行。

综上所述,恒丰公司应选择票据贴现方式进行融资为佳。

二、案例使用说明

(一)教学目的与用途

(1)案例主要适用于中级财务管理课程。

(2)本案例的教学目的在于使学生了解企业可选择的筹资方式,了解各种筹资方式的适用性与优缺点等。

(二)启发思考题

(1)试对各筹资方式的可行性进行比较。

(2)短期筹资需要考虑的因素。

(三)分析思路

本案例的分析思路是以恒丰公司背景作为切入点,对企业可供选择四种筹资方式进行了分析,分别分析不同筹资模式下的资金成本及可行性,使学生了解企业筹资方式的适用性与优缺点。

(四)理论依据与分析

主要依据为《公司法》《证券法》等相关法律规定,具体内容参见上文分析。

(五)关键要点

了解可供企业选择的筹资方式、知道各种筹资方式的适用性,据此可以对目标企业的筹资决策做出分析与选择。

（六）建议的课堂计划

（1）了解企业背景与筹资方案。

（2）课堂讨论。

（七）案例的建议答案以及相关法规依据

建议答案见上文分析。

案例十八
华谊兄弟公司股票筹资分析

一、案例正文

摘要：本案例尝试以华谊兄弟传媒股份有限公司为例，从财务管理的角度，对企业股票发行决策作出分析，重点分析了企业发行股票的原因、优缺点及需要关注的风险等，深化学生对股票筹资的理解。

关键词：华谊兄弟　　股票发行　　案例分析

（一）公司简介

2004 年 11 月 19 日，浙江华谊兄弟影视文化有限公司成立，注册资本 500 万元。2006 年 8 月 14 日，公司更名为"华谊兄弟传媒有限公司"。2008 年 1 月 21 日，华谊有限依法整体变更为华谊传媒。华谊兄弟传媒股份有限公司是中国一家著名的综合性娱乐企业，创立人是王忠军和王忠磊两兄弟，公司主要开展电影和电视剧的制作、发行与相关一系列衍生业务；并提供艺人的经纪业务及相关服务业务。公司注册地为浙江省东阳市横店影视产业实验区。

（二）华谊兄弟发行股票的具体情况分析

公司于 2009 年 10 月 15 日，采取"网下向询价对象询价配售与网上资金申购定价发行相结合"的方式，公开发行人民币普通股（A 股）4 200 万股人民币普通股 A 股，每股面值 1.00 元，发行价为每股人民币 28.58 元，其中，网下发行占本次最终发行数量的 20%，即 840 万股；网上发行数量为本次最终发行数量减去网下最终发行数量。本次发行的股票拟在深交所创业板上市。募集资金总额为人民币 1 200 360 000.00 元，扣除发行费用人民币 52 121 313.55 元，公司募集资金净额为人民币 1 148 238 686.45 元，其中增加股本 42 000 000.00 元，增加资本公积 1 106 238 686.45 元。

1. 本次发行的基本情况

（1）股票种类。

本次发行的股票为境内上市人民币普通股（A 股），每股面值人民币 1.00 元。

（2）发行数量和发行结构。

本次发行股份数量为 4 200 万股。其中,网下发行数量为 840 万股,占本次发行数量的 20%;网上发行数量为本次最终发行数量减去网下最终发行数量。

(3)发行价格。

本次发行的发行价格为 28.58 元/股。此发行价格对应的市盈率为:

①52.93 倍(每股收益按照经会计师事务所遵照中国会计准则审核的扣除非经常性损益前后孰低的 2008 年净利润除以本次发行前的总股数计算)。

②69.71 倍(每股收益按照经会计师事务所遵照中国会计准则审核的扣除非经常性损益前后孰低的 2008 年净利润除以本次发行后的总股数计算,发行后总股数按本次发行 4 200 万股计算)。

③43.97 倍(每股收益按照经会计师事务所遵照中国会计准则审核的盈利预测报告的扣除非经常性损益前后孰低的 2009 年净利润除以本次发行前的总股数计算)。

④58.33 倍(每股收益按照经会计师事务所遵照中国会计准则审核的盈利预测报告的扣除非经常性损益前后孰低的 2009 年净利润除以本次发行后的总股数计算,发行后的总股数按本次发行 4 200 万股计算)。

⑤满足初步询价的报价高于这一次发行价格,且有效的全部报价所对应的累计拟申购数量的总和为 127 210 万股,计算知超额认购倍率达 151.44 倍。

2. 招股意向书披露内容

招股意向书披露的拟募集资金数量为 62 000 万元,若本次发行成功,发行人实际募集资金数量将为 120 036 万元,超出发行人拟募集资金数量 58 036 万元。

3. 与可比上市公司市盈率对比分析

选取目前 A 股 8 家传媒行业上市公司作为可比公司,以 2008 年最新每股收益及截至 2009 年 10 月 12 日收盘价计算各可比公司的静态市盈率,结果见表4 - 15。

表 4 - 15　各可比公司的静态市盈率　　　　　单位:万元

公司代码	公司简称	价格	2008 年 EPS	2008 年 PE
839	中信国安	14.5	0.23	63.04
917	电广传媒	18.88	0.05	377.6
2238	天威视讯	16.59	0.28	59.25
600037	歌华有线	11.03	0.31	35.58
600088	中视传媒	13.33	0.23	57.96
600386	北巴传媒	12.2	0.22	55.45
600831	广电网络	7.6	0.1	76
600832	东方明珠	9.72	0.14	69.43

注:2008 年 EPS 的统计口径为 2008 年归属母公司净利润除以公司 2009 年最新总股本。

上述 8 家可比上市公司的平均静态市盈率为 99.29 倍,剔除异常值(电广传媒)后的静态市盈率均值为 59.53 倍。发行人以 2008 年扣除非经常性损益前的净利润所计算的摊薄后每股收益为 0.41 元/股,以 2008 年扣除非经常性损益后的净利润所计算的摊薄后每股收益为 0.51 元/股,依据本次发行价格 28.58 元/股计算,发行市盈率为 69.71 倍(以扣除非经常性损益前后孰低值计算)。考虑到公司独特的业务模式及未来良好的成长性,本次定价与可比公司均值相比溢价 17.10%。

4. 按发行价格计算的估计募集资金量与拟投资项目实际资金需要量的对比分析

公司此次募集资金预计为 62 000 万元,用途是补充影视剧等业务的营运资金。若本次发行能够募集资金的实际量高于预计募集的资金数额,那么公司将会把超额部分资金投资于影院项目,此项目的投资总额为 12 966.32 万元。假设投资影院项目之后仍有剩余,则将剩余资金定为公司流动资金的补充。但是假如实际募集的资金低于预计筹集的资金总量,则公司打算自筹以解决不足部分。根据 28.58 元/股的发行价格及 4 200 万股的发行股数计算,此次公开发行募集的资金实际为 120 036 万元,较之 62 000 万元的集资投资项目资金需求多出 58 036 万元,超募比率为 93.61%。本次发行所得的募集资金实际量扣除发行费用后的募集资金净额约为 114 806 万元,其中 62 000 万元将用于补充影视业务营运资金,12 966.32万元用于影院投资项目,剩余约 39 839.68 万元用于补充公司流动资金。上述分析显示华谊兄弟发行股票是成功的,并且在融资市场上发展空间很大。

(三)课堂讨论

(1)你认为华谊兄弟发行股票的原因是什么?

(2)你认为股票筹资的作用和优缺点有哪些?

二、案例使用说明

(一)教学目的与用途

(1)案例主要适用于中级财务管理课程。

(2)本案例的教学目的在于使学生了解企业股票发行的原因,了解股票筹资的优缺点等。

(二)启发思考题

(1)股票筹资时还需要关注哪些问题?

(2)华谊兄弟发行股票对你有何启示?

(三)分析思路

本案例的分析思路是以华谊兄弟股票发行背景作为切入点,对企业可供选择的筹资方式进行了分析,重点分析了企业发行股票的原因、优缺点及需要关注的风险等,深化学生对股票筹资的理解。

（四）理论依据与分析

主要依据为《公司法》《证券法》等相关法律规定,具体内容参见上文分析。

（五）关键要点

了解股票发行,据此可以对目标企业的筹资决策做出分析与选择。

（六）建议的课堂计划

（1）了解企业背景与股票发行。

（2）课堂讨论。

（七）案例的建议答案以及相关法规依据

1. 华谊兄弟发行股票的原因

营运资金短缺:公司当前遇到的最主要的发展瓶颈就是资本实力与经营目标不相匹配,营运资金瓶颈已成为制约公司进一步良性快速发展的最大障碍。资金是未来娱乐公司能不能壮大的重要依托,因此急需大量的资金以支持其扩大公司的发展规模。

2. 股票筹资的作用和优缺点

（1）股票筹资的作用:是筹集资金的有效手段,通过发行股票可以分散投资风险,实现创业资本的增值,并且对公司起到广告宣传作用。

（2）股票筹资的优点:没有固定的股利负担;没有固定到期日;筹资风险小;增加公司信誉;普通股筹资限制较少,上市的融资方式显然对华谊兄弟未来的发展具有更加巨大的吸引力。

（3）与其他筹资方式的比较:发行股票融资相对于债务融资来讲,因其风险大,资金成本也较高,同时还需承担一定的发行费用,并且发行费用一般比其他筹资方式高。普通股投资风险很大,因此投资者要求的收益率较高,增加了筹资公司的资金成本;普通股股利由净利润支付,筹资公司得不到抵减税款的好处,公司的控制权容易分散。

3. 股票筹资时还需要关注的问题

（1）市场前景预测:公司对募集资金项目的市场前景进行分析时已经考虑到了未来的市场状况,做好了应对规模扩大后市场压力的准备,有能力在规模扩大的同时,实现快速拓展市场的目标。

（2）控制权的风险:根据华谊兄弟现有的规模及股东持股状况,分散控制权和被收购的风险比较小。

4. 华谊兄弟发行股票的启示

成功上市增加了公司信誉,提高了知名度。公司有足够的资金投资影院建设,盈利来源增加,有能力提高公司的核心竞争力。公司为我国文化产业做出了很大的贡献,公司应该抓紧产业链的发展与延长,将电影电视及艺人经纪服务业很好地结合起来。

另外从制度、文化、合作方式、激励机制等多个方面巩固旗下明星股东对企业的忠诚度,是华谊兄弟的重要工作之一。面对传媒业强大的竞争,公司要妥善安排合理使用资金。

第五章 运营资金管理案例

案例十九
货币资金控制制度设计分析及启示

一、案例正文

摘要:在市场经济条件下,要想在市场竞争越来越激烈的今天,保证企业有充足的血液周转循环,就要加强货币资金管理。货币资金在企业的生产经营中起着十分重要的作用,同时由于货币资金具有较强的流动性、隐蔽性,很容易出现非人为或人为的差错或舞弊,所以各企业都非常重视货币资金的内部控制。

关键词:货币资金　制度设计　内部控制

(一)案例简介

中国烟草总公司福建省公司某职工教育培训中心(以下简称"培训中心")系经福建省烟草专卖局批准设立。业务范围主要为:①编制教育培训长远规划和年度计划;②组织烟草农、工、贸理论研究;③对烟草专业各类专业人员进行培训和再教育;④举办各类培训班、研讨班、讲习班,对职工进行在职短期培训和离职定期培训;⑤是全省烟草商业系统的职工教育培训基地,负责职工教育培训的后勤保障工作。本中心设主任一名,副主任一名,下设五个职能科室:财务部、行政部、经营管理部、安全保障部、会议培训部。

培训中心自正式营业以来,由于业务范围相对单一,内部各方面的管理与规章制度都比较粗放。但是随着中心业务不断拓展,内部管理方面,特别是在资金、采购、成本管理等方面的内部控制制度逐渐暴露出一些问题:

1. 资金管理计划性不强

培训中心没有制定资金收支计划,这样就造成了没有统一的资金管理,有时还会造成入不敷出的恶性循环。

2. 对资金周转中的现金流量不重视

培训中心的领导主要以利润指标考核企业,导致培训中心重视利润的完成,不重视现金流入,造成应收账款上升,账面反映企业效益比较好,但财务状况不佳,培训中心的发展受到一定程度的限制。

3. 资金使用审批制度过时

资金使用审批制度不能适应培训中心日常生产经营管理的需要,造成采购计划与生产计划不能顺利衔接。

4. 货币资金管理制度不严

现金出现差错的现象时有发生。接待员和收银员没分开,造成有时款项有误,分不清责任,财务又无法及时核对前台业务,有时就只好不了了之,或者其责任大家一起分担,这样处罚大家都不一定满意。

5. 培训中心资金使用效率不高

培训中心现金库存量没有经过科学分析,有时会出现大量的货币资金余额,有时又得向银行借款,支付借款利息,相当于把存贷款利息差额的利润白白地让给了银行,造成了很大的浪费。

(二)制度措施

在这种情况下,培训中心委托一家中介机构根据培训中心业务实际情况制定了《中国烟草总公司福建省公司某职工教育培训中心货币资金控制制度》,自从培训中心执行了该货币资金控制制度后,前述的一些问题都得到了很好的解决。该制度共五章,其基本框架与主要内容为:第一章总则,主要对控制目标、定义与范围、关键控制点、职责分工、授权批准、监督检查等方面作了规范;第二章岗位职责,主要对货币资金控制相关的人员包括中心主任、财务部经理、会计人员、收银人员和出纳等的主要职责作了详细规定;第三章现金控制,主要对现金收入、现金支付、现金核对等几个方面作了详细的规定;第四章,银行存款控制,主要对银行存款收支、银行存款的核对、银行票据的管理、银行账户管理等几个方面作了规范;第五章备用金的管理,主要对备用金的范围、备用金借用与核销、备用金催收等方面作了规范。

1. 内部控制目标明确

(1)货币资金的安全性。

通过良好的内部控制,来确保培训中心货币资金的安全,预防被盗窃、诈骗和挪用。

(2)货币资金的完整性。

该制度要求培训中心收到的货币资金在内部控制的制约下全部及时入账,预防"小金库"等侵占培训中心收入违法行为的出现。

(3)货币资金的合法性。

该制度对货币资金的取得、使用是否符合国家财经法规,手续是否齐备都作了明确的规定。

（4）货币资金的效益性。

该制度要求合理调度货币资金,使货币资金发挥最大的效益。这些目标都有效地体现了《企业内部控制基本规范》内部控制的目标。

2. 内部控制的原则清晰

该货币资金控制制度贯穿决策、执行和监督全过程,覆盖培训中心的各种业务和事项,实现了全过程、全员性控制,体现了内部控制的全面性原则的要求;该制度结合培训中心的业务特点,关注了培训中心的重要业务和领域,采取了更加严格的控制措施,较好地贯彻了重要性原则;培训中心完成某项工作必须经过互不隶属的两个岗位监督,体现了制衡性原则的要求;履行内部控制的机构和人员应具备良好的独立性,该制度在岗位职责、现金控制、银行存款控制、备用金管理等几个方面都建立了有效的内部牵制度度,这些制度都很好地体现了内部制衡性原则。

3. 充分考虑了内部控制五要素

《中国烟草总公司福建省公司某职工教育培训中心货币资金控制制度》充分考虑了内部控制五要素之间相互关联的内在联系,整个货币资金内控制度都对五个要素作了充分考虑:

（1）内部控制环境。

内部环境规定单位的纪律与架构,影响经营管理目标的制定,塑造单位文化并影响员工的控制意识,是实施内部控制的基础。本案例中从机构设置及权责分配、内部审计、人力资源政策、企业文化等方面都对内部控制环境作了较好的考虑与安排。本案例中的货币资金控制制度在权责分配、内部审计、人力资源政策等方面充分结合培训中心的机构特点都作了规范与约束:从中心主任到普通员工的权责分配清晰明了,内部审计与复核流程规范到位,在与货币资金控制的关键点上的人员安排与考核都有涉及,从各个方面充分考虑了内部控制环境对货币资金控制制度的影响。

（2）风险评估。

风险评估是企业实施内部控制的重要环节,它有助于企业及时识别、分析和规避风险,主要包括风险识别,风险分析,风险应对几个环节。企业应当在分析相关风险的可能性和影响程度基础上,结合风险承受度,权衡风险与收益,确定风险应对策略。本案例中的货币资金控制制度在合理分析、准确掌握中心主任及其他高级管理人员、关键岗位员工的风险偏好的程度上,采取了与培训中心相适当的控制措施,避免因个人风险偏好给培训中心经营带来重大损失的可能性。该制度对培训中心可能出现的风险因素都作了详细的分析,并规定了诸如风险规避、风险承受、风险降低、风险分担等常用的风险应对策略,而且在整个货币资金控制制度中,风险应对策略是结合运用的。

(3)控制活动。

控制活动是指企业根据风险应对策略,采用相应的控制措施,将风险控制在可承受度之内,是实施内部控制的具体方式。常见的控制措施有:不相容职务分离控制、授权审批控制、会计系统控制、财产保护控制、预算控制、运营分析控制和绩效考评控制等。本案例中的货币资金控制制度有效地运用了不相容职务分离控制、授权审批控制、会计系统控制、财产保护控制、预算控制等常用的内部控制方式,而且控制方式与培训中心业务特点紧密结合。

(4)信息与沟通。

信息与沟通是企业及时、准确地收集、传递与内部控制相关的信息,确保信息在企业内部、企业与外部之间进行有效沟通,是实施内部控制的重要条件。企业应当建立信息与沟通制度,明确内部控制相关信息的收集、处理和传递程序,确保信息及时沟通,促进内部控制有效运行。本案例中的货币资金控制制度将货币资金收支手续、原始凭证传递、审核程序与要求表述得清清楚楚。从文字表述中可以勾画出一幅培训中心的货币资金收支及控制流程图,特别是制度对货币资金收支的原始凭证,以及相应表格的传递、保管做出清楚的规定。这样的制度便于阅读、理解,容易被员工所接受,从而有效地保证了信息的传递与内部相关人员的沟通,取得了良好的执行效果。

(5)内部监督。

内部监督是企业实施内部控制的重要保证,它是对单位内部控制制度的建立及实施情况的检查,对于发现的问题及漏洞及时改进。本案例中的货币资金控制制度对监督检查的内容作了详细描述,这些监督检查的内容包括:①货币资金业务相关岗位及人员的设置情况;②货币资金授权批准制度的执行情况;③银行账户的开立及使用情况;④印章保管情况;⑤票据保管情况。本案例中的内部监督主要起到了两个方面的作用:第一,发现内控缺陷,改善内部控制体系,促进培训中心内部控制的健全性、合理性;第二,提高了培训中心内部控制施行的有效性。

(三)课堂讨论

第一,培训中心内部控制制度的建立健全是企业自身发展的需要,同时也是宏观环境影响的必然结果。

第二,预防企业内部会计人员失职、犯错、犯罪,应从强化企业内部控制制度和加强企业会计队伍建设两方面着手,两手都要抓,两手都要硬。强化企业内部控制制度建设,规范会计工作秩序,加强会计基础工作,这是一些硬性的工作,如不相容职务分离制度、并定期进行岗位轮换制度、授权批准控制制度、建立企业会计系统控制制度、建立风险控制制度、建立信息技术控制制度等制度,这些制度谁都不能违反,都是硬标准,硬指标;另外加强企业会计队伍建设,提高会计人员的业务素质和道德水平,这个属于软工作,要不断提高会计人员的实际业务技能和理论水平;培养会计人员和相关管理人员的高尚的职业道德情操,将职业道德教育落到实处。本案例就从制度建设和会计人员队伍建设两方面都作了明确的规范与要求。

第三,注重内部环境在内部控制制度执行过程中的作用。内部环境中领导的参与是很重要的一个方面,本案例中可以看出,该制度能得到有效推行首先是培训中心领导的支持,否则该项制度很难得到推行;另一方面该制度的设计也很好地结合了培训中心的业务特点与机构设置情况,《中国烟草总公司福建省公司厦门职工教育培训中心货币资金控制制度》在设计过程中本人与设计单位都进行了多次的沟通与交流,整个制度充分结合了培训中心的业务特点、流程、机构与人员设置情况。

第四,在培训中心加强内部控制过程中要充分发挥中介的作用。中介机构或相关专业人员对企业内部控制制度的设计与评价都相对比较专业,通过他们的帮助,培训中心可以节省人力、物力,而且设计出来的制度更专业,执行效果更明显。另外,也要聘请中介机构或相关专业人员对本单位的内部会计制度实施有效评价,对其中有重大缺陷的提出改进建议。

二、案例使用说明

（一）教学目的与用途

（1）本案例主要适用于中级财务管理课程,也适用于企业战略管理等课程。

（2）本案例的教学目的在于使学生了解企业内部控制的基本理论和内容。

（二）启发思考题

从企业内部控制的角度分析,如何加强对货币资金的有效管控?

（三）分析思路

本案例的分析思路是以中国烟草总公司福建省公司某职工教育培训中心加强其货币资金控制为切入点,重点分析了内部控制对企业财务管理的重要性,使学生了解企业内部控制的基础理论和方法。

（四）理论依据与分析

内部控制的目标、原则与要素。内部控制的目标是合理保证单位经营管理合法合规、资产安全、财务报告及相关信息真实完整,提高经营效率和效果,促进单位实现发展战略。内部控制原则包括全面性原则、重要性原则、制衡性原则、适应性原则和成本效益原则五大原则,是企业进行内部控制应当遵循的基本原则。我国《企业内部控制基本规范》将内部控制的要素归纳为内部环境、风险评估、控制活动、信息与沟通、内部监督五大方面。

（五）关键要点

了解企业内部控制的基础理论和内容。

（六）建议的课堂计划

（1）了解案例背景及涉及的相关理论。

（2）课堂讨论。

（七）案例的建议答案以及相关法规依据

建议答案见上文分析。

案例二十

青岛港集团的货币资金管理制度分析

一、案例正文

摘要：本案例尝试以青岛港（集团）有限公司为例，从财务管理的角度，熟悉货币资金管理与内部控制之间的内在联系，掌握货币资金管理制度设计的基本原理和方法。

关键词：货币资金　内部控制　案例分析

（一）公司背景

青岛港（集团）有限公司是国有特大型港口企业，它地处山东半岛胶州湾畔，由青岛老港区、黄岛油港区、前湾新港区三大部分构成。有 115 年历史的青岛港，与 130 多个国家和地区的 450 多个港口通航往来，拥有 15 个码头、逾 70 个泊位，主要从事钢材、粮食、氧化铝、集装箱、化肥、成品油、硫磺、铝矾土、铝锭、纸浆、冻货、纯碱、焦炭、水泥、沥青、大件设备等货物的装卸服务和国际客运服务。集团现有员工 23 000 多人，资产总值 150 多亿元。2007 年港口吞吐量超过 2.6 亿吨，居世界港口前十位，外贸吞吐量多年保持全国沿海港口第二位；集装箱吞吐量超过 900 万标准箱，实现全年收入达 82 亿元，净利润超过 13 亿元，2006 年上缴国家各种税费 16.9 亿元，其中地税多年保持青岛市第一位。2007 年上半年，集团发展势头强劲，资产结构进一步优化，资产质量稳步提升。青岛港集团与日照港强强联合，合资成立的集装箱码头公司，运营不到半年，集装箱吞吐量已增长近十倍。另外，实现了与迪拜环球集团的合资合作，使青岛港在前湾港区共拥有集装箱码头岸线达 6 000 多米。

（二）公司货币资金管理制度

1. 资金集中管理制度

在货币资金管理方面,青岛港集团制定了资金集中管理制度。集团通过采用内部银行、结算中心、财务公司等形式对集团资金实行集中管理。

青岛港集团信息中心自行开发的资金管理系统就具有资金结算、银行贷款、成员企业内部贷款、定期存款、利息管理、担保管理、票据贴现、账务处理等多种功能,打造以青岛、黄岛两个结算中心为核心的网上银行系统,并逐步探索与客户的 B2B 结算模式,直接在网上实现与客户的对账和结算。

2. 资金预算管理

2007 年 12 月,青岛市国资委对市管企业下达了全面预算管理指引,对全面预算管理组织和制度保障、预算管理环境评估和重点确定、全面预算编制的原则和内容等各个方面做出了规定,青岛港集团严格执行了《省管企业全面预算管理指引》要求,对全面预算工作进行了有效的部署。

首先,集团合理编制、严格执行预算。严格控制事前、事中资金支出,保证了资金的有序流动。年初编制资金预算计划时,通过较为详细和远期的现金收支预测来规划集团的期望收入和需要的现金支出,精确规划出集团是否适合利用现有闲置资金进行投资以及集团在经营过程中需要借款的额度和借款时间。利用滚动预算、零基预算等方式使制定的预算更加具有可操作性、可执行性,甚至作为考核的依据对成本进行了严格的控制。

其次,在预算中集团做了合理调整。在预算执行过程中根据集团实际经营情况进行了调节,有利于保持货币资金收支平衡,并通过对事前货币资金的来源和使用进行控制,使集团能在预算期内保持货币资金的合理余额。

最后,预算后期财务部做了严格监督。编制现金预算后,财务经理对预算的执行认真监督,对在经营过程中实际发生的现金收支结果定期同预算比较分析。如果出现重大差异,马上采取必要的措施来调查现金实际的收支结果。

3. 加强资金风险控制管理

在加强资金风险控制管理方面,青岛港集团从进行风险评估和建立预警机制两个方面做了控制管理。

（1）进行风险评估。

集团现有的资金风险主要是收款风险。针对这点,集团主要通过控制客户来控制风险。其中一个好的做法就是建立客户信用等级制度,针对不同客户采取不同的收款政策:比如对 C 级客户进行公示,采取先预收现金后作业的方式;B 级客户用支票方式结算,完成当月付款;对 A 级客户给予一定的信用期,但不能超过 3 个月。

（2）建立预警机制。

预警机制是按一定的指标体系,分析资金活动和资金管理环境,对潜在资金管理风险进行预测,并在发现资金风险信号后提醒决策者及时采取防范和化解措施。对此集团划定了资金收入的最低比例线（比如说系数为1.2,也就是本月收入1000万元,港建费等200万元,就要有1200万元的资金保障）,对应收账款超出警戒线的进行预警反馈制,确保资金回收与收入的配比,避免出现有利润但没有现金流的被动局面,从而加强了资金风险控制管理。

4.关注资产质量,提高资金的使用效率

缩短现金的周转期途径:①缩短存货周转期;②缩短应收账款周转期;③延长应付账款周转期。在其他因素不变的情况下,加速现金流的周转,也就相应地提高了现金的利用效果,从而将增加企业的价值创造。对此,集团高度重视资产管理,提高了资产风险的预测与防范力度。集团每月召开清欠例会,促进了应收账款周转率的提高。另外,高密度、深层次的开展清产核资,促进了总资产周转率的改善。与行业单位上海港相比,集团资产质量优于上海港,总资产周转率、流动资产周转率、应收账款周转率分别高于上海港0.11、0.61、4.89个百分点,单位资产产出效率是上海港的1.6倍,有效地提高了资金的使用效率,加强了资金的风险控制管理。

5.提高资金的盈利能力

在提高资金的盈利能力方面,青岛港集团从以下两个方面做了管理:

一是优化生产流程,利用"生产增值"。财务管理通过参与生产经营全过程,从资金来源和资金运用中找出最佳经济效益,来提高资金管理的科学性,积极推进财务与业务一体化。集团应用浪潮财务软件实现了财务与业务的一体化操作。集团的财务系统通过自主研发的接口自动从计费和生产系统读取数据,自动生成凭证,并通过书面资料的传递核对数据的准确性和完整性,同时通过收入检查、抽查现场船舶等手段达到对业务上的控制,做到财务业务的一体化操作,进而达到增值的目的。

二是利用金融衍生工具增值。金融资产的衍生工具是一种金融创新的产物,也就是通过创造金融工具来帮助金融机构管理者更好地进行风险控制,这种工具就叫金融衍生工具。常见的金融衍生工具主要有:期货合约、期权合约、远期合同、互换合同等。集团充分利用了金融政策及资本市场,将暂时闲置资金以委托贷款、定期存款、银行"票据包"等方式进行稳健运作,在保证资金安全的前提下,取得了较大的效益。同时,深化了网上银行功能,将集团内部网上资金结算功能延伸到集团与银行间的资金结算业务,在提高资金结算效率的基础上,加强了对资金支付的审核及监控,确保了资金安全。

6. 货币资金管理中存在的问题

（1）预算管理。

青岛港集团对于预算的涉及面还不够，如工属具、备品添置、设备更新、人力资源、职工教育培训、环保港荣港貌的预算，以及各基层单位操作量、起运量等项目都还没有纳入预算，因为全面预算管理是集团一切经营管理活动的准则，所以集团的生产经营管理等各项活动，从长远的到具体的、从综合的到局部的都应纳入全面预算管理的轨道。另外，集团的个别项目预算与实际执行过程有差别，如由于货源变化较大，造成吞吐量、收入预算执行困难。

（2）资金回收。

集团在资金回收方面却存在一些问题，比如货币资金进款中、银行承兑汇票所占比例提高、现金所占比例下降，这直接影响到集团现金的使用。因此，集团应降低银行承兑汇票的比例、提高现金回收比例，对于外付款项，原则上先以银行承兑汇票支付，以降低现金压力；另外，集团资金流入的主要流程是各部门收费人员每天将所收资金连同有关单据进行清点、核对，以及填制交接清单交财务部门。这期间就出现了部门交款不及时的现象，致使一部分资金滞留在基层部门，影响整个集团的资金回笼。

（3）应收账款。

目前，在集团的日常经营中往往存在不能及时收回的应收账款，这将减缓整个集团的资金回笼，影响集团各项经营指标的实现。对此，集团应加强账龄考核，并严格执行，加强应收账款的回收。另外，集团中货种欠款比较集中，不利于抵御坏账风险。所以，对集团内部各单位间的欠款，应实行每月定期结算制度，减少 3 个月以上欠款。再者，资金不能及时到位，会使集团的经营风险加重。所以，集团应加强对应收账款的控制，特别是对金额较大欠款的控制，从而增加集团的现金流。

（4）收入管理。

集团存在着收取承兑汇票不能兑现的风险，对此集团应建立每月的应计费、实际计费及两者差异的记录，在业务人员协助下，建立客户运营状态记录并时常更新，尽量不收小银行承兑的银行汇票等以防范风险。另外，集团收入全过程的管理还不到位。在监控软件上看，各个环节仍存在漏洞，存在不可控因素，例如在库场、检算、计费环节就均存在有待完善之处。

（三）课堂讨论

货币资金是企业资产的重要组成部分，它是企业流动性最强的一种资产，也是唯一能转换成其他任何类型资产的资产。货币资金的涉及面最广，应用范围广泛，并且非常容易发生丢失、短缺和被盗，最容易发生挤占和挪用等现象，甚至会产生舞弊行为。对此，企业应该如何加强对货币资金管理？如何规范货币资金的使用，避免现金不足和过剩所产生的不良现象？对青岛港集团货币资金管理中出现的问题应做怎样的调整？

二、案例使用说明

（一）教学目的与用途

（1）案例主要适用于中级财务管理课程。

（2）本案例是一篇描述青岛港集团的货币资金管理的教学案例，其教学目的在于使学生对货币资金管理具有感性的认识及深入的思考，清楚货币资金管理与内部控制之间的内在联系，掌握货币资金管理制度设计的基本原理。

（二）启发思考题

（1）谈谈你对货币资金管理制度的认识？

（2）编制资金预算的目的是什么？

（3）简单概述货币资金管理制度的主要内容？

（4）你认为对青岛港集团货币资金管理中出现的问题应做怎样的调整？

（三）分析思路

本案例的分析思路是以青岛港集团的货币资金管理背景作为切入点，对企业货币资金管理进行了研究，重点分析了货币资金管理制度、资金预算、货币资金内部控制，使学生加深对货币资金管理的认识。

（四）理论依据与分析

主要依据为《会计法》《企业内部控制指引》等相关法律规定，具体内容参见上文分析。

（五）关键要点

熟悉货币资金管理与内部控制之间的内在联系，掌握货币资金管理制度设计的基本原理和方法。

（六）建议的课堂计划

（1）了解企业背景与货币资金管理。

（2）课堂讨论。

（七）案例的建议答案以及相关法规依据

1. 对货币资金管理制度的认识

（1）货币资金管理制度的定义。

货币资金管理制度，是企业加强对货币资金的内部控制，规范货币资金行为，保证货币资金安全完整，提高资金效益，防范货币资金管理过程中的差错和舞弊的财务管理制度。

(2)货币资金管理制度的总体作用(建立货币资金管理制度应遵循的目标)。

①保证货币资金的安全性。保证企业货币资金的安全,防止出现盗窃、诈骗或挪用现象。②保证货币资金的完整性。保证企业将收到的全部货币资金入账,防止出现私自设立"小金库"等侵害企业收入的不法行为。③保证货币资金的合法、合规性。保证取得和使用货币资金都符合国家财经法规要求,手续齐备。④保证货币资金的效益性。保证合理调度货币资金,发挥货币资金的最大效益。

(3)货币资金管理制度的地位。

①货币资金管理制度是企业财务管理的基础制度。货币资金业务是企业最常见、最基本的业务,也是风险最高、最容易出现问题的环节,任何一个企业都必须建立货币资金管理制度。②货币资金管理制度是企业财务管理的根本制度。财务管理是企业管理的核心,货币资金管理又是财务管理的核心。货币资金管理制度是其他财务管理制度的根本,它统驭着其他财务管理制度。

2. 编制资金预算的目的

资金预算管理是企业生存和发展的客观需要,也是货币资金管理的重点。通过对资金使用的预算,可以帮助企业获得最大的收益。编制资金预算的目的是为了测算企业在下一年度内,现金收入能否满足现金支出的需要,对其不足和多余将采取什么措施加以解决。详细、合理的资金收支预测和对资金预算的编制能够帮助企业较为准确地规划出未来企业的资金支出情况,同时能够使企业合理地做出对未来闲置资金的投资利用的规划,以及对未来企业借款的额度和时间的规划,有利于合理运用和筹集资金,以充分发挥资金的效用和盈利能力,从而保证生产经营活动正常进行,提高资金使用效率。

由此可以看出,资金预算管理就是货币资金管理的重中之重,也是企业的重点管理内容,青岛港集团在资金预算管理方面就做了有效的管理工作。

3. 货币资金管理制度的主要内容

(1)授权审批制度。

明确资金收、付的条件、权限和程序,实行资金预算管理,做到统一筹集、分配、使用和管理资金。

(2)不相容职务相互分离制度。

①支付申请岗位与批准支付岗位;②收付款岗位与记账岗位;③采购岗位与付款岗位;④销售岗位与收款岗位;⑤银行印鉴管理、票据管理等岗位与出纳岗位。

(3)现金的使用、保管与盘点制度。

加强现金的使用范围、库存限额的管理,超出库存限额的现金应该及时存入银行,并定期和不定期对现金进行盘点,确保账实相符。

（4）银行存款的定期核对制度。

安排专门人员对银行账户定期核对，每个月核对至少一次，并编制调节表，使账面余额与银行对账单的余额一致。

（5）印鉴保管和使用制度。

加强银行预留印鉴的管理，实行印鉴分离，严禁一人保管支付款项所需的全部印章。按规定需要有关负责人签字或盖章的业务，必须严格按照要求办理签字或盖章手续。

（6）票据保管和使用制度。

加强对货币资金相关票据的管理，对各类票据的购买、保管、领用、转让、注销等，要明确各环节的职责权限和程序，同时设立专门的登记簿进行记录，防止出现空白票据丢失和被盗用现象。

（7）文件记录管理制度。

形成对货币资金的收支活动的完整文件记录，并应做好保管工作。主要是各种授权审批文件、货币资金收支记录、现金盘点记录、银行对账单、银行存款余额调节表等。

（8）内部审计监督制度。

明确监督检查机构或人员的职责权限，定期或不定期地对货币资金的业务进行内部审计监督，监督内容主要包括货币资金业务相关岗位及人员的设置情况、货币资金授权批准制度的执行情况、支付印鉴的保管情况、票据的保管情况等。

4. 对青岛港集团货币资金管理中出现的问题调整

虽然青岛港集团在货币资金管理方面做了很多有效的控制，但随着集团的不断发展，集团资金管理中存在的其他问题日益突出，财务风险日益暴露，针对上述四方面的问题提出相应的建议如下：

预算管理是集团制定目标，合理调度资金的基础。对此，集团应该按照卓越绩效、内部控制管理模式，结合集团的要求和集团实际，进一步修改完善《集团全面预算管理办法》，以减小预算与实际的差别。

资金是集团日常经营中至关重要的流动资产，如果集团出现资金短缺，将会影响集团的正常经营，所以，资金的回收是集团资金管理的重要环节。对此，集团应进一步规范各基层收费部门的收费、交款秩序，加大监督检查、考核力度，保证资金及时回笼。

应收账款的管理直接影响到集团资金的周转和经济效益的实现，也直接影响到集团的资产质量和资产营运能力，因此应收账款是集团资金管理的重要项目，其在集团资产中所占的比重也直接影响着集团资金的调度使用。对此，集团中各单位应根据各自不同的情况提前预测应收账款的回收风险，加强对应收账款的管理和回收力度,及时控制其可能给集团带来的风险。

收入管理不仅仅是字面意思的各项收入的管理,其真正的意义在于将管理落实到生产,指导生产,实现财务与业务一体化。对此,集团应继续完善各种软件,尽量避免人为因素,同时要实行收入全过程的管理,实行财务与业务一体化的操作。

案例二十一
构建激励约束机制与企业产权改制并行——吴忠仪表的"期权＋期股＋员工持股公司"模式探析

一、案例正文

摘要:本案例以"吴忠仪表模式"为例,从营运资金管理的角度,对激励约束机制以及国有股的减持方案做出分析。"吴忠仪表模式"是以对西方契约理论、产权理论和期权理论开展的深入研究为基础,通过运用数学、系统论以及实证等多种方法,提出的一套有关上市公司员工的激励约束机制和减持国有股的方案。该模式的内涵是建立关于分配的激励—约束机制与重新划定产权,即股票期权＋股票期股＋员工持股公司,通过受让国家持有的股权,完成公司经营机制的转换,能够对企业在职人才开展有效的激励和约束并更加广泛地吸引人才,促使经营者更加关心企业发展并审慎经营。

关键词:激励约束机制 产权改制 案例分析

(一)案例简介

1959年,吴忠仪表有限责任公司成立,并发展成为国内大型现代化控制阀研发、生产、加工企业。这样的成就离不开几代吴忠人的辛劳心血、不懈拼搏。在面对国企改制和建立有效的激励—约束机制两大现实难题时,吴忠仪表于2000年7月,通过了实施股票期权、期股和员工持股计划的议案。采用"股票期权＋股票期股＋员工持股公司"模式,试图通过期股计划＋国有股减持方式来达到股权重组与有效激励并行的双重目的。"股票期权＋股票期股＋员工持股公司"模式要点如下:

(1)期权和期股的受益人。吴忠仪的模式发展初期仅适用于企业决策层、经管高层、主要的研发人员以及关键岗位人员,具体人员由董事会决定。

(2)期权和期股行权条件。期权的作用机理实质是价格激励。当出现期权的行权价格低于二级市场股票价格情况时,期权的被授予人有动机行使期权,同时为了满足公司其股票二级市场的价格与其发展水平成正比的要求,方案中做出如下限制:被授予人在价格合适时使用期权的前提是在期权赠予和行权期间,公司各年的资产收益率及利润增长率均应满足一定要求。股票期股即被授予人与公司约定使用一定的薪酬按商定价格（行权价格）买入本公司的股票，持有期超过约定年限后有权逐步变现其所持期股。换言之，期股购买资金属于被授予人的薪酬，被授予人行权时只需取得公司董事会的确定，延期一段时间获得薪酬的处置权。

（3）期权、期股股票的渠道来源。期权所需的股票其来源包括二级市场中的流通股票和公司定向增发的新股；期股需要的股票可以是公司定向增发的新股或是转让的国有股。

（4）期权、期股的股票数量确定。公司的发展水平是决定期权股票数量的重要因素，因此期权的股票数量应随公司的利润增长率同向变化，故而影响公司每年赠予的期股数，个人得到的期股数量呈动态变化。

（5）期权、期股行权价格的确定。期权、期股的股票来源渠道对其行权价格会产生影响。理论上讲，行权价格应尽可能接近于二级市场的价格，但在发达的证券市场里，当股票的二级市场价格较多偏离其自身价值时，为了维护被授予人的收益，则期权的行权价格应定为真实投资的价值与二级市场的价格二者相比的较小者；同时从保证原有股东利益角度出发，行权价格应高于每股股票的净资产值。

若股票来源为定向增发新的股票，则行权价格就是增发新股的价格；若采用转让国有股方式，则行权价格的确定以每股的净资产值为主要依据。

（6）期权、期股的授予与行使。期权其行权方式具体如下：期权赠予后的第三年期权持有者能够有权行权的极限值是第一年赠予的期权的20%，第四年的可行权量最多不得超过第一年赠予期权的50%，期权赠予后的第五年必须对第一年赠予但仍未行权的剩余期权进行全部行权，否则失去行权权利。

在吴忠仪表该模式下，期股预计采用的行使方式如下：期股授予后的第三年期股持有者可以最多行权不超过第一年行使的期股的20%，第四年最多行权量为第一年执行的期股的50%，第五年及以后行权的极限值为第一年执行的期股的100%。

（7）减持国有股方案。在吴忠仪表中减持国有股的设计方式为：期股计划＋员工持股公司受让国有股。其中，员工持股公司为发起人由上市公司的员工组成，采用货币或者实物作价来出资，通过发起设立的方式设立的新的有别于员工所属公司的规范型股份有限公司。每一发起人的可认购股份根据员工在公司中岗位的重要性、工龄、职龄和学历（职称）等多方面因素来综合确定。员工持股公司设立的主要目的为以企业法人的形式受让相应上市公司持有的国有股，从而员工能够间接地持有所属上市公司的股份。具体设计方案如下：国家的持股比率从47.37%降至30%，即国有股从原有的9 000万股减持至5 700万股；三年期股计划所需的股份＋员工持股公司受让的国有股份总计占现有股本的17.37%，即3 300万股。方案实现时第一大股东是国家,第二大股东为员工持股公司,因为员工持股公司的加入能够改善国有资产管理的缺位问题,故而这一变化可以促进在公司建立起有效完善的监督——约束机制。此外,依靠第一、第二大股东所占据的优势地位亦可避免运作过程中出现的敌意收购。

(二)课堂讨论

1. 吴忠仪表模式设计的理论基础

一直制约和困扰着中国企业持续发展的问题就是怎样激励企业家进行创业守业,以及设计出一套长期有效的激励约束模式。激励约束机制包含三要素:主体、方式和对象,即谁来激励,如何激励,激励谁。则企业要想改制,关键在于以上三方面能否统筹兼顾。因此,亟待解决的重要问题就是如何全面多方式地解决公司员工激励约束的难题。

(1)建立国企的激励—约束机制需要首先处理监督主体虚位的问题。

我国的上市公司多半前身为国企,因此国家掌握了上市公司的大多数股权。政府机构可作为股权所有者行使国家股东的权力,但由于并不具备真正意义上的"人格",其无需对自己的决策负任何责任,故往往引致监督虚位。对中小股东来说,由于受到信息不对称和持股过小等限制,在公司中并未真正拥有经营决策权,故而无法较好地对上市公司进行监督。公司员工虽然名义上为企业的主人,实质上却并不享有决策监督权。企业即使进行了改制实行内部职工持股,内部员工的处境也与外部中小股东极其相似。可见,字面意义上的多元监督纯属纸上谈兵,实际后果是无人负责监督。因此,在对企业职工的激励问题做进一步改制的过程中,首要解决的问题就是监督主体虚位。

(2)选择激励手段应着眼于长期激励,被授予人的收益应与其努力程度以及公司未来的经营业绩相挂钩。

按照保险收入与风险收入二者最佳匹配这一激励原则,企业员工的报酬结构应多元化:既包含稳定收入(如恒定的工资或底薪),也包含风险收入(如股票形式、奖金);既含有当期收入,也包括远期收入(如退休金计划、股票期权等形式)。整套激励方案设计的要点在于通过收入的不同形式对企业家行为产生不同的激励约束影响,保证企业的高层管理人员行为长期化、规范化。因此,要加强对激励手段选择的重视程度,特别是在长期激励的探索和研究中。吴忠仪表对激励的选择是期权与期股这两种手段。

股票期权是公司授予被授予人一定的选择权,即被授予人可在未来规定的时期内按照约定价格(行权价格)购入本公司的流通股,被授予人可自愿选择行使或放弃这种权利。因此,股票期权这一方案的机理实质是价格激励,只能激励却无法约束被授予人,其激励逻辑如下:期权发挥期权激励作用—被授予人勤奋工作—公司的股价提高—被授予人通过行权取得收益。

股票期股是指公司与被授予人约定,将其一部分薪酬依照约定价格(行权价格)买入本公司的股票来代替,被授予人在约定期限之后可逐步变现所持有的期股。有别于期权,期股这一方式既能激励又能约束被授予人,由于期股本身是被授予人的一部分薪酬,如果行权价格低于公司股票二级市场的价格,则被授予人获得的收入会高于计划薪酬,但如果行权价格在二者中较高,被授予人就会遭受薪酬损失。故而期股的激励—约束效果与其在被授予人的薪酬中所占比重呈正比,比重越高,效果越明显。但公司实行这一计划需要满足两个前提条件:实行年薪制,以及保障期股能够及时变现。

(3)激励范围扩大同时兼顾新老员工的持股问题。

在现代市场的竞争机制下,企业核心的竞争优势根源于制度创新、管理效率、技术进步和团队精神,企业的管理层人员负责企业资源的协调整合,发挥了无以取代的作用,但对提升企业的价值起决定性作用的却是企业的普通职工。因此,设计激励方案不能够仅局限于公司的高层人员,更要扩大到对企业发展辛勤付出的每个员工。面向基层员工的激励机制还应该考虑到激励报酬的结构多元化、公司部分投资项目收益回报期的长短、企业基层人员较高的流动性等因素,做到充分兼顾公司的新老职工持股,达到合理分布。

2. 吴忠仪表模式的特点

(1)产权改制与激励约束机制的建立并行推进。

吴忠仪表中的改制不是单纯地进行产权改革,更是为了谋求公司的长足稳定发展而推进的全面改革。将股权结构进行重组,在此基础上为公司决策层、高层管理者、主要的技术人员以及关键岗位的人员制定、实行合适的激励约束方案,将各层面各人员的积极性充分调动起来,从而推动在本公司的经营机制、管理制度、发展战略等各方面相应的更深层次的改革。

(2)建立了全面的期权与期股计划包含各要素的数学量化模型。

吴忠仪表的方案设计以国外成熟完善的期权理论为依托,在期权期股的机理分析、所需股票各渠道来源对公司及其利害关系人的影响分析、所需股票总量的确定以及行权价格的制定中,均进行了数学层面上的定量分析,从而建立了一套全面的期权与期股计划所包含的各个要素对应的数学量化模型。

(3)减持国有股与利用"期股账户"进行期股计划相结合。

通过期股计划+员工持股公司受让国家股(或法人股)这一组合方式,一方面能够逐步减持国有股,是上市公司进行股权重组以及减持国有股权的一种新方案;另一方面国有股权又可成为期股股票的来源,利用一个内部设立的"期股账户"把期股计划与国有股的减持方案有效结合了起来。操作具体如下:把国有股转让至

"期股账户",此时其仍属于国家,接着施行拟定的期股计划,被授予人的部分薪酬将会转到"期股账户",采取行权后国有股的所有权转至行权人名下,国家也得到了股权转让的资金(被授予人的薪酬),从而达到了逐步减持国有股的目的。但是为了维护被授予人的权益,期股计划流入的资金应在期股账户中锁定,直到期股变现的各个要求得到满足。基于此,设计期股方案的关键就在于期股占薪酬的比例及流动性和行权价格的制定。

(4)激励与约束结合。

激励机制的难点是防止激励和约束的不对称问题,即怎样防止有激励无约束的出现。激励要与合理的惩罚约束措施配合,才能发挥出更大的作用。股票期权方式下,一些经营者不吃白不吃,视股票期权为"最后的晚餐"。鉴于此吴忠仪表模式设计出期权+期股的二重长期激励方案,激励与约束相辅相成。

3. 实施吴忠仪表模式将面对的问题

(1)市场评价机制和业绩考评标准尚存漏洞。

期权、期股的顺利实行依赖于二级市场合理的股票价格,但目前我国的股价并未与企业业绩相挂钩。在吴忠仪表方案中,为满足公司股票的二级市场价格随企业发展程度同向变动,限定如下:自期权赠予至期权行权期间,公司各年的资产收益率及利润增长率均应满足一定要求,否则即使在行权价格较二级市场价格略低时,被授予人也无权行权。这项规定使股票价格之走势脱节于公司业绩的问题部分得到了解决,但是在利润增长率与净资产收益率等指标的计算中,利润内涵尚未明确界定,是指经济利润、经济增加值(EVA)亦或会计利润?若以会计利润为考核基准,则可能致使经营者通过会计报表操控利润。因此,要想激励机制充分发挥效果,第一要依托于一个结构合理、成熟有效的股票市场,第二要有合理明确的业绩考评。评价标准仅靠相关的会计利润指标是不够的,还应纳入反映非财务状况的因素,如雇员认同感、顾客满意度、技术和服务的进步等,形成科学完整的一套业绩评价体系。

(2)行权价格的合理制定较难实现。

若实行国有股转让来执行期股计划,行权价格确定的主要依据为每股的净资产值。一般而言,我国大多数企业每股净资产的账面值都远低于市价,但股票作价以较低的价格为基础,似乎并不能很好地实现预期的激励结果。对于期权的行权价格,如果存在比较完善的资本市场,二级市场的股价可作为价格的制定依据;若资本市场仍处于发展初期,股价不能很好地反映企业的真实价值,此时制定行权价格就不能只考虑股票价格,还应将利率水平、企业每股净资产值、行业的发展潜力、企业真实的投资价值、通胀、宏观商业波动周期等因素综合参照在内。

(3)准确界定收益人范围比较困难。

在期股期权的发展初期,公司的高管是其主要的受益人。近年来,受益人范围呈持续扩大态势,从企业高管扩大至本公司、所属母公司或子公司(此处,子公司是指所属母公司共持有普通股股份的比例超过该公司在外发行股票总额的50%,拥有绝对控股权)的全体员工。吴忠仪表提出的期权、期股计划在初期受益仅惠及公司决策层、高层管理者、研发主力和关键岗位的职工,并由董事会依据员工是否对企业价值的增加做出较大贡献的原则来确定具体人员范围。但这一原则并不能真正在实际操作中帮助划分主次或衡量关键与否。那么,如果由董事会确定相应的标准尺度,吴忠仪表模式极有可能会成为企业高层权力之争的新工具。此外,对为公司提供价值的普通职工和子公司管理者来说,变革后的激励机制可能会带来收益上的极度不平等,因此可能会反对企业改制,甚至在极端心理的作用下("我劳动,他得益"),激励机制会适得其反。鉴于此,受益对象的范围必须扩大,通过设计划分合理的受益等级来扩大激励对象,以顺利实现改制。

(4)期权、期股的数量确定仍存在提升空间。

吴忠仪表首先根据一系列因素来综合确立个人综合测评系数,这些因素包括事先决定的期权计划受益总人数、利润增长率、岗位重要性、工龄和学历(职称)等,接着按考评系数来确定期权、期股发放给被授予人的数量。但在实际操作中仍需考虑更多:首先,确定考评系数过程中是否具有不可操作性或存在主观上的非公正性,例如由谁来评定考评系数,是毫无利益相干的董事会,还是委派熟悉被激励人的工作情况的特定员工,或是效仿西方国家建立本企业的薪酬委员会?其次,如何协调与把握风险收入与稳定收入的平衡结构才能实现最优的激励效果,如果风险收入占比过高,由于风险预期远(在吴忠仪表模式下行权最早也要等到第三年)再加上员工的基本收入偏低,反而会引起员工的抵触情绪;但比例过低同样不能发挥预计的激励效用,因为此时员工所获得的风险收入有可能无法弥补其为成为受益人而付出的机会成本。再次,员工薪酬的数额以及结构比例的确定不仅要考虑企业的利润和员工的付出,更要综合考虑公司的行业地位、行业特征、所处发展阶段以及行业内的平均报酬水平等其他外部因素,从而能更好地激励员工和吸引更多的优秀人才。

(5)实行期权、期股计划对公司财会水平有更高要求。

在现行的财会制度中如何体现激励计划的实施及其影响公司当期收益的程度,如何体现股权比例发生的变动所导致的股票价格稀释效应;怎样考核激励计划的完成效果,怎样衡量结果的偏离程度;财务报告和会计记录又能否及时提醒决策层调整或修正报酬计划;以及企业若使用股票回购来完成股票期权的发放,财务会计将会面临来自法律法规等诸多方面的问题,以上这些问题无论是从实践中还是理论上都给现行的企业财会制度提出了艰巨的挑战。

（6）经理人才的选择难题。

吴忠仪表模式的局限性在于它只是尝试解决高管和技术骨干等人员的激励约束难题，却不能解决选择管理人才的问题。目前，相当多国企的经营者仍是行政任命，很多尚未适应市场经济的经营环境，视野比较狭隘，没有经历市场的选拔，远不能满足激励计划的要求。因此，有必要构建完善的内部法人治理结构，建立合理的业绩考评体系，培育经理人才的市场，形成既公平又竞争激烈的人才筛选、选拔、淘汰机制，让有能者居管理职位。

（7）建立完善配套法规。

因为法规一般具有相对程度的滞后性，我国目前对期权、期股和员工持股公司受让国有股计划等的实施情况尚未出台相关的法律法规。这些计划在实施过程中需要得到哪些政府部门的许可，完成哪些审批程序，怎样合法化以及适用哪些相关税收政策等等都尚未明确，因此希望有关部门积极作为，在借鉴国际成熟经验基础上，尽快出台相关政策、法规。

二、案例使用说明

（一）教学目的与用途

（1）案例主要适用于中级财务管理课程，也适用于企业战略管理等课程。

（2）本案例的教学目的在于使学生了解激励约束机制与企业产权改制并行构建的"吴忠仪表模式"，了解"期权＋期股＋员工持股公司"模式的理论基础、具体实施方案、特色与问题等。

（二）启发思考题

（1）吴忠仪表模式设计的理论基础是什么？

（2）吴忠仪表模式的特色是什么？

（3）吴忠仪表模式实施中将面临哪些问题？

（三）分析思路

本案例的分析思路是以吴忠仪表公司并行推进产权改制和建立员工激励约束机制的模式作为切入点，重点分析"期权＋期股＋员工持股公司"模式的理论依据、特点、运作，使学生了解产权改制和员工激励约束机制并行建立的代表性模式。

（四）理论依据与分析

主要依据为期权理论、契约理论以及产权理论。具体内容参见上文分析。

（五）关键要点

了解并行推进产权改制和员工激励约束机制构建模式的理论基础、知道其内涵为"股票期权＋股票期股＋员工持股公司",据此可以总结出"吴忠仪表模式"成功的经验与未来需要解决的问题。

（六）建议的课堂计划

（1）了解吴忠仪表有限责任公司背景、并行构建激励约束机制与企业产权改制的过程。

（2）课堂讨论。

（七）案例的建议答案以及相关法规依据

建议答案见上文分析。

案例二十二
国美电器营运资本管理策略

一、案例正文

摘要:本案例尝试以国美电器控股有限公司为例,从财务管理的角度,对企业营运资本管理作出分析。企业的营运资本是企业总资本最具活力的组成部分,其运转和管理与企业的生存发展密切相关。国美电器控股有限公司的营运资本管理案例具有比较强的代表性,本案例将对其做出具体分析。

关键词:国美电器　营运资本　管理策略

（一）案例简介

国美电器控股有限公司是一家综合企业公司,在百慕大注册,香港交易所上市,公司的创始人是黄光裕,张大中为现任董事会主席。

国美电器在国内电器行业一直居于领先地位。中怡康权威数据显示,2010年国美电器销售空调600万套,同时根据中国电子商会对空调市场份额的监测,2006年以来国美电器的空调复合增长一直保持在行业领先水平,连续数年居于空调销售市场份额第一,是中国空调销售的第一渠道。

国美在连锁业化程度、经营管理水平、经营业绩以及企业文化建设等方面都在不断成熟,"成为全球顶尖家电连锁销售企业"是国美的长远战略目标,在国美正向着这个目标不断快速前进时,却受到2008年的黄光裕事件以及金融危机的影响,2009年的国美不得不重新调整战略,以优化门店网络为主,谨慎开店,关闭经营情况较差的门店。

（二）案例分析

1. 国美盈利能力分析

在净利润方面,通过将国美与苏宁进行对比发现,国美电器的净利润有所上升但上升幅度不大,总体保持了一个稳定的水平。而苏宁的净利润却一直保持了较大幅度的上升趋势。国美苏宁之间的差距从 2008 年开始逐渐拉大。具体如图 5-1 所示。

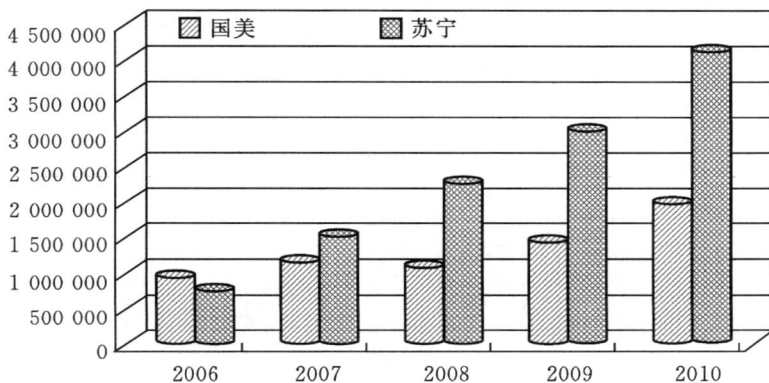

图 5-1　国美与苏宁净利润对比图

在门店数量方面,通过将国美与苏宁进行对比发现,苏宁电器营业收入稳步上升,展店工作稳步推进,至 2009 年底,门店总数已超过了国美。而国美自黄光裕被调查后,营业收入出现较大的波动,主要原因是新任领导大量关闭门店,门店的减少也致使国美的营业收入出现较大回调。具体如图 5-2 所示。

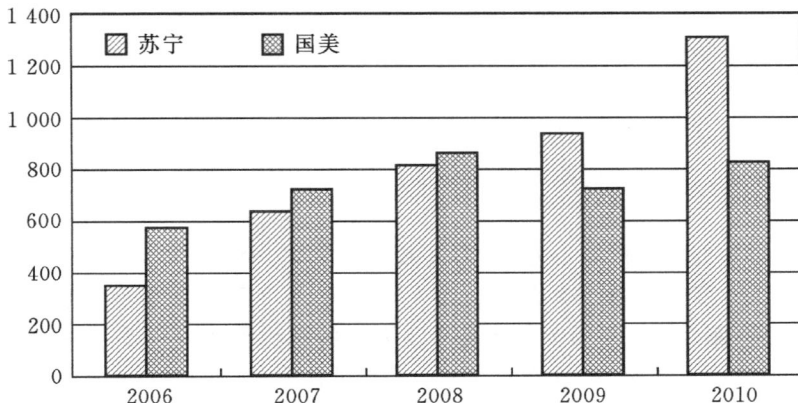

图 5-2　国美与苏宁各年门店数量对比图

在销售额方面,通过将国美与苏宁进行对比发现,国美的收入在 2007 年达到一个增长高峰,这是由于国美并购了大中和永乐,营业规模急剧膨胀从而实现收入的较高比率增长。自 2007 年年始,国美的收入增长率下降,但仍然保持着正增长。由于 2008 年年底国美电器董事局总裁黄光裕涉嫌"操纵市场"入狱,国美的总收入在 2009 年出现负增长,之后回升并实现较大创收。具体如图 5-3 所示。

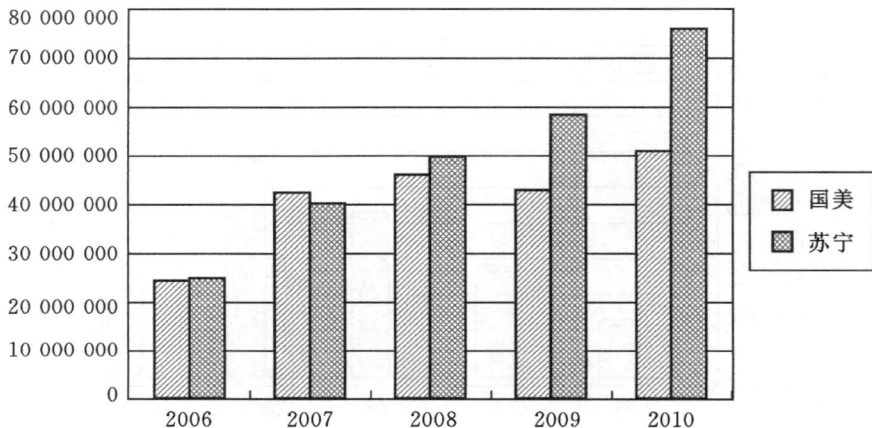

图 5-3　国美与苏宁销售额的对比

2. 国美营运资本管理分析

2008 年 11 月 17 日,国美董事局总裁黄光裕因涉嫌"操纵市场"等罪名被北京市公安局带走调查,给国美电器带来重大一击,接着陈晓上任,这个管理层的重大改变对国美的营运资金将产生怎样的影响?

黄光裕时期,国美利用销售网络与厂商签订不平等条款——3 个月回款,也就是所有商品上架后统一 3 个月后给厂家回款。因为厂家并不懂零售,他不懂单个平方的营业额,例如一台电视出厂价 1 万元,厂商是不知道具体周期是多少,是一天卖掉 1 台还是 3 台,1.1 万元价格的电视周期是多少,或者低于 1 万元的电视销售周期是多少。而这些周期数据只有零售商家才知道,所以黄光裕利用这个进行资本运作。

如一台电视出厂价为 1 万元,那么其他的零售商添加 10% 作为经营利润,一般售价为 1.1 万元或者 1.2 万元。而 1.1 万元、1.2 万元零售价格周期假设为 1 个星期的话,那么等于 1 万元或者低于 1 万元的售价周期为 3 天,这时黄光裕时期的国美,售价是 1 万元,有时是 9 500 元。通过这种销售方法,对国美来讲短期是没有产生经营利润,但是在 3 个月之内产生了大量的现金流。黄光裕利用这个周期利用庞大的现金流去投资地产、股票等其他利润更高的行业,而赚回来的钱给厂家回款,然后增加店面数量。这就是黄光裕时期的扩张。

陈晓时期的国美是通过关闭不盈利的店面数量,以及提高店面服务水平,如物流配送等来提高单位销售额。关闭店面实际上是剥离了不良资产,减少了销售网络,而流动现金流的融资是利用摊薄股东权益来进行的。

所以在商业来看,黄光裕更倾向于冒险,利用非法挪用资金来缓解现金流,而陈晓趋向于稳定,利用摊薄股东权益来缓解现金流。不能一句话概括哪个对,哪个错。如果国美股价相对被低估,那么陈晓的做法是错误的。如果股价相对高估,陈晓的做法是正确的。至于黄光裕的资本管理手法,是擦边球,利用手上庞大的销售网络要挟厂家签署不平等条款,利用迅速扩充现金流的方式,以及利用空白来进行资本运作。

3. 国美营运资本周转分析

在流动资产方面,由于构成流动资产的项目有很多,通常主要以现金资产,应收账款和存货作为研究对象。从表 5-1 可以看出,国美的流动资产结构较为合理:首先,国美的现金资产比重经历了短暂的上浮过后,逐渐下落,并趋于平稳;而苏宁的现金类资产比重却一直处于上升趋势,且上升幅度较大。其次,国美的应收账款比重一直维持在相当低的程度,而且这些年一直把持在非常低的水平,大都低于 20 万元,有些年份甚至只有 3 万元。这可能会有以下多个方面的原因。一是国美是家电零售商,做的是一手交钱一手交货的生意。另一个原因可能是因为国美在应收账款管理方面较好,收账及时。总之,应收账款少意味着国美所需承担的坏账风险小。而苏宁虽然也逐渐减少了应收账款的比重,但还是较国美高,是国美的数倍。在 2008 年前存货比重却是苏宁较占优势,因为一个企业要维持正常的营运,保留适量的存货非常有必要。2008 年后,正是由于上面所介绍的关于营销策略的改变,存货比重在逐年增长,但这并非意味着国美解决了存货的问题。

表 5-1　国美与苏宁流动资产结构比率

年份		2006	2007	2008	2009	2010
现金资产比重(%)	国美	58.41	58.50	62.34	63.70	53.22
	苏宁	40.83	54.90	61.52	72.73	56.13
应收账款比重(%)	国美	0.49	0.44	0.24	0.23	0.88
	苏宁	1.13	0.97	0.65	3.51	0.32
存货比重(%)	国美	31.51	24.10	29.61	28.07	34.41
	苏宁	42.72	25.06	28.56	20.95	27.48

具体地从流动比率和速动比率两个指标分析,根据经验,通常认为流动比率等于 2,速动比率等于 1 比较合理,国美速动比率在 1 上下浮动,较为合理,但是流动比率却都低于 1.5,虽然 2009 到 2010 年流动比率因存货的增加而有所上升,但仍只有 1.2。可见存货存在的问题,并未得到解决。具体如图 5-4 所示。

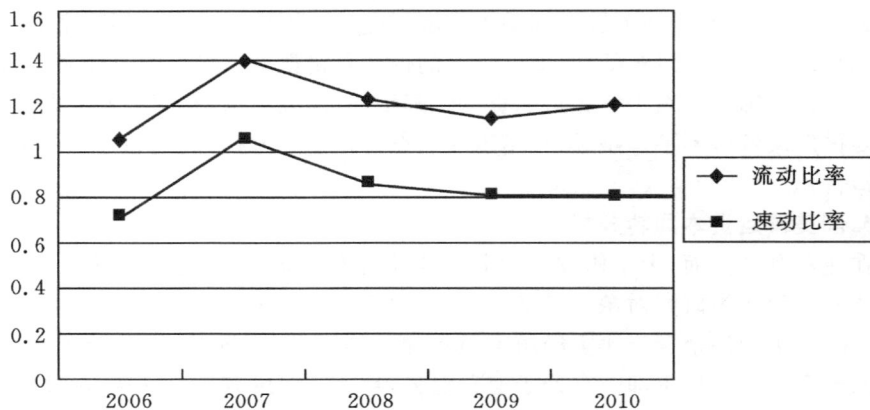

图 5-4　国美流动比率与速动比率对比

对流动负债结构比率指标的分析中发现,以 2008 年为界,各种比重都发生比较大的变化,总体上国美应付账款所占比重小于苏宁,可见其利用低成本资金的能力略低。具体如表 5-2 所示。

表 5-2　国美与苏宁流动负债结构比率

年份		2006	2007	2008	2009	2010
应付款项占流动负债比重(%)	国美	84.35	83.79	85.28	76.47	86.45
	苏宁	90.28	85.41	85.99	91.72	86.07
流动负债占总负债比重(%)	国美	93.85	83.21	80.59	86.32	91.04
	苏宁	9.91	99.90	99.78	99.06	97.89
应付款项占总负债比重(%)	国美	79.16	69.40	68.73	73.62	60.15
	苏宁	8.95	85.33	85.80	90.86	94.26

流动资产周转率指标的分析也显示出,在流动资产的利用上,国美比起苏宁有所欠缺,而国美内部矛盾的激化,导致销售收入有较大的下降。如图 5-5 所示。

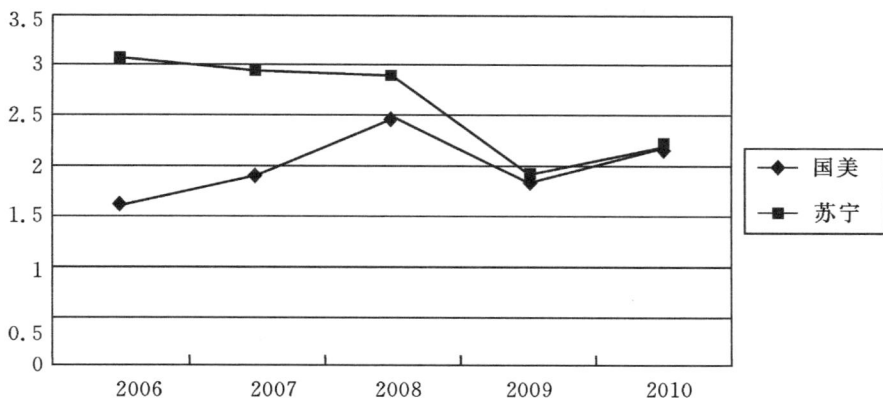

图 5-5　流动资产周转率

　　国美的应收账款周转速度非常快,在 2006—2010 年应收账款周转天数都在 1 以下,是苏宁不能比的。国美制定了基于应收账款性质区分的账龄分析和相应的计提坏账准备政策。国美的应收账款不仅在金额上逐渐减少,且账龄时间较短,过期的应收账款也有减少的趋势。这对加快国美的应收账款周转速度起到了决定性的作用,对加快国美营运资本周转速度、增强企业活力也帮助不小。如图 5-6、图 5-7 所示。

　　但是另一方面也可以反映出国美奉行较紧的信用政策,在一定程度上限制了它的销售量,影响它的营业收入。

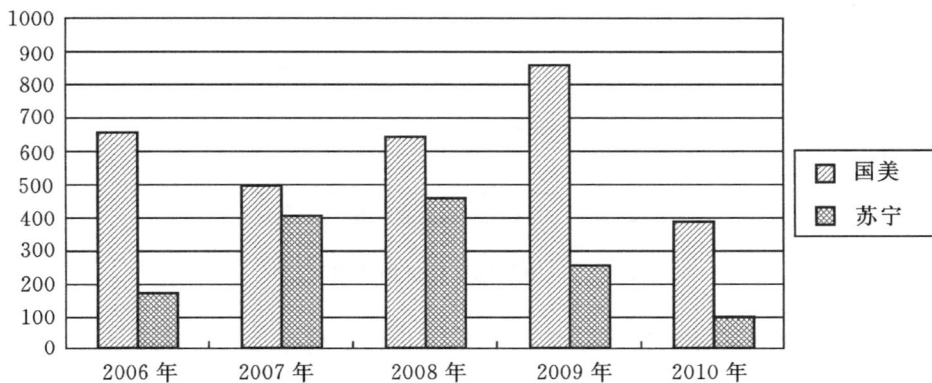

图 5-6　国美与苏宁应收账款周转率对比

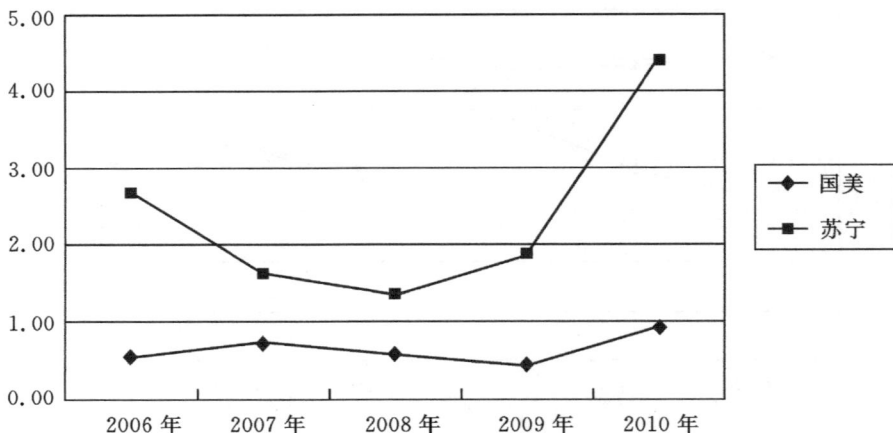

图 5-7　应收账款周转期

从图 5-8 可看出,国美的存货周转率在 7 左右浮动,原因也许和国美的存货政策有关。国美对于存货并未制定基于存货性质区分的账龄和从供货商取得的采购退换保证的一般计提准备的政策。应该从存货入手,彻底改变国美的存货管理制度,提高存货周转速度。

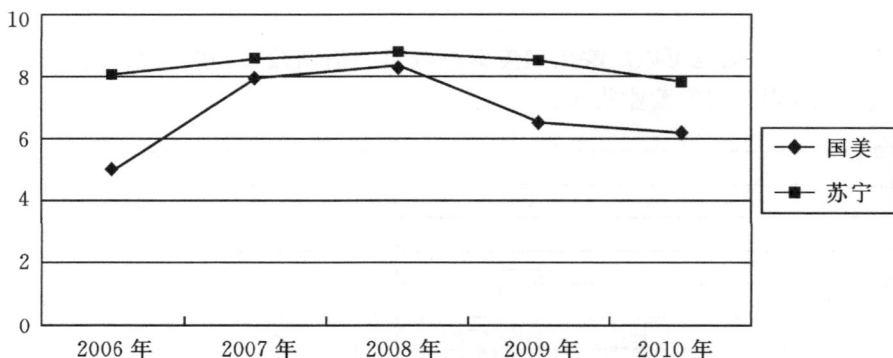

图 5-8　国美与苏宁存货周转率对比

在应付账款周转速度指标分析中发现,苏宁的应付账款周转速度比国美快了一倍。这表示国美可以比苏宁更慢地支付货商的货款,并将该项资金用于存货周转或者其他投资项目等。国美应收账款周转速度快的原因除了供应商合作外,也与自身对应付账款的管理相关。国美存在大量的应付账款,其中应付票据占应付账款总额的比重较大,占总负债的比重也较高,应付账款会存在放弃现金折扣的机会成本,而应付票据却可以避免这种损失。虽然国美应付账款的还款期都较近,但是这一大笔的短期融资却为国美的营运资金快速周转提供了保障。具体如图 5 - 9 所示。

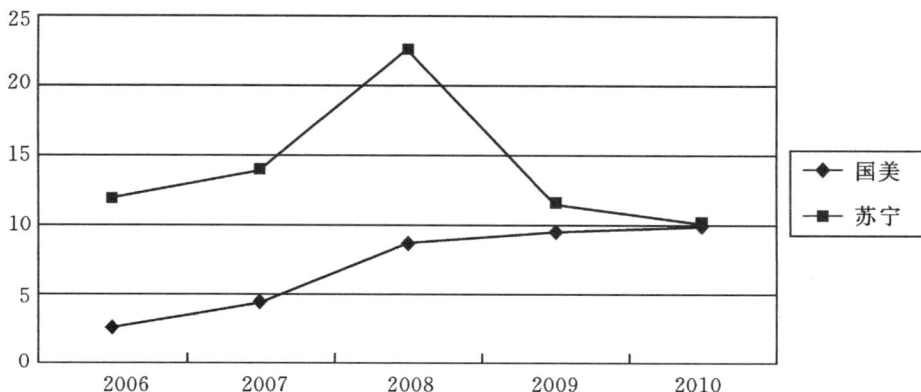

图 5 - 9　国美与苏宁应付账款周转率对比

在营运资本周转期分析中发现,2008 年以前,国美应收账款的周转速度较快而应付账款周转速度较慢,综合存货周转速度、应收账款周转速度、应付账款周转速度的基础上,国美的营业资本周转速度较苏宁理想。2008 年后,由于存货增加导致存货周转天数增加,陈晓实行较为宽松的信用政策导致应收账款周转天数增加,总体上营运资金周转期超过苏宁。具体如图 5 - 10 所示。

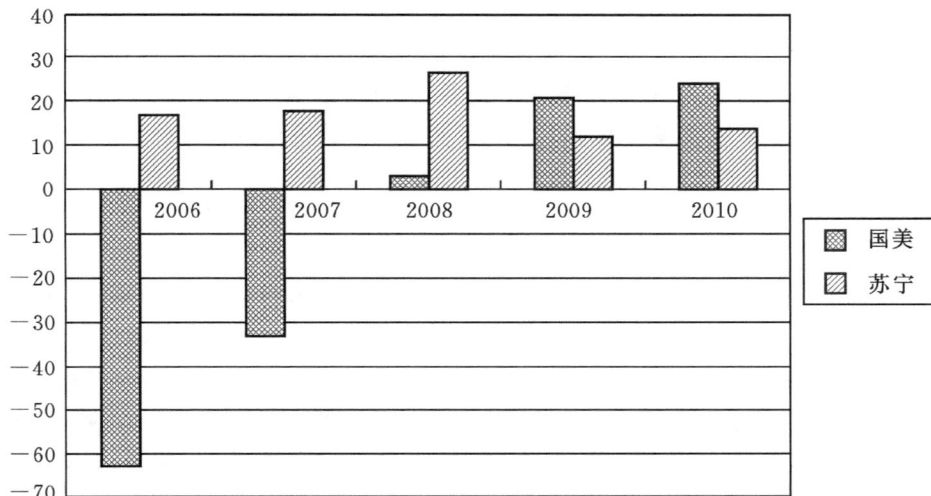

图 5 - 10　国美与苏宁营运资本周转期对比

4.陈晓带领的管理层对国美电器发展的影响评价

上述分析可以看出,自 2008 年以后国美销售收入增长速度远低于苏宁,盈利能力与苏宁相比差距巨大,营运能力也逐渐落后于苏宁,很多重要指标国美电器都落后了,如此看来,作为目前国内最大家电连锁渠道商,国美电器的现状着实令人尴尬,但客观地讲,这其实与大股东黄光裕被捕入狱是不无关系的,但陈晓做到今天这个份上,到底是否就令人满意了呢? 这也还不好说。

(1)国美的财务问题。

从以上对于营运资本结构和周转各项指标的对比分析出,国美的资产周转相对于苏宁较慢,这可能与国美"外延式"的扩展方式有关。国美在短期内进行的大规模扩张,一定会造成资产增长超过营业收入的增长,因此使资产周转减缓并且周转率偏低。对此,国美应该加强应收账款、存货等营运资产的管理,提高企业的营运能力。其次,国美应该积极修改存货政策,制定新的存货管理制度,提高存货周转速度。对于存货国美没有制定按存货性质划分的账龄分析的计提准备政策。

(2)国美的内在问题。

①"类金融模式"死循环。

所谓的类金融模式是指零售商和消费者用现金交易,与此同时对上游供应商延期几个月支付货款,造成账面上存在大量长期浮存现金,同时形成了"规模扩张—销售规模扩大带来账面浮存现金—零售商占用供应商大量资金用于规模扩张或转作他用—规模进一步扩张使零售渠道价值提升,带来更多的账面浮存现金"这样的资金内部循环体系。对于国美而言,供应商就如同一座大厦的钢筋骨架,大厦盖得越高,这个骨架就要越坚固,否则就可能倒塌。过去零售商很强势,特别是国美,表面上看来,零售商占压着供应商的资金,占有几十天的结算周期。实际上,现在供应商以返利的模式,对商品报出了过高的供价,以至于在一部分商品上,供价和零售价已经不掌握在零售商手里。现在这种所谓的类金融模式已逐渐被供应商抹杀掉。而且国美经历了黄光裕危机后,仍处于极力修好与供应商关系的阶段,要突破该类业务模式,存在很大难度。

②过度开店超出区域性市场承载力。

区域市场承载力超负荷是国美这些年的发展模式沉淀下来一些问题,其中最重大的就是过度开店,超出了区域性市场的承载力。在中国经济高速发展的大背景下,企业更加重视规模的增大。特别是在前几年,国美通过快速自主开店、兼并收购等方式,成就了现在的市场地位,但也让一些问题凸显。通常,在一些成熟国家和地区,每个城市经营电器的商场只有三十几家。但在国内,仅国美和苏宁两家企业,在北京和上海的店面就高达 150 家,过去几年店面的扩大过于紧密。在这两个城市,一定不是比谁的规模大,而是比谁的单店经营得好。

经过分析发现,国美在其店面高速扩张背后,其成本的增长已经远高出了利润的增长,甚至出现了大幅度负增长的情况,该问题在2008年底2009年得到了充分的体现。

先止血,再造血!——将存在亏损和无法盈利的门店关闭,减轻公司的财务压力,这对缓解现金流危机也是一个积极手段。

虽然目前国美需要解决的问题还有很多,但是在长期来看其发展的空间还是很大的,虽然其营运资金管理暂时不如苏宁,但是相信在管理层妥善地处理下,"在2015年前成为备受尊重的世界家电零售行业第一"这个愿景还是有可能实现的。

(三)课堂讨论

(1)什么是企业营运资本? 如何加强营运资本的管理?

(2)国美电器营运资本管理有什么样的特色?

二、案例使用说明

(一)教学目的与用途

(1)案例主要适用于中级财务管理课程。

(2)本案例的教学目的在于使学生了解企业正确管理营运资本的重要性和途径,加深对营运资本的分析与管理的认识。

(二)启发思考题

(1)国美管理层的重大改变对国美的营运资金产生了怎样的影响?

(2)国美营运资本管理的状况如何?

(3)国美存在哪些财务问题和内在问题?

(三)分析思路

本案例的分析思路是以国美电器控股有限公司的营运资本管理状况作为切入点,对企业营运资本进行详细的指标分析,重点分析企业的盈利能力、流动资产结构比率、流动比率、速动比率、流动负债结构比率、流动资产周转率、应收账款周转率、存货周转率、应付账款周转率、营运资本周转期等财务指标,使学生了解企业营运资本管理涉及的财务指标,并能运用财务指标进行营运资本管理。

(四)理论依据与分析

"营运资本"的概念有狭义和广义之分。

广义营运资本又称总营运资本,是指企业投放在流动资产上的资产总额,狭义的营运资本是指某时点企业的流动资产与流动负债的差额,即净营运资本。从财务管理的角度看营运资本,单纯的流动资产和流动负债的绝对值并没有太大的研究价值。因此，一般来说我们认为营运资本就是狭义概念的净营运资本，即：

$$营运资本＝流动资产－流动负债$$

营运资本管理是指以控制企业经营活动的现金流量为核心的一系列管理活动的总称。营运资本在企业总资本中的地位十分重要，是总资本中最有活力的部分，因此营运资本的管理和运转也关系到企业的生存与发展问题。在企业的长期规划中，科学有效的营运资本管理可以保证企业经营活动现金流量的实现，进而促进企业价值最大化目标的实现。

（五）关键要点

了解企业营运资本及其管理。

（六）建议的课堂计划

（1）了解企业背景、营运资本的分析与管理。

（2）课堂讨论。

（七）案例的建议答案以及相关法规依据

建议答案见上文分析。

案例二十三

宝山钢铁增效的财务谋略

一、案例正文

摘要：本案例以宝山钢铁（集团）公司增效的财务谋略分析企业利润的来源，从财务管理的角度分析了宝钢的政策效益、结构效益、级差效益、速度效益和规模效益。宝钢增效的财务谋略是一个具有很强代表性的案例，其经验值得推广，本案例将对其做出具体分析。

关键词：增效　财务谋略　利润

（一）案例简介

宝山钢铁（集团）公司（以下简称宝钢），是中华人民共和国成立以来规模最大的现代化钢铁联合企业，经过几十年的生产发展，国家在宝钢的原始资本净增1.2倍。宝钢是中国最具竞争力的钢铁企业，年产钢能力3 000万吨左右，赢利水平居世界领先地位，产品畅销国内外市场。2006年12月14日，标准普尔宣布将宝钢集团和宝钢股份信用等级从"BBB＋"提升至"A－"。这是目前全球钢铁企业中的最高长期信用等级，也是中国制造业中的最高等级。在全球钢铁企业中，能够取得"A－"的企业仅有宝钢和韩国浦项。宝钢连续数年跻身世界500强前列，在我国国有企业 500 强中名列前茅。2014 年至 2016 年,宝钢的净利润分别为 579 234.91 万元、94 440.51 万元、896 551.41 万元,2017 年前三季度的净利润达到了 1 166 834.33 万元。宝钢何以取得如此丰硕的成果? 原因之一就是宝钢在搞好生产、开发技术和改善日常经营管理的同时,能够审时度势,广开增效渠道,争取到可观的政策效益、结构效益、级差效益、速度效益和规模效益。

1. 政策效益

宝钢善于保持政策敏感性,抓住机会,用好、用足政策,取得了可观的经济效益。例如,为了提高企业的成本补偿度,保证企业发展有后劲,宝钢于 1994 年在企业内部开展了大规模的资产评估活动。在资产评估之前,宝钢的资产合计为人民币 295 亿元,评估后增加了约 250 亿元人民币,达到了 549.5 亿元。此外,宝钢还主动与财政部进行协商,最终保证当企业当年缴纳企业所得税不低于 19 亿元时,在评估当期可以多计提 18 亿元的折旧进行抵扣。

同时,依照国家政策,宝钢还及时提高了会计上所用的折旧率。由此增加折旧所得的资金用于一期、二期生产发展外,还为三期建设准备了资金。三期建设一时用不上时,则用于提前归还二期工程的银行贷款,仅此一项即还贷 44 亿元,不仅减少了利息支付,也相应交纳了能源、交通"两金"。又如,1993 年宝钢预测到国家外汇管理办法要与国际接轨,于是在外汇使用安排上就先花额度,后花现金,实现外汇保值,直接创汇效益 14.4 亿元。

2. 结构效益

近几年来,宝钢先后投资 10 亿元组建了 31 个公司和联营厂,实行控股、派人经营。其中,100% 控股的全资公司 4 家,持股 50% 以上的控股公司 13 家,其余为持股 50% 以下的参股公司。由此,宝钢由投产初期的单一生产企业向多元化经营发展,形成集团经济的优势互补。例如,宝钢集团向鲁宝钢管厂投资 5 200 万元,控股 52%;向常州钢铁厂投资 1 908.2 万元,控股 55%,并派管理人员和财务人员进行管理。

这两个厂与宝钢 140 轧管机组的管理形成规模配套,利用宝钢的技术、管理、资金和原料,共同生产宝钢高标准的产品,以适应市场的需要。以前宝钢的 140 轧管机组生产小规格和大规格都严重影响生产能力的发挥。现在将小规格拿到常州生产,大规格拿到鲁宝生产,宝钢机组只生产效益最高、规格适中的产品,不仅达到年产 50 万吨的生产能力,而且带来了新的经济效益。

3. 级差效益

在保证产品质量的前提下,宝钢成功地选用部分不粘煤代替粘煤炼焦,即用低档煤配炼出优质焦。配煤后,煤的强度、硫分、热性能等重要指标均超过日本同类厂家,而其成本却大大下降,每年可降低成本 3 000 万元。又如,宝钢炼铁原来采用40％的巴西矿,运费很高,而南非矿与巴西矿质量接近,每吨运费却低1～2美元。于是,宝钢以17％的南非矿替代巴西矿,每年仅运费就可节约100万～200万美元。

4.速度效益

宝钢在项目建设和日常经营管理上讲求速度效益。宝钢15年时间内建完两期工程,其速度位居全国同类工程之前列。一期工程一次投产成功,一年达标,两年达产,三年超设计。二期工程热轧两年达产,冷轧三年达产。三期工程又投资600亿元,若提前一年竣工,仅利息费用就可节约50多亿元,创造的价值就更为客观。另外,如缩短产品生产周期、加速资金周转、加快新技术的开发和应用等,所产生的效益都十分明显。

5.规模效益

作为钢铁企业,宝钢充分重视生产的规模化,扎实进行基础设施建设。投产10年,一期、二期工程建成,年产钢已超过800万吨。由于生产规模增加,产量提高,产品平均成本大大降低,经济效益逐年大幅度递增。到三期主体工程建成投产时,将达到年产1 100万吨钢的综合生产能力,其经济效益更为可观。

2016年宝钢实现净利润896 551.41万元。

（二）课堂讨论

宝山钢铁采取了哪些措施来提升企业的业绩?

二、案例使用说明

（一）教学目的与用途

（1）案例主要适用于中级财务管理课程,也可用于公司战略管理等课程。

（2）本案例的教学目的在于使学生了解企业利润来源的各种途径。

（二）启发思考题

分析宝钢广开增效渠道的成功经验给了我们哪些有益的启示?

（三）分析思路

本案例的分析思路是以宝钢增效的财务谋略作为切入点,对企业利润来源进行了探讨,重点分析宝钢增效对企业利润的影响,使学生了解企业利润来源的不同途径。

（四）理论依据与分析

本案例的理论依据主要是财务管理的相关理论。

（五）关键要点

了解企业利润的来源及企业财务谋略的重要性。

（六）建议的课堂计划

（1）了解案例背景、宝钢增效的相关谋略。

（2）宝钢提升业绩的主要途径有哪些？

（3）课堂讨论。

（七）案例的建议答案以及相关法规依据

建议答案见上文分析。

第六章 股利决策案例

案例二十四
"免费午餐"与资本成本辨析——厦门国贸集团股份有限公司减资与股本扩容的思考

一、案例正文

摘要:本案例尝试以厦门国贸集团股份有限公司为例,从财务管理的角度,对企业股利决策作出分析。企业的权益资本是否是"免费午餐"这一问题对企业资本成本的确定与长期发展具有十分重要的意义。厦门国贸集团股份有限公司的股利决策案例具有比较强的代表性,本案例将对其做出具体分析。

关键词:权益资本 资金成本 股利决策

(一)公司概况

厦门国贸集团股份有限公司系经厦门市经济体制改革委员会批准,由原厦门经济特区国际贸易信托公司独家发起,于 1993 年 2 月 19 日,以定向募集方式设立的股份有限公司,公司发行股份 17 000 万股,每股面值 1 元。经厦门市财政局及厦门市体改委确认,其中国家股 7 000 万股,由原厦门经济特区国际贸易信托公司以经评估确认后可实际投入股份公司的净资产存量 141 584 402.98 元折成(另有7 000 万元作为公司资本公积金,1 584 402.98 元作为专项基金上缴市财政列入产权基金户);内部职工股 10 000 万股(发行价格 2 元,超过面值部分作为股份公司的资本公积)。1996 年 4 月 19 日召开的公司 1995 年度股东大会通过了公司董事会提出的关于减资及变更股本结构的议案,根据该方案,为了使公司现有股本结构符合《公司法》规定的发行与上市要求,公司以每股 2 元的价格购回每个股东持有本公司股份数的 60% 部分,并予以注销。减资后,公司总股本为 6 800 万股,构成为:国家股 2 800 万股,占总股本的 41.18%,内部职工持股 4 000 万股,占总股本的58.82%。经中国证监会批准,公司于 1996 年 9 月 18 日在上海证券交易所以网上定价方式向社会公众发行每股面值为 1 元人民币的普通股 1 000 万股,每股发行价 10.68 元,共募集股款人民币 10 680 万元,扣除发行费用 450 万元后,净额为人民币 10 230 万元。上述款项已于 1996 年 9 月 23 日由本次股票发行的主承销商转入公司开立的银行账户,其中 1 000 万元记入"股本"账户,其余 9 230 万元记入"资本公积"账户。

公司 1993 年至 1998 年股利发放情况如下:1993 年每股派发现金 0.20 元,1994 年每股派发现金 0.30 元,1995 年每股派发现金 0.30 元,1996 年 10 送 4 股,1997 年 10 送 2 股转增 4 股,1998 年不分配不转增。

（二）课堂讨论

1. 权益资本是否为"免费午餐"?

（1）现金股利与权益资本成本。

我国基本会计准则对资产的定义是"企业拥有或控制的能以货币计量的经济资源,包括各种财产、债权和其他权利"。《公司法》规定:有限责任公司和股份有限公司是企业法人。公司的总资产构成公司的全部法人财产,并以其全部法人财产,依法自主经营,自负盈亏。"资产＝负债＋权益"的平衡式表明,公司可以通过资本市场,从不同的来源渠道筹集资本。资产负债表右边的各个项目构成了公司的全部资本,包括流动负债、非流动负债和所有者权益。在债务资本中,应付账款、应付股利、应付工资、应交税金等科目都属于自发(自然)性融资,会随着公司经营规模的扩大而自发增加,可供公司"免费"使用。此外,公司使用短期借款和长期负债都要支付利息产生利息负担。在现行财务会计实务中,只确认债务资本成本,而不确认权益资本成本。公司支付给股东的股息红利作为使用权益资本的成本,在现行财务会计实务中是通过利润分配的方式来进行账务处理的,并没有在当期利润及利润分配表中以费用的形式加以处理,因而让人以为是免费使用的。那么,财务会计的这种处理方式是否意味着权益资本是"免费午餐"?

从理财的角度看,上述问题的答案是否定的。事实上,这种给人"免费午餐"的假象是现行财务会计长久以来坚持的以历史成本为原则,权责发生制、复式记账为基础的"三位一体"的会计模式所造成的。从理财的角度来看,无论是公司支付给债权人的利息还是对股东发放的股息红利,在本质上都是没有差异的,因为都是公司的现金流出,不同的只是会计账务处理的方式而已。现以厦门国贸集团股份有限公司为例分析说明如下:

从厦门国贸集团股份有限公司自 1993 年发行股票至 1995 年上市三年间的现金股利派发情况可以看出,如果公司向所有股东发放现金股利,则 1993、1994、1995 三年分别要向股东支付 3 400 万、5 100 万、5 100 万元的现金。当公司将这些现金作为股利支付给股东时,其实与公司向债权人支付贷款利息没有任何本质区别,都是实实在在的现金流出。即使出于某种特殊因素考虑,国有股如果放弃分配股利权利的话,公司也要分别支付 2 000 万、3 000 万、3 000 万元的现金股利给内部职工股股东。如此规模的现金流出量,就是对有盈利能力的公司来说也是一个不小的压力。因为在权责发生制下,契约实现的利润并不等于现金流量。更何况其资本成本之高,远远超出负债成本。按每股 2 元的发行价格计算,内部职工股股东得到的报酬率高达 15%,而且这 15% 是税后利润支付的。如果按 15% 的所得税率计算,相当于按税前 17.65% 的利率向公司股东筹资,远远高于当时的银行贷款利率水平。从理性的理财角度讲,与其按如此高的利率向股东筹资,还不如向银行贷款。更何况贷款利息作为财务费用还可以抵税。根据财务杠杆原理,如果公司总资产利润率高于贷款利率,则举债还可以为公司带来积极的财务杠杆作用,从而给股东带来更多的财富。由此可见,从理财的角度看,公司向股东发行股票筹集资金所发放的现金股利与公司举债所支付的利息一样,都是现金流出和负担,所不同的仅仅是财务会计的账户处理不同。因此我们不能认为权益资本是一项"免费午餐",并可无节制、无条件地予以利用。

由于受公司法和股票发行规模等客观因素的限制(或许应加上 1993—1995 年三年来资本成本和现金流量压力方面的主观体会),厦门国贸集团股份有限公司在 1996 年上市之前,做出并通过了减资及变更股本结构的议案,将公司股本结构作了相应调整,公司以每股 2 元的价格购回每个股东持有本公司股份数的 60% 部分,并予以注销(具体见前述"基本资料"部分)。这一减资方案为公司理财带来了诸多便利。一方面,在一定程度上减轻了公司资本成本和现金流量的压力;另一方面,以更高的价格(或更少的股数)筹集一定金额的资金,降低了公司的资本成本水平,同时为以后的利润分配增添了空间。

(2)股本扩容与权益资本成本。

有人认为,股份有限公司股票上市后,只要通过送股或转增等非现金股利形式发放股利,就可以达到免费使用权益资本的目的,因而,权益资本是一种"免费午餐"。答案果真如此吗?非也!表面上看,通过送股或转增股的方式发放股利,公司并没有实实在在的现金流出,从而可以不必承担任何负担。但无论是送股还是转增股,其结果都是公司股本规模随之扩大。并且在将来任何时候,如果公司要发放现金股利,那么现金股利的计算基数也会随着股本规模的扩大而增加。因此,公司并没有真正的不必支付任何代价而免费使用权益资本,其实质仅仅是打一个"时间差",即将现金股利的支付时间往未来推移,"以时间换取生存空间"。在国家证券监管部门对上市公司现金股利发放尚未出台有效监管措施之前,上市公司利用送股或转增的非现金股利分配方式进行股利分配,确实可以为公司争取一定的时间,但这并不意味着公司就此可以永久性地免费使用权益资本。现以厦门国贸集团股份有限公司为例分析说明如下,随着公司送股或转增,公司股本也随之增大,由原来的 7 800 万股分别增加到 10 920 万股和 17 472 万股。如果每股发放 0.2 元的现金股利,则公司现金股利的发放额也将随股本的扩容而分别由 1 560 万元增加到 2 184 万元和 3 494.4 万元。由此可见,公司并没有真正可以免费使用权益资本,送股和转增所起的作用仅仅是将现金股利的支付时间往后推移。实际上,随证券监管力度的不断增大,这种做法无异于搬起石头砸自己的脚。公司盈利能力和现金流量压力这块石头的高度与公司所打"时间差"成正比关系。

2. 如何有效运用资本成本做出决策?

从狭义的角度看,公司没有"免费午餐",公司的任何长期资本都是有代价的。因此,企业为了实现理财目标,必须合理有效地使用企业资本。对此,作为企业的财务人员应该注意以下几个方面的问题:

①由于缺乏资本成本观念,企业存在大量不良资产,资金严重短缺,造成资本结构失调、恶化和企业经济效益下滑。根据财务会计成本观,费用是指企业在日常生产经营过程中发生的所有耗费(资金耗费观),而在现实中,人们也往往只注意到资金的耗费而忽略了资金占用所要付出的代价,其实在某种程度上,资金占用所要付出的代价要远远大于资金耗费。因此,现代企业要有正确的理财成本观(资金占用代价观),从观念上提高资本成本意识,充分认识资金占用要付出的代价,才能在长、短期投资决策时做出正确的选择,才能避免闲置资产过多长期占用大量资金,加快企业资金流动速度,把资金的使用效益放在第一位,合理有效地使用企业资金,进一步盘活存量资产以及优化企业资本结构。

②企业资本结构的优化,关键在于全面充分地计量企业资本成本,并在此基础上,设计合理的企业最优资本结构予以落实。优化企业资本结构不只是对资本结构进行调整,据此降低企业负债比例,而更重要的在于如何合理有效地利用企业现有资产,从而使企业资本成本降低,优化资产结构并盘活不良资产。而充分重视和合理运用资本成本观念是优化资产结构和盘活不良资产的关键。很多上市公司虽然负债比例并不高,但其效益却自上市后逐年下滑,其关键显然不仅是因为资本结构不合理,而是由于资本成本观念的缺乏或不重视,导致企业长期和短期投资失败从而严重浪费企业资产。虽然国有企业的债转股,可以在短期内降低企业负债比例减轻利息负担,但最终还是要承担股本融资的财务负担。因而,债转股其实就是使企业在成本负担上获得一个时间差,"以时间换生存空间",其最终出路还是要看企业能否提高企业的资金使用效益,能否补偿资金成本。

③要使企业的资金得到合理而有效使用,必须从考核企业业绩入手,从制度上提高人们的资本成本意识,并保证资金得到有效运用。具体来说,就是必须将资本成本因素纳入企业业绩考核范围中,避免企业出现"免费使用"资金的现象,促使企业合理有效地使用资金,真正实现资金"保值增值"的目标。

"经济增加值"作为一个财务考核指标能充分体现资金保值增值的目标。其基本公式为:

$$经济增加值 = 税后净利润 - 投入资本 \times 资本成本$$

等号右边的"投入资本×资本成本"表示保值目标,只有当经济增加值大于零,即企业税后净利润大于所投入资本的资本成本时,才算是为企业作出贡献。这种在考核企业业绩的同时考虑资本成本因素的考核制度,在一定程度上可以增强人们的资本成本意识,提高企业的资金效益,确保企业经营目标的实现。

二、案例使用说明

(一)教学目的与用途

(1)案例主要适用于中级财务管理课程。

(2)本案例的教学目的在于使学生了解企业的权益资本并非是"免费午餐",对其资本成本具有一定的认识。

(二)启发思考题

(1)权益资本是否为"免费午餐"?

(2)如何有效运用资本成本做出决策?

(三)分析思路

本案例的分析思路以厦门国贸集团股份有限公司减资与股本扩容作为切入点,对企业权益资本成本进行了辨析,重点分析企业现金股利与权益资本成本、股本扩容对企业权益资本成本的影响,使得学生了解企业权益资本成本,并能运用资本成本为企业做出决策。

(四)理论依据与分析

詹森和麦克林认为,企业的本质是合同(契约)关系,其职能是充当个人之间的一组契约关系的连接点,对企业而言,这"一组契约关系"就是劳动所有者、物质投入和资本投入的提供者、产出品的消费者三方的契约关系。企业不是个人,而是使许多个人冲突的目标在契约关系的框架中实现均衡的复杂过程的焦点。从这个意义上说,企业"行为"实际上是一种市场行为,是一个实现均衡的复杂过程的结果。其中,企业与资金所有者之间的合同关系也是一个通过金融市场作用的复杂的均衡过程。金融市场的作用在于通过金融市场的主体(金融机构)将资金从储蓄者(资金供应者)手中向资金需求者(企业)手中转移。转移的途径大体上有三种：

(1)直接转移。企业直接向资金供应者发行股票或债券，不经过任何中介机构，资金直接从资金供应者手中流向企业，证券则从企业流向储蓄者。

(2)利用投资银行间接转移。公司向投资银行出售自己的股票和债券，投资银行再将这些买来的股票和债券原封不动地转售给储蓄者(最终的投资者)。

(3)利用金融中介机构(例如商业银行)间接转移。例如，储蓄者把钱存在银行，从银行取得定期存款单，银行再将这笔钱以抵押贷款的形式借给企业。这样一来，金融中介机构购买企业的证券后，并未将企业证券原封不动地卖给储蓄者，而是创造了自己的新证券卖给储蓄者。

第一种直接转移方式在我国尚不多见，常见的转移方式是后两种。这是由于后两种筹资方式对大多数企业来说更经济有效。投资银行专门向企业提供投资服务，它们帮助企业设计新发行的证券，从企业购买证券再卖给储蓄者。虽然买卖两次，因为只涉及发行新股，投资银行的筹资活动属于初级市场。金融中介机构不是简单地在企业和储蓄者之间转移货币和证券，它们在这个过程中创造了新的金融资产。金融市场将资本的需求者和供应者联系在一起，它们的交易活动决定了资本的价格——资本成本(利率水平)，即金融市场上资本的供求关系决定了资本的价格。一般而言，利率水平和投资需求、对借贷资金需求之间存在一种反向关系：利率越高，投资需求和对借贷资金的需求越低。因此，借贷资金的需求曲线在一般情况下是一条向右下方倾斜的曲线。而资金的供给量和利率之间则存在正向关系：利率越高，供给者愿意提供的资金越多。因此，资金的供给曲线是向右上方倾斜的。资金供给曲线和资金需求曲线的交点，就是资金市场的均衡点。由此可见，企业通过资金市场融资的过程，事实上也就是一个复杂的均衡过程，企业与资金所有者之间的借贷合同关系也就是这一复杂均衡过程的结果。据此我们可以看出，这一均衡点上的资本价格也就是资本成本，它既是投资者要求得到的最低必要收益率，也是资金使用者使用资金所付出的代价。

(五)关键要点

了解企业权益资本的资本成本。

(六)建议的课堂计划

(1)了解企业背景、减资与股本扩容的实施。

(2)课堂讨论。

(七)案例的建议答案以及相关法规依据

建议答案见上文分析。

案例二十五
花旗集团股利决策分析

一、案例正文

摘要：本案例尝试以花旗集团为例，从财务管理的角度，对企业的股利决策做出分析。股利分配政策是上市公司对盈利进行分配或留存用于再投资的决策，在公司经营中起着至关重要的作用，关系到公司未来的长远发展、股东对投资回报的要求和资本结构的合理性。花旗集团的股利决策案例具有比较强的代表性，本案例将对其做出具体分析。

关键词：花旗集团　　股利决策　　案例分析

（一）企业背景

花旗集团（Citigroup）是当前世界上资产规模最大、利润最多、全球连锁性最高、业务门类最齐全的金融服务集团。它是于 1998 年由花旗公司和旅行者集团合并，在同期换牌上市的。换牌上市后，花旗集团运用增发新股集资于股市收购，或定向股权置换等方式进行大规模股权运作与扩张，并对收购的企业进行花旗式的战略输出和全球化业务整合。

花旗集团在短短五年时间里，总资产的规模扩大了 71％，股东权益增加 92％，资本实力不断提高；总收入提高 72％，利润增长 2.6 倍，表现出不凡的盈利能力；其股票在进行一次送股（每 3 股送 1 股）和 22 次分红派息（每股分红共计＄3.82）的情况下，仍然使得每股净值增加一倍，价格也翻了一倍。花旗股票和它的业务品牌一样有名，是纽约股市著名的绩优蓝筹股。2002 年英国《银行家》杂志对世界前 1 000 家银行各项指标排名中，花旗集团以一级资本 590 亿、总资产约 10 970 亿、利润约 152.8 亿美元三项排名第一，盈利水平占 1 000 家大银行总盈利 2 524 亿美元的 6.1％。花旗集团在 2003 年已经拥有一级资本 669 亿、总资产达到 12 640 亿、产生利润 178.5 亿美元，和上一年相比分别增长 13.4％、15.2％和 16.8％。在过去的 10 年中，花旗集团无论是股票价格、盈利能力还是收入复合年增长都达到了两位数字，并且盈利能力要高于收入增长。尤其让同行赞叹的是，在 1998 年亚洲金融危机、2001 年阿根廷金融危机和反恐战争等一系列重大事件的影响下，世界 1 000 家大银行的总体盈利水平分别下降 14.9％和 29.7％，但花旗集团却分别达到了 3％和 4.5％的盈利增长水平，这充分说明了花旗集团具有非凡的抗风险能力。

（二）案例分析

1. 花旗集团股利决策分析

由于巨额房地产贷款损失和一些其他问题,花旗集团于1991年宣布暂停支付股利。银行监管者也迫使银行暂停支付股利,直到其资本复原。到1993年,花旗集团的状况大为改善。

从1990年末到1993年初,该集团控制的资本从160亿美元上升到235亿美元,并且其第一层杠杆资本比率达到6.8%,因此花旗集团在1993年开始重新考虑要支付股利。在暂停股利支付前2年,花旗集团的股利分配方案如表6-1所示。

表6-1 1990—1991年花旗集团的股利分配方案

季度	股利分配方案（美元）	季度	股利分配方案（美元）
1990(1)	现金股利0.405	1991(1)	现金股利0.25
1990(2)	现金股利0.445	1991(2)	现金股利0.25
1990(3)	现金股利0.445	1991(3)	现金股利0.25
1990(4)	现金股利0.445	1991(4)	暂停支付

花旗集团1988—1996年的每股盈余如表6-2所示。

表6-2 花旗集团1988—1996年每股盈余 单位:元

年份	1988	1989	1990	1991	1992	1993	1994	1995	1996
每股盈余	4.87	1.16	0.57	−3.22	1.35	3.53	6.00	6.50	7.50

花旗集团在重新确定现金股利时需要考虑可比同类银行的股利政策。表6-3提供了它所考虑的一些信息。

表6-3 花旗集团可比银行的有关信息

银行	净值与资产比率（%）			股利支付率（%）			股利收益率（%）
	1991	1992	1993	1991	1992	1993	
花旗银行	4.4	5.2	6.5	—	—	—	—
纽约银行	7.4	8.6	8.9	131	36	32	1.7
美国商业银行	7.0	8.6	9.2	25	31	29	4.1
银行家信托公司	5.3	5.3	4.9	34	33	26	5.1

银行	净值与资产比率(%)			股利支付率(%)			股利收益率(%)
	1991	1992	1993	1991	1992	1993	
大通银行	5.5	6.8	8.0	38	35	63	4.1
化工银行	5.2	7.1	7.4	955	31	·24	4.2
摩根银行	5.9	6.9	7.4	36	32	29	4.3
国民银行	5.9	6.6	6.3	195	33	33	4.0

注:股利收益率＝4×最近一季季度股利/每股价格

2. 计算 1990 年花旗集团的股利支付率

1990 年花旗集团平均现金股利＝(0.405＋0.445＋0.445＋0.445)÷4＝0.435(美元)。

1990 年花旗集团股利支付率＝0.435÷0.57＝76.32%

3. 判断花旗集团在 1991 年的第一个季度要削减股利,当时它是否应当暂停股利支付

因花旗集团 1989 年起其盈余就大幅下降,每股盈余 1989 年为 1.16 美元,1990 为 0.57 美元,1991 年开始出现亏损,且其产权比率在同行业中最低,仅为 4.4%(最低要求为 4%),而同行业平均数为 5.825%。在这种情况下,花旗集团的确应该考虑暂停支付现金股利,以使集团资本得以复原,降低财务风险,扭转经营不利局面。

4. 计算 1992 年和 1993 年可比银行的平均股利支付率

1992 年可比银行的平均股利支付率＝(36%＋31%＋33%＋35%＋31%＋32%＋33%)＝33%

1993 年可比银行的平均股利支付率＝(32%＋29%＋26%＋63%＋24%＋29%＋33%)＝33.71%

5. 花旗集团在 1994 年春季宣告发放现金股利时,分析市场的反应及信息传递的可信度

花旗集团的股票将出现利好反应,股价有可能上扬,其股票交易量上涨,交易活跃。

这一信息传递很可信,因为据预测花旗集团 1994 年的每股盈余将高达 6.00 美元,集团的产权比率因盈余大增也会得到提高,将高于 1993 年末的 6.8%,资本结构更趋合理。发放现金股利也提升了公司在市场上的形象,使投资者对该公司重拾投资兴趣,投资者的增加将直接导致股票价格的上升。

6. 假定花旗集团的股票价格为 39 美元,如果该公司希望它的股票能提供"平均股利收益率",计算它应宣告的每季股利

每季股利＝平均股利收益率×每股价格÷4
   ＝(1.7%＋4.1%＋5.1%＋4.1%＋4.2%＋4.3%＋4.0%)÷7×39÷4
   ＝3.83(美元/股)

7. 建议花旗集团应采用的股利支付率

建议花旗集团采用不高于可比银行的平均股利支付率,即 33% 以下。因为企业应该通过股利政策的制定与实施,体现和实现以下目的:

(1)保障股东利益,平衡股东间利益关系。

(2)促进公司长期发展。

(3)稳定股票价格。综合来说,企业股票市价上涨,使企业未来发展的基础扎实、资金雄厚。

(三)课堂讨论

(1)影响股利政策的因素有哪些?

(2)企业应如何制定股利政策?

(3)不同的股利政策对企业和投资人有什么不同的影响?

二、案例使用说明

(一)教学目的与用途

(1)案例主要适用于中级财务管理课程。

(2)本案例的教学目的在于使学生了解企业股利分配方案设计内容,以及决定股利分配方案的分析过程。

(二)启发思考题

(1)1990 年花旗集团的股利支付率为多少?

(2)为什么花旗集团在 1991 年的第一个季度要削减股利,当时它是否应当暂停股利支付?

(3)1992 年可比银行的平均股利支付率为多少? 1993 年呢?

(4)你认为在 1994 年春季,当花旗集团宣告发放现金股利时,市场将如何反应? 这一信息传递可信吗?

(5)假定花旗集团的股票价格为 39 美元,如果该公司希望它的股票能提供"平均股利收益率",那么它应宣告的每季股利是多少?

(6)根据已有信息,你建议花旗集团采用多高的股利支付率,为什么?

（三）分析思路

本案例的分析思路是以花旗集团股利分配方案作为切入点，对企业股利决策进行了分析，重点分析企业股利决策方案涉及的重要指标以及股利政策对企业的影响，使学生了解股利政策对企业的重要性，学习如何分析和制定股利分配方案。

（四）理论依据与分析

影响股利政策的因素：

1. 法律因素

（1）资本保全的限制。要求企业发放的股利或投资分红不得来源于原始投资（股本和资本公积），而只能来源于企业当期利润或留存收益。

（2）企业积累的限制。公司必须按净利润的一定比例提取法定盈余公积金，当法定盈余公积金累计额为公司注册资本的50%以上时，可不再计提。

（3）净利润的限制。公司必须足额弥补以前年度的亏损，只有当净利润的年度累计额为正数时才可以发放股利，

（4）超额累积利润的限制。由于税差（股利收益的税率高于资本利得的税率）的存在，许多公司可以通过累积利润使股价上涨方式来帮助股东避税。西方许多国家都注意到了这一点，并在法律上明确规定公司不得超额累积利润，一旦公司留存收益超过法律认可的水平，将被加征额外税款。我国法律目前对此尚未作出规定。

（5）无力偿付的限制。为了保护债权人的利益，如果公司已经丧失偿债能力，或者会由于支付股利而无力偿还负债，那么则不能发放股利。

2. 股东因素

（1）控制权考虑。公司的股利支付率高，意味着将来发行新股的可能性加大，而发行新股会稀释公司的控制权。因此，拥有控制权的股东往往愿意保留较多的盈余，而限制股利支付，防止公司的控制权落在他人手里。

（2）避税考虑。出于避税的考虑，部分收入高的股东往往会限制股利支付。

（3）稳定收入考虑。靠股利维持生活的股东，往往会要求公司有稳定的股利支付，不支持公司保留较多的盈余。

（4）规避风险考虑。有些股东认为，当前的股利支付是确定的，而通过增加留存收益，股价会上涨，由此获得的资本利得是不确定的，存在风险，因此这些股东往往要求支付更多的股利。

3. 公司因素

（1）盈余的稳定性。盈余相对稳定的公司面临的财务风险和经营风险较小，筹集资金的能力较强，因而股利支付能力就较高；相反，盈余不稳定的公司对保持较

高股利支付率没有信心。

（2）资产的流动性。支付较多的现金股利会使公司的现金持有量减少,降低资产的流动性。因此,资产流动性本身就差的企业,不宜分配过多的现金股利。

（3）举债能力。具有较强举债能力的公司因为能够及时筹措到所需的资金,有可能采取发放高股利的政策;而举债能力较弱的公司则必须保留更多的盈余,因此往往会采取低股利的政策。

（4）投资机会。如果公司有良好的投资机会,则需要大量的资金来支持,因此往往会支付较低的股利。而如果公司缺乏良好的投资机会,此时保留更多的现金盈余会导致资金闲置,因此往往会选择多发放股利。正是基于这个原因,处于成长阶段的公司往往会选择低股利政策,而处于经营收缩阶段的公司大多会采取高股利政策。

（5）资本成本。和发行新股相比,保留盈余不需花费筹资费用,资本成本较低。从这个角度考虑,如果公司有扩大资金的需要,应当采取低股利政策。

（6）偿债需要。公司支付大量的现金股利必然会影响其偿债能力。因此公司在确定分配股利数量时,必须要考虑分配现金股利对偿债能力的影响,保证公司在分配现金股利以后,仍然有较强的偿债能力来维护公司的信誉和借贷能力。

（7）股利政策的惯性。一般而言,股利政策的重大调整,一方面会给投资者带来企业经营不稳定的印象,从而导致股票价格下跌;另一方面股利收入是一部分股东生产和消费资金的来源,他们并不愿意所持有股票的股利大幅度波动。因此,公司要保持股利政策的稳定性和连续性。

4.其他限制

（1）债务合同约束。公司的债务合同,特别是长期债务合同,往往有限制公司现金支付程度的条款,这使公司只能采取低股利政策。

（2）通货膨胀。在通货膨胀时期,公司股利政策往往偏紧。因为通货膨胀使公司资金购买力下降,维持现有的经营规模需不断追加投入,因此需要将较多的税后利润用于内部积累,这时,采取相对较低的股利发放政策是必要的。

（五）关键要点

了解影响企业股利政策的因素,掌握企业制定股利政策的方法。

（六）建议的课堂计划

（1）了解企业背景、企业制定股利政策的依据。

（2）课堂讨论。

（七）案例的建议答案以及相关法规依据

建议答案见上文分析。

案例二十六
四川长虹股利政策分析

一、案例正文

摘要：本案例尝试以四川长虹股份有限公司为例，从财务管理的角度，对企业股利决策作出分析。企业的股利政策关系着企业和投资人的利益，因此对企业发展具有十分重要的意义。四川长虹公司的股利政策决策案例具有比较强的代表性，本案例将对其做出具体分析。

关键词：四川长虹　股利政策　案例分析

（一）企业背景

四川长虹股份有限公司于 1988 年创立，公司的前身是在我国"一五"期间 156 项重点工程之一的国营长虹机器厂，也是当时国内唯一的机载火控雷达生产基地。经过几十年的发展，长虹由单一的军品生产成功转变为军民结合，成为集空调、电视、冰箱、IT、数码、网络、通讯、芯片、能源、商用电子、电子产品、生活家电及新型平板显示器件等产业研发、生产、销售、服务为一体的多元化、综合型跨国企业集团，逐步成为了全球具有竞争力和影响力的 3C 信息家电综合产品与服务提供商。在 2005 年，长虹成功跻身于世界 500 强行列，2008 年，长虹的品牌价值达到 655.89 亿元。

其主营业务为：家用电器、电子产品及零配件、通信设备、计算机及其他电子设备、电子电工机械专用设备、电器机械及器材、电池系列产品、电子医疗产品、电力设备、数字监控产品、金属制品、仪器仪表、文化及办公用机械、文教体育用品、家具、橱柜及燃气具的制造、销售与维修；房屋及设备租赁；包装产品及技术服务；公路运输，仓储及装卸搬运；电子商务；软件开发、销售与服务；企业管理咨询与服务；高科技项目投资及国家允许的其他投资业务；房地产开发经营；废弃电器电子产品回收及处理。

（二）案例分析

1. 试分析长虹最近年度的净利润和每股收益

2005 年长虹经过一系列的改革和创新之后，营业较之以前有所回升，且逐年出现增长趋势，但受 2008 年金融危机和汶川地震的影响，使企业经营状况直线下降，企业受到严重打击，2009 年以后逐渐恢复。2007 年至 2016 年长虹公司净利润基本每股收益见表 6-4。

长虹在上市之后，连续的送红股、配股，已经大大地超过了公司发展能够支撑的程度。一系列的改革见效缓慢,导致企业从电器行业的龙头进入衰败期。

表 6 - 4 长虹近年公司净利润、基本每股收益

单位:元

序号	年份	公司净利润	基本每股收益
1	2007	442 104 289.34	0.195
2	2008	262 649 694.80	0.016
3	2009	539 311 956.92	0.061
4	2010	477 311 986.32	0.103
5	2011	322 783 871.46	0.1013
6	2012	273 188 244.93	0.0705
7	2013	757 230 412.10	0.0492
8	2014	267 502 219.16	0.0128
9	2015	−1 724 531 133.46	−0.4280
10	2016	1 159 434 277.68	0.1202

2. 长虹集团近年来股利分配情况

(1)2009 年。

公司 2009 年度合并报表实现归属母公司所有者净利润为 115 806 010.59 元,母公司累计未分配利润 587 118 000.00 元。公司合并报表及母公司个别报表的盈余公积均为 3 522 356 858.03 元。公司向全体股东每 10 股派 0.5 元的现金股利。扣税后实际向股东发放股利总额为 85 419 513.9 元。

(2)2010 年。

公司 2010 年度实现归属于母公司的所有者净利润为 292 254 000.00 元,公司以 2009 年 12 月 31 日的总股本为基数,向全体股东每 10 股转增 5 股,转增后,公司的总股本由 2009 年的 189 821.142 万股增加为 284 731.713 万股,分配资本公积金 951 570 000 元。当年累积未分配利润总额为 1 048 060 000.00 元。

(3)2011 年。

公司 2011 年度实现归属于母公司的所有者利润为 406 214 000.00 元,公司 2011 年 6 月 20 日以上年总股本为基数,再度实行转增政策,向全体股东每 10 股转增 2.5 股。转增后,公司的总股本由 284 731.713 万股增加到 355 914.641 万股,分配资本公积金 1 849 880 000 元。当年未分配利润总额为 1 393 590 000.00 元。

(4)2012 年。

公司 2012 年度实现归属于母公司的所有者利润为 325 328 360.29 元,其中母公司 2012 年实现净利润 252 980 635.82 元,按 10% 计提盈余公积 25 298 063.58 元后,公司 2012 年度实现可供分配利润为 227 682 572.24 元。2012 年内未实施利润分配方案。

(5)2013 年。

公司 2013 年度实现归属于母公司的所有者利润为 512 481 605.58 元,资本公积金为 4 099 080 000.00 元,未分配利润为 1 898 280 000.00 元。2013 年 8 月 7 日发放现金股利,以 2012 年 12 月 31 日总股本 4 616 244 222 股为基数,向全体股东每 10 股派发现金红利 0.1 元(含税),共计分配 46 162 442.22 元,约占 2012 年度实现的可供分配利润的 20.27%。2012 年度公司不实施资本公积金转增股本方案。

(6)2014 年至 2016 年。

公司 2014 年至 2016 年实现的净利润分别为 26 750.22 万元、-172 453.11 万元和 115 943.43 万元。2014 年公司向全体股东每 10 股派发 0.2 元现金股利,2015 年和 2016 年公司均实行了未分配未转增的股利分配政策。

3. 评价长虹股利支付方式

为了便于对长虹历年股利发放情况形成一个连贯、整体的认识,首先将案例介绍中的有关数据进行一下整理,如表 6-5 所示。

表 6-5 长虹历年股利发放情况

公告日期	分红方案(每 10 股)			进度	除权除息日	股权登记日
	送股(股)	转增(股)	派息(税前)(元)			
2017.07.15	0	0	0.4	实施	2014.07.21	2017.07.21
2016.07.05	0	0	0	不分配	—	—
2015.07.01	0	0	0	不分配	—	—
2014.07.15	0	0	0.2	实施	2014.07.22	2014.07.21
2013.08.07	0	0	0.1	实施	2013.08.13	2013.08.12
2012.04.18	0	0	0	不分配	—	—
2011.06.20	0	2.5	0	实施	2011.06.24	2011.06.23
2010.06.22	0	5	0	实施	2010.06.28	2010.06.25
2009.07.08	0	0	0.5	实施	2009.07.14	2009.07.13

公告日期	分红方案(每 10 股)			进度	除权除息日	股权登记日
	送股(股)	转增(股)	派息(税前)(元)			
2008.06.04	0	0	0.8	实施	2008.06.11	2008.06.10
2007.06.25	0	0	0.7	实施	2007.07.02	2007.06.29
2006.04.18	0	0	0	不分配	—	—
2005.06.30	0	0	0	不分配	—	—
1998.08.05	3	0	5.8	实施	1998.08.10	1998.08.07
1997.05.19	6	0	0	实施	1997.05.26	1997.05.23
1996.06.29	6	0	0	实施	1996.07.03	1996.07.02
1995.08.16	7	0	1	实施	1995.08.21	1995/8/18
1994.06.04	2	0	12	实施	1994.06.13	1994.06.10

从表 6 - 5 中得知,2005 年、2006 年、2012 年、2015 年和 2016 年都未分配未转增,2007 年、2009 年、2014 年和 2017 年却有派发现金的情况,可知长虹选择的是低正常股利加额外股利政策。2010 年至 2011 年实施股转增政策。这种股利政策既能保证股利的稳定性,使依靠股利度日的股东有比较稳定的收入,从而吸引住这部分股东,又能做到股利和盈利有较好的配合,使企业具有较大的灵活性。这种股利政策适用于盈利与现金流量波动不够稳定的企业。

从长虹历年每股收益及分红配股方案表中可以看出,长虹上市以后每股收益几乎年年下降,同时长虹的股利政策也由分派现金变换到既不分配也不转增,由此可见在长虹股利政策决策中,公司盈利高低和股利高低是正相关的。

长虹集团曾采用零股利政策,是因为公司主营业务(彩电)的利润率由于残酷的价格战一降再降,导致长虹净利润急剧减少,同时长虹为了实现战略调整,向新的领域进军,又急需大量的资金投入,在这种两难的情况下,长虹不得不采取了零股利政策,先满足内部筹资需要。除非长虹近几年业绩突然飙升,否则长虹还将继续实施零股利政策。

长虹股利政策对其自身的影响:长虹集团的不足之处主要是股票股利发放过多,并且企业股本扩张速度过快,而当市场环境恶化,公司盈利大幅下降时,问题便接踵而来。从理论上来讲,公司资金是否充裕关系到公司股利分配是发放现金股利还是增股,但根据我国上市公司的实际执行过程明显可以看出,公司更多考虑的是今后再融资以及维护股价对股本扩张的需要,往往忽视了公司效益增长是否能保持同步,因此,大规模的股本扩张给公司业绩的提高带来了巨大的压力。

(三)课堂讨论

(1)股利政策有哪些类型?其各自的特点是什么?

(2)从长虹公司历年股利分配情况,你如何看待长虹的股利分配政策?

二、案例使用说明

(一)教学目的与用途

(1)案例主要适用于中级财务管理课程。

(2)本案例的教学目的在于使学生了解企业可选择股利政策的类型、各种股利政策的适用性和对企业的影响等。

(二)启发思考题

(1)长虹集团采用过哪些股利分配政策?

(2)长虹集团股利分配政策存在的主要问题是什么?

(3)结合现代公司治理理论谈谈长虹集团走出困境应采取的策略。

(三)分析思路

本案例的分析思路是以四川长虹股份有限公司背景作为切入点,对企业所采用的股利政策进行了分析,重点分析企业股利分配方案与企业经营情况的相关指标,辨析两者间的关系,使学生了解企业股利决策对企业发展的重要性。

(四)理论依据与分析

股利政策类型主要有以下几种:

1. 剩余股利政策

剩余股利政策认为,公司的股利政策应由投资获得的报酬率来决定。严格地讲,公司考虑从收益中得来的资金利用情况以及由此产生的股利政策,是公司的一项筹资决策。如果公司有许多有利可图的投资机会,则不应该分配现金股利,而应采用保留盈余的形式来满足这些投资机会所需要的资金。如果公司没有有利可图的投资机会,或者保留盈余超过了被采纳的投资方案的资金需要量,公司则应将其保留盈余,或将剩余的部分以现金股利的方式分配给股东。如果公司所有有利可图的投资机会所需资金总额超过了保留盈余以及优先股总额,公司则可以采取发行新的普通股股票和新的优先股的方法,来弥补投资机会的资金不足。

显然,剩余股利政策认为投资者不会计较股利与资本收益的差别。这就意味着股利并不重要,现金股利的支付额只不过是一个被动的剩余数额。即:

①假若公司投资机会的预期收益率大于投资者要求的收益率,投资者宁愿公

司保留盈余,以满足投资的需要。

②假若公司投资机会的预期收益率等于投资者要求的收益率,投资者对于利润的留存或分配则漠不关心。

③假若公司投资机会的预期收益率小于投资者要求的收益率,投资者则愿意得到现金股利而不用于保留盈余。

计算程序:

首先,确定目标资本结构;

第二,计算目标资本结构下投资所需的权益资金数额;

第三,利用现有留存收益最大限度满足投资所需权益资金数;

第四,若有剩余即可作为股利支付的来源。

①优点:保持理想资本结构,加权资本成本最低。

②缺点:股利支付意性、波动性强,是一种消极的股利政策。

2. 固定或稳定增长股利政策

利润分配时以确定的现金股利分配额作为首要目标优先予以考虑,一般不随资金需求的波动而波动。每年股利支付额固定在一个稳定水平上,较长时期内保持不变。

采用这类政策,公司必须要对未来的支付能力有良好的判断。一般来说,公司不应该确定较高的稳定股利支付额,要留有一定余地,防止公司出现无力支付的问题。

①优点:保持股利支付稳定性,稳定的股利额给股票市场和公司股东一个稳定的信息,树立公司良好形象。许多作为长期投资者的股东(包括个人投资者和机构投资者)希望公司股利能够成为其稳定的收入来源,以便安排消费和其他各项支出,稳定的股利额政策有利于公司吸引和稳定这部分投资者的投资。

②缺点:股利支付与盈余脱节。

3. 固定股利支付率政策

将公司盈余变动与股利支付相联系,体现多盈多分、少盈少分、不盈不分。公司每年都按固定比例从净利润中向股东发放现金股利,这种股利政策从企业支付能力的角度来说是真正稳定的。但同时这一政策使得公司年度间股利支付额波动较大,给外界展现出一种公司不稳定的现象,因此很少有公司会采用固定股利支付率政策。每年股利支付率固定,而股利额不固定。

①优点:有一个固定的股利支付率。

②缺点:年股利波动较大,给人一种不稳定感,股票价格起伏较大。

4. 低正常股利加额外股利政策

企业事先设定一个较低的经常性股利额,一般情况下,公司每年都按此金额支付正常股利,只有当企业盈利较多时,再根据实际情况发放额外股利。但是每年向股东支付的股利较低。

①优点:股利支付率低,企业股利支付压力小,资金成本低。

②缺点:投资人获得的股利少,不利于稳定投资人的持股信心。

（五）关键要点

了解可供企业选择的股利政策类型、知道各种股利政策的适用性,据此可以对目标企业的股利政策做出分析与选择。

（六）建议的课堂计划

（1）了解企业背景与股利分配方案。

（2）课堂讨论。

（七）案例的建议答案以及相关法规依据

建议答案见上文分析。

第七章 财务预测与预算案例

案例二十七
企业销售预测

一、案例正文

摘要：周勇的公司是一家中外合资塑料制品公司，虽然经历了市场近几年的风云变幻，但公司适时地调整财务预测决策，逐步稳定了销售水平。前期市场下行，订单减少，公司相应减产。长江流域洪水灾害对公司的生产规划形成了短暂的冲击。通过对销售市场的变化进行积极的预测研究，根据市场情况调整财务预测决策，成功地增加了公司的销售业绩。

关键词：销售预测　销售策略　案例分析

（一）案例简介

企业的诞生依赖于投资者的资本投放，而企业的生命力则依赖于销售。当企业由建设期转入经营期之后，销售所产生的现金流量将是企业财务循环能否顺利进行的关键。由此看来，将企业销售收入理解为企业肌体中的动脉血是恰如其分的。在当今市场竞争环境中，利用销售渠道的造血功能比利用银行贷款的输血功能更为有效，这也是当前企业财务所急于解决的问题。

毕业于某名牌大学的周勇年仅23岁就放弃了稳定的大机关工作机会，来到一家中外合资塑料制品有限公司做财务主管工作。刚到企业时，公司还处于施工建设阶段，用他的话说就是大把大把的资金投入和没皮没脸地向银行借款。在既定的投资规模已经超过计划的20％的情况下，企业的出资者与银行都为此捏了一把汗，谁也无法预料公司未来的财务前景，但公司却走出了一条"人算不如天算"，"天算还需人算"的坎坷之路。

1. 人算不如天算

当公司筹建期结束经营期刚刚开始的时候，公司所生产的塑料编织袋仅限于满足少量的外商订单。由于年生产量仅为 8 万条,还达不到保本销售 10 万条的要求,公司一年就亏损了 40 万元。正当公司准备调整产品结构,生产国内市场所需要的小型编织袋时,国际市场上的产品需求量却大增,公司在两个月内就接受了 30 万条编织袋的订单,足够企业满负荷干上一年。产品的价格也提高了 20%。在这种突然降临的"馅饼"面前,企业开足马力,当年盈利 200 万元,弥补了上年亏损之后尚累计盈余 160 万元,银行的流动资金贷款也到期足额偿还。正当企业高奏凯歌加班加点拼命完成任务之际,东南亚金融风暴突然袭击中国周边国家,公司的主要客户——日本和韩国的订货商——经受不住打击,纷纷缩减订货量,其外销价格也下浮了 25%,企业处于保本经营的危机当中。于是,公司不得不重新调整产品结构的方案,拿出主要精力研究国内客户的不同需求,采用微利经销的方式来加入国内市场的竞争;同时,密切关注国际市场的变化,等待金融危机的结束。但是"人算不如天算",亚洲金融危机不但没有结束,而且还波及世界各地。正当公司一筹莫展,并准备拍卖办公楼以归还银行贷款的时候,中国的长江流域和嫩江流域发生了特大洪水,百万军民奋力抗洪,千里大堤急需塑料编织袋这种抗洪抢险物资。公司仓库积压的存货一夜之间被收购一空。国家经贸委下令公司满负荷生产。正所谓"人算不如天算"。

2. 天算还需人算

中国百万军民谱写了一曲用血肉之躯战胜洪魔的慷慨悲壮的英雄赞歌,周勇所在的公司也在为此做出了让利的贡献。公司管理当局深知,公司产品的长远销售市场仍是国际客商,来自抗洪抢险第一线的需求仅仅是临时性的。公司要求财务部与销售部迅速拟定销售规划,这也是企业债权人——银行——的要求。

面对短短几年来公司在销售环节中所表现出来"人算不如天算"的风云变幻,周勇经过长期冷静的思考,归纳总结了公司在产品销售环节的"三性并存",即他认为肯定性、风险性以及不定性同时存在于产品销售环节。同时,为了使公司管理当局确信销售预测的结果,周勇组织财务部门人员搜集了自公司经营以来有关销售的各种资料,包括直接的和间接的,并会同销售部门的工作人员对这些历史资料进行充分详尽的分析研究;对于同企业保持良好合作关系的客户进行了广泛、准确的资信调查,对所获取数据资料的可用性进行了鉴定。然后,尽可能采取客观的态度,实事求是的对未来销售的可能事态的假设做出鉴定。最后,做出一张销售类型及年销售分析表,上报公司董事会。

(二)课堂讨论:对公司的销售情况进行预测

销售类型及年销售分析表的格式与内容如表 7-1 所示。

表 7 - 1　销售类型及年销售分析表

销售类型	概率	可预测性	国际客户		国内客户	
			客户名称	订货量	客户名称	订货量
肯定型	1	可预测	韩国 A	5 万条	甲公司	1 万条
			韩国 B	1 万条		
			韩国 C	1 万条		
风险型	0~1	可预测	日本 A	2 万条	乙公司	1 万条
			日本 B	2 万条	丙公司	0.5 万条
不定型	0~1	不可预测	新加坡		国家部门	
			其他		其他	
合计				11 万条		2.5 万条

根据表 7 - 1 预测的结果说明,公司每年的稳定销售量可达 13.5 万条。如按当前不利的市场价格水平确定每条的贡献毛益额为 5 元,则可实现利润为:

$$5 \times (135\ 000 - 100\ 000) = 175\ 000(元)$$

由此可见,公司的销售形势并不乐观,要改变微利经营的现状,必须采取积极的销售策略。所以,公司管理层基于周勇所提供的"销售类型及年销售量分析表"的分析结果,提出"行销观念",以改变过去的"销售观念"。新的观念指出,以往的坐等客户上门的消极销售行为必须被改变,企业销售部应该主动到公司客户那里征求意见,主动去市场上调查。公司由总经理亲自出马,先后两次赴日本、韩国进行东南亚国际市场的调查和听取客户意见。对外商在生产产品质量方面的特殊要求也尽量给予充分满足。经过两个月的主动出击,依靠企业雄厚的资本实力以及稳定可靠的产品质量,企业不仅在韩国和日本争取到了新客户,而且,原有的"风险型"客户都与公司重新签订了购货合同。公司客户实现了不定向型向风险型转化,风险型又向肯定型转化的良性发展势头。在此基础上,公司第二次拟定了销售类型及销售量分析报告。有关数据如表 7 - 2 所示。

根据第二次销售预测分析报告的可靠销售量结果,企业未来年度的销售量最低为 18 万条,据此,计算可实现利润如下:

$$5 \times (180\ 000 - 100\ 000) = 400\ 000(元)$$

虽然公司已经下大力气开展了广泛的推销活动,但终究是在国内市场不太景气的客观环境下,企业尚未实现满负荷运转的产销量,加之市场价格不振,与企业历史最高盈利 200 万元相比仍相差甚远。但公司管理当局讨论通过了这个预测分析报告,并指令财务部的周勇按照 18 万条编织袋的销售规划编制公司年度财务预算。

表 7 - 2　销售类型及销售量分析报告

销售类型	概率	可预测性	国际客户		国内客户	
			客户名称	订货量	客户名称	订货量
肯定型	1	可预测	韩国 A	5 万条	甲公司	1 万条
			韩国 B	1 万条		1 万条
			韩国 C	1 万条		0.5 万条
			日本 A	2 万条		
			日本 B	2 万条		
风险型	0~1	可预测	韩国 D	2 万条	乙公司	0.5 万条
			日本 C	1 万条		
			新加坡 A	1 万条	丙公司	
不定型	0~1	不可预测	新加坡 B		国家部门	
			其他		其他	
合计				15 万条		3 万条

　　周勇深深地体会到,一个企业能否及时准确地把握市场变化的趋势和客户的需求动向,将对企业的成败造成直接影响。面对销售市场的瞬息万变,公司如果能够做到积极预测,而非消极观望,通过重新计划安排生产以寻求更多的生产利润是完全有可能的。企业能否对销售进行预测,一方面不仅代表着管理者的管理水平,另一方面也反映着行销观念能否在企业得到贯彻执行。

　　自 2013 年以来,我国的经济进入了"新常态",产业结构调整也被放到了更加重要的位置,为了进一步适应生产力的发展,"行销意识"必须深入每一位企业经营者的内心:定期通过市场反馈的信息检查企业的产品政策。如果有的产品注定要被淘汰,就要有壮士断腕的勇气果断放弃这种产品,以避免犹豫不决给企业造成的经营风险。

二、案例使用说明

(一)教学目的与用途

(1)案例主要适用于中级财务管理课程。

(2)本案例的教学目的在于使学生了解企业是如何进行销售预测的,认识到销售预测对企业未来发展的重要性。

（二）启发思考题

（1）如何看待销售预测对企业发展的重要作用？

（2）销售预测常见的方法有哪些？

（3）如何看待中国企业的销售计划？

（三）分析思路

本案例的分析思路：对该企业的销售预测进行了分析，重点阐述了销售量的预测方法，同时剖析了企业进行销售预测的原因，以使学生了解企业是否进行销售预测不仅代表着管理者的管理水平，也反映着行销观念能否在企业得到贯彻执行。

（四）理论依据与分析

对产品销售进行预测是企业销售计划的重要任务之一。销售预测是对企业未来销售情况的预先估计，是对企业的产品在未来的特定时间内的销量和销售金额的预测，包括计划、预算与销售额在内的各方面与销售管理相关的工作。当然这种预测并不是空穴来风，是在综合考虑各方面影响销售的因素的基础上，结合本企业以往的销售情况，通过一定的销售预测模型提出的适合本企业的切实可行的销售目标。

（五）关键要点

了解企业进行销售预测需要考虑的因素。

（六）建议的课堂计划

（1）了解制定企业销售预测方案的方法。

（2）课堂讨论。

（七）案例的建议答案以及相关法规依据

建议答案见上文分析。

案例二十八
潍坊亚星集团公司的预算管理与财务控制

一、案例正文

摘要：潍坊亚星集团公司为了加强企业预算管理，采用了一套切合本企业实际的以财务管理为中心的企业经济运行新机制，把企业全面预算控制制度作为贯彻落实以财务管理为中心的基本制度。预算编制围绕资金收支两条线，涉及企业生产经营活动的产供销、人财物等方方面面。全面预算控制制度的实施,规范了企业生产经营活动的行为,将企业各项经济行为都纳入了科学管理轨道。

关键词:全面预算管理　财务控制　案例分析

(一)企业背景

潍坊亚星集团成立于1921年,其前身是"山东潍县裕鲁颜料股份有限公司"。如今,百年亚星已经是一家崭新的现代化企业,她的发展历程见证了中国企业改革开放的全过程。公司发展到目前,已经成为拥有两个控股子公司、三个全资子公司和十几个分支机构,全国520家、山东省200家重点企业之一。

(二)制度措施

近年来,亚星集团经过发展完善,采用了一套切合本企业实际的以财务管理为中心的企业经济运行新机制,把企业全面预算控制制度作为贯彻落实以财务管理为中心的基本制度。

1.全面预算的内容

从内容来看,该全面预算体系由八个部分组成,分别是:销售预算、资本性支出预算、产量预算、采购预算、成本预算、各项费用预算、现金预算和总预算。

2.编制全面预算的六个要点

基于预算覆盖的期间的不同,该预算体系可被划分为月度预算和年度预算两种。在编制预算过程中,坚持的要点有以下六个方面:

(1)编制预算的原则是:量入为出、先急后缓和统筹兼顾;

(2)编制预算的程序是:自上而下、自下而上和上下结合;

(3)集团年度的整体目标是编制预算的基础;

(4)销售预算是编制预算的重点内容;

(5)编制预算以企业的方针、营业目标为前提;

(6)预算指标的确定分为两种:股东大会审议批准的年度预算指标,董事会审议批准的月度预算指标。

预算编制围绕资金收支两条线,涉及企业生产经营活动的产供销、人财物等方方面面,包括每一个具体的环节。对于预算中确定的每一项指标,都必须有材料支撑,不可胡编乱造。一般情况下是根据以前相关数据总结出来的规律,经过计算得到。

3.实施全面预算

当全面预算分发到每一个部门、每一个人手中的时候,就相当于为公司上下制定了统一的行为规范,具体要做到以下几点:

第一,有效控制。针对某一具体指标,其实际发生值和预算值之间的具体差额比例由总经理确定,年度预算的比例一般控制在 4%～5% 以内,月度为 5% 之内。如果发生了意料之外的事情导致某项开支项目超过了上述比例,就需要开支该项目的部门填写申请书,阐明情况,然后逐级上报待原批准机关批准之后方可实施。

第二,建立有效的信息反馈系统。将预算实施过程中的有关信息及时向预算控制中心传递反馈,以便集团能够随时了解预算执行的动态,如果预算执行偏离了预定轨道,就可以通过分析随时获得的信息以采取有效措施来纠正这种偏差。

对于销售环节,为了控制应收账款的坏账损失率,财务部对每一客户的应收账款限额作出了规定,通过计算机统一开票,记录了公司针对每一客户的应收账款,如果超出规定额度的时候,就停止为其开票。此外,基于每天的实际情况,财务部门将分别编制每天的销售情况表和回款情况表,以及时将收入指标的相关情况向相关部门反映,从而实现有效控制。

全面预算的实施,规范了企业生产经营活动的行为,将企业各项经济行为都纳入了科学管理轨道,为提高企业的竞争实力打下了坚实的基础。

(三)课堂讨论

(1)企业全面预算的主要内容有哪些?

(2)企业预算管理和财务控制之间存在什么样的关系?

二、案例使用说明

(一)教学目的与用途

(1)案例主要适用于中级财务管理课程。

(2)本案例的教学目的在于使学生了解企业预算管理和财务控制之间的关系,并熟悉企业如何规范生产经营活动。

(二)启发思考题

(1)如何全面、科学把握全面预算的完整内涵?

(2)预算编制有哪些技巧或策略?

(3)推行和实施全面预算控制制度的前提条件如何把握?

(三)分析思路

全面预算的实施,规范了企业的生产经营活动,将企业各项经济行为都纳入了科学管理轨道,为提高企业的竞争力打下了坚实的基础。

(四)理论依据与分析

亚星集团把全面预算归纳为:"所有以货币及其他数量形式反映的有关企业在未来的某段时间内各项经济行为所要达到的目标和相关举措。"其在企业中发挥着十分重要的作用:规划企业各项经济活动在未来的某段时间内需要完成的成果;对各个部门、各位职工进行考核的基础;财务部门、公司管理层对企业的经营实行监控;企业竞争能力的提高。

因此,有些学者提出这样的观点:预算是确保集团战略目标实现的组织手段。我们认为,在一个没有预算或者预算只是形同虚设,不起真实作用的企业,企业管理就没有规范可言。

亚星集团在编制预算时的某些规定具有创新性和实用性,值得借鉴。

从本案例介绍的情况分析,以下几个前提条件需要引起大家的注意:①完善的现代企业制度和清晰的法人治理结构。②规范、严密的财务管理包括企业管理基础工作和体系。③企业高层对推行预算管理的决心大,思想统一。④坚持综合考评和动态考评。

（五）关键要点

了解企业预算管理与财务控制之间的关系。

（六）建议的课堂计划

(1)分析预算管理中可能出现的问题和相应的财务控制方法。

(2)课堂讨论。

（七）案例的建议答案以及相关法规依据

建议答案见上文分析。

案例二十九
预算考评——以人为本的企业预算文化

一、案例正文

摘要:财务预算考评是预算管理过程中对预算责任事项、实现预算管理目标的情况进行考核评价。传统的预算考评的缺点是讨价还价、预算松弛。P公司采用了掌控未来型的财务预算考评制度,启动了IIP人力投资项目,加强了预算制定和预算执行的管理。这种预算考评方式并不是十全十美的,但总体上强化了经理人的职业素养和管理能力,使企业能更好地应对瞬息万变的市场环境,增强竞争优势。

关键词:预算考评　　以人为本　　预算文化

（一）案例简介

财务预算考评是指为了达到预算管理目标,运用专门的考评指标,采用特定的考评方法,对预算管理过程中的各个责任部门和责任人完成预算责任事项、实现预算管理目标的情况进行考核评价。

一个完整的财务预算考评系统应包括以下几个构成要素:考评主体、考评客体、考评目标、考评指标、考评方法和相关的奖惩制度。

财务预算考评的程序:①建立健全考评组织机构;②制定考评实施办法;③收集考评所需的各种信息资料;④比较实际与预算的差异,区分不利差异和有利差异;⑤分析差异形成的原因,明确相关经济责任;⑥撰写考评报告,发布考评结果;⑦财务预算考评方法,包括指标法、趋势法、情景模拟法、强制比例法、评语法、重要事件法、小组评价法等。

传统的预算考评逐渐暴露出讨价还价、预算松弛等诸多弊端。于是,实务界不断地尝试着进行各种改进与完善,P公司就是其中的一员——摒弃传统的控制型预算考核,探索和使用未来型的考核制度。目前,松控制模式为P公司所倡导,所谓的松控制模式指的是企事业单位进行预算管理的重点和核心应该是对未来进行预测,以把握未来的发展方向,逐步弱化预算以往的控制作用。强调预算考评,有利于在工作中及时发现问题并进行改正。另一方面,预算考评不与个人业绩、工资薪酬直接挂钩,能够削弱员工"斤斤计较"的心理。这种机制的激励约束作用与P公司的预算文化息息相关,而这种文化正是以职业经理人为核心的"人本管理"的文化。

具体来讲,P公司的预算文化和预算考评方式包括以下三方面内容:

第一,职业经理人必备的技能之一便是预算技能。P公司所倡导的职业经理人,除了具备传统意义上所说的专业素养和职业道德以外,"自我约束"与"自我激励"的特质也是其不可缺少的。在P公司的企业文化中,所有的经理人均要具备沟通技能、预算技能与人员管理技能,否则就要进行再培训或者被淘汰。其中所说的预算技能,主要是指对未来的准确预测和掌控能力,在每月的月度分析会上得以公开展现。正是这种培养与训练人力资源的方式和良好的职业经理人制度,造就了高水平的管理人员,为公司预算管理的有效实施奠定了良好基础。

第二,IIP(invest in people,人力投资)项目支持全员参与预算。P公司认为,不但要对每一个员工的具体工作定目标,更要就该员工未来的发展方向与奋斗目标进行充分有效的沟通以达成共识。同时,在此目标明确的过程中,该员工应该承担主动角色,经理人只能担任着"从旁引导"的角色。为了更好地实现这个过程,IIP项目启动:经理层每年要保证至少有两次与每一员工的交流沟通。此高质量沟通目的有两点,第一点是为了评价员工近期的工作表现,第二点是为了帮助员工明确自身的优势和潜力,明确其未来应该达到什么样的高度,以及了解为了更好地胜任某一岗位其应该接受的培训与所必备的技能。通过此种沟通交流,公司预算目标的实现从最基层便得到了保障。

最后，严管过程的执行理念。这里必须指出，P公司所采用的松控制模式与这里所说的严格的执行观念不是矛盾的，松控制模式强调员工在具体工作时不完全受制于预算，但是在遇到具体问题时却需要"具体问题具体分析"。在P公司，涉及具体事务，并不是只要有预算就可以直接行动，而是要根据相关的政策和规定，对其可行性和必要性进行分析，以确定是否进行开支。这样就对经理人的职业素养提出了更高的要求，另一方面也锻炼了经理人，同时还能增强公司的竞争能力。由此可以看出，严格过程的执行理念并不是单方面的强调预算的刚性约束，面对瞬息万变的市场，随机应变的柔性管理理念也蕴含在其中。

（二）课堂讨论

（1）什么是预算考评制度？预算考评制度包括哪些内容？

（2）控制型预算考核模式与松控制预算考评模式有什么不同？

（3）P公司以人为本的企业预算文化有什么特点？

二、案例使用说明

（一）教学目的与用途

（1）案例主要适用于中级财务管理课程。

（2）本案例的教学目的在于使学生了解企业如何在预算管理过程中对预算责任事项、实现预算管理目标的情况进行考核评价。

（二）启发思考题

（1）P公司预算考评方式与传统考评方式相比有什么不同？有哪些优缺点？

（2）您认为P公司预算考评方式具体有哪些？

（三）分析思路

本案例的分析思路：本案例以P公司财务预算考评制度为切入点，分析了一个完整的财务预算考评制度应包括的基本要素，以及应如何制定出适合本企业的预算考评制度，规范企业制度管理。

（四）理论依据与分析

与传统的考核控制型不同，P公司的掌控未来型预算文化能够解决以下两方面问题：

（1）有利于兼顾"业绩"和"真实"。从根本上杜绝了编制预算时的讨价还价，使下级自主进行最大可能性的判断；执行中又通过严格的过程监管，促使下级追求最好的业绩结果。

（2）能应对多变的市场。P公司的预算文化强调的正是依靠职业经理人的专业判断,准确把握市场,迅速做出反应,这样才能立于不败之地。

优点:P公司这种以人为本的预算文化是掌控未来型,而非传统的考核控制型。它倡导采用松控制模式,即预算管理的核心是预测未来、把握方向,弱化预算的控制功能和考评效用。预算考评一方面有利于在工作中及时发现问题并进行改正。另一方面,预算考评不与个人业绩、工资薪酬直接挂钩,能够削弱员工"斤斤计较"的心理。

缺点:这种以人为本的预算文化太过于强调"人"。例如:

（1）要求经理人能够成为在沟通技能、预算技能与人员管理技能三个方面的专家,并且在每月的月度分析会上公开展现对未来的准确判断和预测能力。那么这种方式对经理人的能力有着很高的要求,也就是说对人才有着非常高的要求,那么一旦人才跟不上所要求的,那么这个方式开展起来就非常困难了。

（2）P公司还要对员工的发展方向进行明确的界定与有效的沟通,IIP项目更是提出:每年要和员工完成两次高质量的交谈。公司员工何其多,如果每个员工每年都需要进行两次谈话,那是需要耗费相当多的人力资源以及时间和精力的。

（五）关键要点

了解可供企业预算考核的方式和可能存在的问题。

（六）建议的课堂计划

（1）了解企业预算考核过程。

（2）课堂讨论。

（七）案例的建议答案以及相关法规依据

建议答案见上文分析。

案例三十
GH钢铁集团全面预算管理

一、案例正文

摘要:全面预算是一种公司整体规划和动态控制的管理方法,是对公司整体经营活动的一系列量化的计划安排。GH钢铁集团是浙江省最大的工业企业,长期以来,公司坚持"企业管理以财务管理为中心,财务管理以资金管理为中心"的指导思想,紧紧抓住资金、成本两个管理中心环节,追求综合效益的最优化。通过对全面预算的不断探索和实践,保证了企业资金的有序控制,为企业持续发展提供了可靠保证。

关键词:全面预算管理　整体规划　动态控制

(一)案例简介

1. 公司概况

GH 钢铁集团是浙江省最大的工业企业,拥有全资、控股企业 38 家,总资产 92 亿元,净资产 41 亿元,以钢铁为主业,并涉足国内外贸易、机械制造、建筑安装、工业设计、房地产、电子信息、环保、旅游餐饮、教育等产业。2009 年实现销售收入 73.13 亿元,实现利润 4.8 亿元,分别比 2000 年增长 19.67% 和 19.17%。长期以来,公司坚持"企业管理以财务管理为中心,财务管理以资金管理为中心"的指导思想,紧紧抓住资金、成本两个管理中心环节,追求综合效益的最优化。通过对全面预算的不断探索和实践,保证了企业资金的有序控制,为企业持续发展提供了可靠保证,虽然规模在全国冶金行业中处于第 28 位,但实现利润连续四年名列前十位,吨钢利润名列前两位。

2. 全面预算管理的基本框架

(1)预算控制组织体系。

为了确保预算的权威性以及 GH 钢铁集团整体目标与局部目标的协调统一,根据全面预算管理的特点,结合生产经营管理的要求,公司建立了集团预算委员会,由集团主要领导及各专业主管部门领导组成,下设办公室。各二级单位根据集团的有关规定设立相应的组织机构,由集团赋予相应的权限和职责。

预算委员会的日常办事机构是预算委员会办公室设立在公司的财务部门。于是,财务部门设立了承担着两大管理职能的预算成本科,即负责管理公司预算以及经济责任制的编制、分解、分析和考核。这样,一方面以往经济责任制管理方式中存在的各个部门难以实现充分沟通的缺陷得以克服;另一方面,财务部门不仅能够将预算委员会赋予的管理职能履行好,而且还能以公司的预算控制程序为准绳,切实协调好相关部门的业务关系。

(2)授权批准制度。

为了能够有效地控制企业的生产经营活动,集团上下将不相容岗位相分离制度和授权审批制度严格遵循。集团的预算管理制度指出,编制预算必须从集团的实际出发、从集团自身出发,实事求是,以便制定出科学合理的各项经济技术指标。同时,该制度对预算编制所需要遵循的各项原则、编制程序、预算调整、审批权限等各个方面均提出了明确的要求。主要体现在:集团的预算委员会由董事会领导,其成员由董事会任免;预算委员会在董事会的授权下组织公司的财务部门编制预算,协调并解决编制预算过程中出现的各种问题,并对预算方案进行审核,通过后上报给董事会进行审批;集团董事会拥有预算的最终审批权,预算经过批准后便可组织实施,这一过程由预算委员会负责;编制预算的整个过程按照"自上而下,自下而上""谁花钱,谁编预算,谁控制,谁负责"的原则逐级编制上报;集团预算的调整也必须按照严格的程序执行,逐级上报,公司重大经营方针的调整与投资活动的改变由集团董事会批准,其他项目均由集团董事会授权预算委员会作出批准。除此以外,任何单位或者个人都没有权利对预算的调整作出审批。这些制度与规定,保证了集团预算的编制和实施能够均以集团经营的总目标为中心,保证了预算过程层层审核把关,环环相扣又相互制约,使得预算责任得以分解落实,从而得到有效控制。

(3)预算管理的内容。

GH钢铁集团全面预算管理的主要内容包括损益预算、现金流量预算和投资预算。

损益预算包括销售预算、生产预算、物资采购预算、人工费用预算、制造及期间费用预算及其他项目预算。损益预算以销售预算为起点,按集团确定的利润目标倒挤出产品销售成本,然后以经济责任制形式分解、落实,达到对生产经营活动全过程的控制,以切实保障集团总体目标的实现。

现金流量预算又可称为现金预算,是在一个给定的时间段内,按时间发生的顺序对现金流入和支出所作出的预测,包括现金收入、现金支出、现金多余以及不足的计算,同时还包含多余现金的运用和不足现金的筹集方案。其是企业对现金流量进行管理的重要手段,与其他预算紧密联系。其编制的原则是:收支两条线、量入而出、确保重点、略有节余。

投资预算是根据集团中长期发展规划的要求确定预算期投资项目所需的现金流出量。投资项目所需现金流量是集团整个现金流量预算的一部分,纳入集团预算综合平衡后最终确定。

(4)预算编制的程序。

集团预算的编制一般安排在第四季度进行,表7-3列示了编制预算的具体流程:

表7-3　全面预算编制程序

时　间	管理要点	具体内容
10月上旬	预算委员会召开专题会议	(1)分析企业所面临的市场环境 (2)收集企业的生产经营相关资料 (3)剖析上年度预算编制与执行过程中出现的问题 (4)提出本年度编制预算的要求与重点

时　间	管理要点	具体内容
10月中旬	编制和平衡销售预算与生产预算，编制技术经济指标预算	(1)营销部门对公司下一年度销售数量和收入进行预测，编制销量及收入预算 (2)生产主管部门编制生产预算 (3)技术、质量部门编制技术及质量相关指标预算 (4)预算委员会或总经理召开专题会议对其进行协调与平衡 (5)对未达标预算进行修改
10月下旬	利润目标的预测	(1)财务部门编制预计损益表，上报预算委员会予以审核 (2)预算委员会对经营利润目标进行审核确定 (3)财务部门对未达标预算进行修订 (4)根据总目标，将分项预算的编制任务布置给各主管单位
11月上中旬	对分项预算进行汇总，编制总预算	(1)11月上旬，各预算责任单位分别编制分项预算，并上报给预算成本科 (2)11月中旬，财务部门对上报的分项预算进行审核、汇总 (3)各预算责任单位对未达标的分项预算进行修改 (4)财务部门进一步平衡预算，然后将总预算报给预算委员会
11月下旬	对总预算进行审核	(1)预算委员会对总预算进行审核 (2)财务部门对未达标预算进一步修改 (3)预算委员会对总预算进行审核，然后将其上报给集团董事会审批
12月上旬	公司董事会审核批准	公司董事会召开预算管理专题会议讨论预算方案，作出批准或返回修改
12月中旬	预算指标分解落实	财务部门将经公司董事会批准的预算方案，按指标分解程序分解落实到各预算责任单位

在编制整个预算的过程中，需要将以下几个方面的平衡工作做好：

①销售预算与生产预算的综合平衡。

第一步：集团营销部门首先对企业面临的市场环境进行分析预测，然后结合企业自身的生产经营能力，预测企业在下一个年度的销售情况，编制集团销售预算；

第二步：集团的生产部门结合集团的生产能力，对营销部门编制的销售预算中的各项数据(包括产品品种、规格和数量等)进行考察分析,编制生产预算,同时提出解决公司生产能力和市场需求二者之间矛盾的有效措施;

第三步:集团总经理召集相关人员,对销售预算和生产预算二者之间的出入进行平衡协调,以保证企业的生产能够顺利适应市场的需求。

第四步:销售部门和生产部门对销售预算和生产预算分别进行重新修订,报财务部。

②分项预算与总预算之间的协调一致。

总预算反映了企业的总体情况,是企业总体目标的具体化,同时它又是汇总分项预算得来的。虽然集团具有明确的预算编制方法和要求,但是在实际编制过程中,总预算和分项预算之间还会存在一定的差距,此时就需要对其进行平衡,使其能够协调一致。平衡的重点表现在三个方面:产品品种、规格和产量,资源配置,技术经济指标。进行平衡的具体步骤如下:

第一步:基于集团销售和生产预算,财务部门编制公司销售收入预算;再按产品成本的经济用途分类项目,根据预计的下年度物资采购价格对产品的生产成本进行测算,以编制完成物资采购预算和集团下年度的预计损益表。同时还需提出平衡和协调集团预计经营目标及物资采购总量和所需采购资金及资源等差异的初步方案,报预算委员会审核。

第二步:财务部根据预算委员会的审核意见修订未达标预算,并结合销售及生产预算制定集团预算编制的总体要求,以书面形式布置各预算责任单位编制下一年度分项预算。

第三步:各预算责任单位按集团预算编制要求,结合本部门实际编制分项预算,经所在单位预算管理机构批准后报财务部。

第四步:财务部汇总各预算责任单位上报的分项预算,以集团经营的总目标为依据进行总体平衡,而后编制集团下年度的全面预算方案,随后上报预算委员会审核;经过审核,预算委员会提出修改意见并且将其返回给财务部门;财务部门将再次修改后的预算方案上报给预算委员会,预算委员会对总预算进行审核,然后将其上报给集团董事会审批。

第五步:财务部将经董事会批准的预算方案分解、落实到各预算责任单位。

通过上述平衡后,各个分项预算与总预算之间协调一致,保证了集团经营总目标的实现。

③预算指标与经济责任制指标之间的综合平衡。

GH钢铁集团实行产销分离的经营管理体制,即生产部门只负责产品的生产,不负责产品的销售,产品由集团营销部门集中销售。因此,在损益预算中预算指标与经济责任制指标之间的不平衡,主要是产品销售成本与目标成本之间的不平衡。

　　在实际操作中,GH 钢铁集团已把预算管理与经济责任制管理结合起来。这两种管理方法均有其自己的侧重点:预算管理注重获得综合经济效益的最大化,而经济责任制的关注点在于目标管理。这两种管理方法也有其各自的控制方式:预算管理提倡采用全面控制方式,而经济责任制则提倡采取一整套责任会计的技术方法。然而,计价方式的不同才是这两种方法在编制预算过程中的最主要区别。预算管理中使用的价格是预测的实际价格,而经济责任制中所谓的目标成本是计划价格,是根据产品生产流程的特质,为了将成本信息尽快反映出来而采用的。可以看到,这二者之中存在差异,此时就需要按照一定的技术方法将目标成本调整为实际成本,实现二者的平衡。

　　④现金流量预算项目之间的综合平衡。

　　为了实现现金流量预算项目之间的综合平衡,重点是要实现总的现金流入量与总的现金流出量之间的平衡:

　　公司的现金流入主要是销售商品实现的货款回笼。为了保证销售货款能够及时收回,尽可能地减少公司的应收账款,GH 钢铁集团的营销策略为“款到发货”。于是营销部门的货款回笼率被要求为 100％,同时也需要据此来平衡总的现金流入量。计算方法是:

$$销售回笼现金总额＝产品销售收入总额×(1＋增值税率)$$

　　基于“量入为出,确保重点,略有节余”的十二字方针,可以实现总的现金流入量与总的现金流出量之间的平衡。平衡的重点分别是购买原材料等物资所需要的现金、进行项目投资所需要的现金、支付税金以及职工劳务报酬与预计的可支配现金之间的平衡。这些重点项目的现金流出总量需要以公司下一年度预计的现金流入总量为基础进行平衡确定,以实现集团对现金流量的有效控制和统筹兼顾。

　　⑤控制手段和形式。

　　预算既是决策的具体化,又是控制生产经营活动的依据。在预算实施过程中,管理的重心转入预算控制。按企业组织结构和经营管理特点划分责任中心,并制定不同的控制手段和形式是预算控制的前提条件。

　　GH 钢铁集团根据浙江省人民政府规定,实施了资产授权经营,以资产产权结构为纽带对企业内部进行了深化改革,在经营的总体规模上逐渐形成了钢铁主业和非钢产业两大部分,在核算体制上也分为了独立核算和非独立核算两个组成部分:其中子公司和分公司采用独立核算的方式,各个生产厂和职能部门为非独立核算实体。同时,基于各组织结构的不同特点和经营管理的需要,集团在其内部划分出了不同的责任主体,因地制宜,还为其确定了各自不同的管理方式。此外,集团还为各经营主体依其不同特点选择了目标成本、现金流量、费用定额、销售收入、利润总额等作为预算指标的分解及控制的具体形式,从而对生产经营活动实行了有效的综合控制,如表 7 - 4 所示。

表 7 - 4　预算控制手段和形式

指标形式　企业类型		核算体制	预算指标分解落实形式	控制重点指标	管理要求及措施
钢铁主业	生产厂	非独立核算	经济责任制	目标成本	对标挖潜、降低成本
	营销部门	非独立核算	经济责任制	营业收入、营业费用、现金流量、产销率	货款回收率及产销率达 100%
	职能部门	非独立核算	经济责任制	费用总额	以现金流量控制费用支出
	投资部门	非独立核算	经济责任制	投资成本与现金流量	以现金流量控制工程成本

⑥指标控制保证体系。

GH 钢铁集团实行"统一领导,分级管理"的内部管理体制。将预算管理和经济责任制管理相结合,预算的编制程序也就和指标分解程序相协调。公司实行以下两个步骤来分解落实预算指标:

第一步,基于集团董事会已经审核批准的预算所定的企业经营目标,预算委员会对其进行第一次分解,然后交由各个业务主管部门负责,接着各个业务主管部门对其进行第二次分解,交于各预算责任中心负责落实。

第二步,对于各个业务主管下达的分解指标,各个预算中心继续对其进行细分,需要适应本单位的特点,最后将经细分的指标交由各职能科室、车间、班组或个人负责落实。

此外,为了使预算的分解落实体系化、规范化,财务部带领公司的骨干采取了"先进行试点,后全面推广"的方法,同时"个人保班组,班组保车间,车间保厂部,厂部保公司"的自下而上、逐级的指标控制保证体系也在公司内部建立。这样,公司内部各司其职,同时也保证了各个责任单位的目标和整个集团总目标的协调一致。

⑦预算的调整。

预算一经制定,就具有了权威性,否则将会影响其执行效果。因此集团对预算的调整也进行了严格的规定,不仅要求预算的调整需遵循自下而上的审批制度,而且规定原则上公司的经营整体目标一经确定就不再进行调整,只对分项预算中不适应市场需求而影响集团总目标实现的部分进行调整。

例如,由于市场需求变化或产品售价波动或产品质量达不到用户要求等原因,造成集团预算的执行出现偏差,影响集团总目标的实现,则集团将作出调整产品生产工艺、产品品种结构或采取其他有效措施来调整分项预算,以便保证集团预算的有效实施。

至于调整分项预算的方法,集团一般青睐于动态调整法,即根据需要调整预算的具体形式来确定具体的调整方式。

⑧现金流量的集中控制。

随着企业深化内部管理体制改革进程的进行,传统的资金管理模式已限制了资金管理向深层次发展。GH 钢铁集团也适时调整了自己的资金管理模式,采取了对于资金的调控力度更加有效的、目标更加明确的以现金流量控制为中心的集中管理模式。

这一模式的具体操作手段是:第一,对现金流量年度总额进行控制,依据全面预算来对年度控制总额进行确定,通过分解程序对各个预算责任中心的年度总额进行确定;第二,结合集团实际的经营活动,对各个责任中心的现金流量的月度控制总额进行核定;第三,通过资金结算中心,预算控制总额将实行按日控制,如果超过了月度控制的目标,除影响公司产品质量、环保或生产经营而急需的技术改造等例外情况外,一律停止对外支付。

⑨信息反馈系统和预算的动态控制。

GH 钢铁集团通过建立有效的信息反馈系统,预算实施过程中的有关信息可以及时向预算控制中心传递反馈,以便集团能够随时了解预算执行的动态,如果预算执行偏离了预定轨道,就可以通过分析随时获得的信息以采取有效措施来纠正这种偏差。通过及时的信息反馈系统,实现了集团对预算的动态控制,进而也解放了预算委员会,使其能够将主要精力放在制定重大的经营决策及处理例外事项上面,促使预算管理方式和手段的不断创新。

预算信息的反馈是通过定期(或不定期)的业绩报告实行的。财务部通过对各责任中心预算执行结果的比较分析,根据集团制定的预算考核管理办法,每个月份都考核各个责任中心。此外,在公司的早会上,财务部都会定期将几个主要财务指标的完成情况向员工汇报,以便大家随时了解预算的执行情况,并能考虑采取措施来解决遇到的问题。

公司还建立和健全了以"公司、厂部、车间、班组"等控制体系为主体的预算指标执行结果月度分析例会制度,有效地完善了实施预算管理的监督控制体系。

(二)课堂讨论

(1)GH 公司全面预算的内容与特色是什么?

（2）全面预算对企业的发展具有什么意义？

二、案例使用说明

（一）教学目的与用途

（1）案例主要适用于中级财务管理课程。

（2）本案例的教学目的在于使学生了解企业如何通过全面预算对企业进行整体规划和动态控制。

（二）启发思考题

（1）分析全面预算管理及其在企业中的作用。

（2）您认为 GH 公司全面预算管理具体内容有哪些？

（3）分析全面预算编制程序与方法。

（4）分析全面预算执行与监督控制程序。

（5）分析全面预算差异分析与调整的步骤。

（6）分析全面预算执行的考核评价与完善措施。

（三）分析思路

本案例的分析思路：一是全面预算是一种公司整体规划和动态控制的管理方法，是对公司整体经营活动的系统安排。二是如果全面预算能够有效执行，就相当于为公司制定了统一的行为规范，同时各个部门也都有了行动目标。三是全面预算为对战略执行进行监控管理提供了参照标准，也为企业业绩评价提供了可比较对象。四是对全面预算进行管理的过程实际上就是将企业整体目标进行分解、控制和实现的过程。

（四）关键要点

了解企业全面预算管理的方式和完善措施。

（五）建议的课堂计划

（1）了解全面预算管理过程。

（2）课堂讨论。

（六）案例的建议答案以及相关法规依据

建议答案见上文分析。

第八章　财务战略案例

案例三十一
雪花冰箱与美国惠而浦合资又分手的几点反思

一、案例正文

摘要： 本案例尝试以雪花冰箱与美国惠而浦合资事件为例，从财务管理的角度，对企业合资背景、动机、结果等作出了分析。雪花冰箱与美国惠而浦合资又分手是一个具有很强代表性的中外合资案例，这一合资行为失败的原因有很多，本案例将对其做出具体分析。

关键词： 合资　企业发展战略　品牌

（一）案例简介

提起"雪花"冰箱，相信很多人都不陌生，它是我国冰箱最早的品牌之一，20世纪80年代，它在我国的家电市场上面备受关注。但是之后，"雪花"的经营状况却逐渐恶化，排名也是不断后退。在1995年2月14日西方情人节这一天，北京雪花电器集团和美国惠而浦公司"牵手"——北京惠而浦雪花电器有限公司——成立。该中外合资企业注册资本为2900万美元，美国惠而浦占60%的股权，负责经营管理该合资企业。

可以说，号称美国"白色家电"第一品牌的惠而浦具有相当强的经济实力和先进的技术，但是在合资初期，由于其并未认识到中国的家电市场正经历着日新月异的变化，惠而浦雪花的经营并非想象中的那么顺利。例如，惠而浦本身已经具有生产全无氟冰箱的技术，但是其认为中国市场暂时到不了这么高的水平，因此并没有向惠而浦雪花投入先进的技术。但是，全无氟冰箱如雨后春笋般在中国市场上出现了，并且很快被大家接受。另一方面，惠而浦雪花依旧在沿用过去的技术生产冰箱，最终导致亏损将近9000万元，惠而浦这才意识到了问题的严重性，但是损失已经无法挽回。在合资后期，为了引进当时最先进的生产设备，惠而浦投资900万美元。然而，从开始开发产品到产品被生产出来，一共经历了一年半，新生产出来的产品在市场上也根本没有丝毫的竞争力。于是,惠而浦经过一番调查评估后,决定撤资。

终于,昔日的合作伙伴坐在了谈判桌上,1997 年 11 月 8 日,双方意见达成一致:首先,惠而浦将其股权以 200 万美元的价款转让给雪花集团;第二,惠而浦需要解决惠而浦雪花的所有贷款;最后,雪花集团负责合资公司之后的所有事宜。

就这样,冰箱行业里成立最早的一个合资企业走到了尽头。面对我国日益复杂的家电市场,惠而浦雪花合资近三年期间,由于种种原因共计亏损达 2.7 亿元。而惠而浦公司经此一战,其损失也达 3 000 多万美元。

1998 年,雪花集团又与加拿大格林柯尔公司等合资成立了雪花格林柯尔电器有限公司,并对合资公司进行了一系列的改革。

(二)课堂讨论

此案例的合资方是雪花冰箱和惠而浦公司,双方的力量都不容小觑,然而合资公司却在亏损高达 2.7 亿元后走向了失败,在为之叹息的同时我们更应该进行反思。

1. 如何理解合资?

惠而浦雪花的失败,从表面上来看是没有处理好经营中所面临的问题,但是究其根本,缺乏战略管理思想才是本质原因。

美国经济学家 H. I. Ansoff 于 20 世纪 60 年代提出了"公司战略"的概念,从此,不管是学术派还是实践派,均对此进行了深入的探讨。显然,面对竞争越来越激烈的市场,以往的"走一步看一步"已经不能使企业很好的立足于社会。所有的企业管理者都需要对企业进行战略规划,明确企业未来的发展方向。在考虑合资的动机时,我们首先需要考虑的就是公司的战略。

如今,合资的现象越来越普遍,引进外资不仅能够给本地企业带来充足的资金,而且还能带来先进的管理经验和技术。但是我们应该知道,合资是为了更好地实现公司的发展战略,为了给公司股东带来更多的利益,我们不能仅仅为了"圈钱"而合资。所以管理者在考虑是否要合资时,需要考虑以下问题:合资符合我们公司的发展战略吗?合资对我们公司未来的发展有利吗?也就是说,正在考虑合资的管理者必须树立正确的指导思想,摆正自己的位置,要以主人翁的身份积极地思考合资会给我们带来什么,会让我们失去什么,而不是一味地只管接受外来"援助"。

退一步讲,"天下没有白吃的午餐"这句谚语想必所有人也都耳熟能详,外国投资者在付出大量资金、先进的管理经验和先进技术的同时,需要获得的是经营权、品牌、绝大部分收益……所以管理者必须对此加以权衡,当然所有的问题都是要围绕着"发展战略"进行。

我们现在再来讨论一下雪花和惠而浦的合资案例。通过通读整个案例,我们看不出雪花的战略方向,但是却很容易看到惠而浦的动机。最初惠而浦选择雪花进行合资,无疑是看上了中国前途一片大好的家电市场,希望扩大在中国的知名度和抢占一席之地。惠而浦最终选择退出合资,也是其战略调整的需要。盈利则进,亏损就退——惠而浦有选择地在全球进行投资经营,这也是我们国家企业急需要学习的地方。

2. 如何选择合资时机?

那么,合资的时机应该如何选择呢?我国的大多数公司均是在经营不善、持续亏损时,选择合资来寻求出路的,此案例中的雪花也是如此。偶尔遇到部分尚可继续经营的企业如果选择合资的情况,大家就会不理解。然而,这样选择时机的方式并不是明智之举。

在公司经营陷入困境、资不抵债而濒临倒闭时,公司此时是没有话语权的,自然只能在与外商谈判的过程中处于被动角色,哪里还能积极将自己的合法权益维护,更不要提中方的战略方向。然而,如果公司是在自身经营良好的情况下与外商谈判,仅仅是基于为了更好地实现发展战略而筹集资金以扩大生产规模时,此时就会处于主动地位,不仅能够实现自己合资的最初目的,而且还能依靠自己的竞争优势充分维护自己的权利。综上,以战略管理思想为指导,在自身经营状况良好、具有明显的竞争优势时选择外商进行合资才是明智之举。

3. 如何选择合资对象?

基于自己的战略需求,我们选择合资,而合资对象的选择也是决定合资能否成功的关键一环。合资公司中,合资双方不仅是合作伙伴关系,同时也是竞争关系,为了选择正确的合资对象,我们需要考虑以下两个问题:

首先,我们选择合资的最初原因就是寻求资金、技术和先进的管理经验,所以合适的合资对象必须要能够满足这个需要,这样就可以实现合资双方的优势互补。

第二,从本质上来讲,合资也属于企业运营活动的一种,那么要求合资方具有良好的信誉、较高的资信水平就显得尤为重要。从这一点来讲,本案例中雪花对合资方的选择是明智的。

选择合适的合资对象,并不是单单有了这一标准就可以,更重要的是在合资之前一定要对对方进行全面的尽职调查。这一过程可以在让对方提供自身情况的基础上,综合考虑我国驻外使馆、外商的基本账户开户行和某些企业资信调查机构提供相关报告来完成。这一点上,外商通常就做得比较好。比如最初惠而浦考虑进军中国家电市场时,就已经聘请相关机构对中国市场做过调查。外商在选择合作伙伴时十分谨慎,对比之下我们国家的企业态度却草率很多。在引进外资时往往在不怎么了解对方企业的时候就匆匆忙忙签订了协议,十分轻率和盲目,这就为以后的发展埋下了隐患。这也给了那些本来已经处于破产边缘的某些外国投资者以可乘之机,利用国外已经被淘汰或者报废的设备投资入股,又或者虚报设备的价值。1994 年我国商检部门抽检了部分外商投资设备,资料显示,这批设备的发票价值为 22.29 亿美元,而其真实价值是 18 亿美元! 我们还能继续不从中吸取教训吗?

4. 合资过程中如何保护自己企业的品牌?

随着人们生活质量的不断提高,人们对商品的关注点已经不仅仅是价格,品质、服务和款式等各种因素也影响着人们的判断和选择。良好的品牌形象已经逐渐成为企业制胜的法宝。可是在我们的许多企业经营管理者心中,依旧没有保护品牌、保护商标的意识。

"雪花"冰箱是我国最早的冰箱品牌,为大众所熟知。后因为管理体制的落后,"雪花"逐渐失去了原有的光鲜和靓丽,但是不可否认的是,"雪花"这一品牌仍然具有很强的市场号召力和影响力,还有其遍布全国的销售网络,这些都是企业非常有价值的无形资产。可惜的是,在雪花和惠而浦合资的过程中,雪花并没有对自己的品牌进行保护的意识,而"惠而浦"在中国还是一个新名词,这样不仅没有将企业已经建立的品牌利用起来,也不利于雪花本身公司战略的实现。可以说对于合资公司而言,其同时拥有中国的"雪花"和美国的"惠而浦",这本身就是巨大的宝藏,然而其忽略了当时"惠而浦"在中国的影响力还不够大,忽略了需要广告投入来让消费者认可,导致的结果就是合资公司既失去了"雪花"的形象,也没有让"惠而浦"深入人心,最终一拍两散。

原美菱集团公司董事长张巨声曾经说过,如今很多的合资公司都是由外商投资者控股的,使用的也是外国的品牌,这相当于我国企业放弃了在这一领域的投资,转而帮助外国品牌为消费者所熟知,从某种角度来看,这也成为了阻碍我国国内类似品牌做大做强的一个因素。所以我国企业应该树立品牌保护意识,尤其是在面对来势汹汹的外商投资者时,断不可轻易放弃自己好不容易积攒下来的无形资产。

5. 合资成功的关键是什么?

此问题的答案只有六个字:合心产生合力!

该案例中合资企业失败的原因还有一点很明了,那就是合资双方并没有充分的交流和沟通。我们知道,中美两国不管是在文化还是在经济上,都是有很大的差异的,在不同的环境中成长起来的两家企业文化那也是很不一样。虽然最初惠而浦在考虑是否进军中国市场时也调查了很多,但是依旧没有认识到中国冰箱市场的日新月异,低估了国内冰箱生产商的实力,没有做好充分的准备来应对国内市场上激烈的竞争,在产品决策上出现了失误。在营销管理上采用了一体化销售模式,由根本不了解中国内地的"大中华"来设计广告,再加上广告的力度不够,这一品牌也没有引起国内消费者的注意。美国人做生意靠规范，他们根本不知道什么是"三角债"，对应收账款的管理不善导致货款不能及时收回，资金周转困难。此外，还有设置的管理机构不适合中国国情、对成本费用控制不严等问题。按道理来说，已经在中国市场打拼多年的"雪花"很容易就看出其中的问题了，为什么还是这个样子呢？据中方的一位负责人介绍：我们只能提建议，当然我们也提出过很多的意见，但是基本上都被否决了，我们没有被信任。惠而浦持 60％的股份，我们只能提出建议，最终毕竟是他们说了算，如此地无奈。但信任不能凭空而来，人非草木，如果我们能首先从生活上对外方多加关心，待建立起适当的感情之后，再对其晓之以理，那时情况也许能有所改观。毕竟，双方共同的目标之一就是使得合资企业的利益最大化。

正如企业其他的经济行为，合资的成功也需要付出努力。不仅仅需要物质上的努力，也需要精神上的努力。引进资金、引进技术都只是物质方面的，"人"的因素更为重要。我们知道，合资双方是为了利益才走到一起的，这就为他们的联合奠定了基础；但是另一方面，合资双方毕竟代表了不同的利益主体，矛盾也是不可避免的，同时企业文化的不同对合作的影响力也不容小觑。所以，合资企业的设立只是第一步，整合工作也是重头戏，如何使双方通过交流沟通，"合心产生合力"最终真正融为一体才是管理者们更应该思考的问题。第一，要统一认识，管理者应该明白合资双方均是赢家，双方的目标是尽自己最大的努力把蛋糕做大做好，为企业创造更多的利润；第二，面对文化的碰撞，双方应该相互尊重，通过不断的沟通和交流，最终形成合资企业独有的文化。

二、案例使用说明

（一）教学目的与用途

（1）案例主要适用于中级财务管理课程，也可用于企业战略管理等。

（2）本案例的教学目的在于使学生了解合资，对合资具有一定的认识。

（二）启发思考题

（1）如何理解合资？

（2）如何选择合资时机？

（3）如何选择合资对象？

（4）合资过程中如何保护本企业已有品牌？

（5）合资成功的关键是什么？

（三）分析思路

本案例的分析思路是以雪花冰箱与美国惠而浦公司合资作为切入点，对两者合资失败的原因进行反思，重点分析企业对合资的理解、如何选择合资时机、合资对象以及在合资过程中如何保护自己企业已有的品牌，进而分析了合资成功的关键，使学生了解合资的时机选择关乎企业的发展战略，正确的合资选择可以为企业发展添砖加瓦，同时警惕合资过程中的各个风险点。

（四）理论依据与分析

本案例的理论依据主要是公司战略与合资经营的相关理论。

（五）关键要点

了解企业合资的选择是否符合企业的发展战略，是否能够实现双赢。

（六）建议的课堂计划

（1）了解企业背景、合资的背景以及分手的原因。

（2）课堂讨论。

（七）案例的建议答案以及相关法规依据

建议答案见上文分析。

案例三十二
阿里巴巴战略并购的动因和效应分析

一、案例正文

摘要：阿里巴巴作为我国比较有影响力的大企业，其经营战略对其他企业来说有很强的借鉴意义。本案例试图以阿里巴巴的战略并购扩张道路为例，对企业并购的动因进行分析。

关键词：企业并购　动应分析　企业战略

（一）阿里巴巴的战略活动

从理论上讲，企业的扩张战略包括一体化战略和多样化战略两种，其中一体化战略又可分为横向一体化和纵向一体化。表8-1归纳、整理了阿里巴巴近些年来的并购活动。可以看到，在其扩张的道路上，前期主要为横向一体化和纵向一体化战略，后期显露出其多元化战略的倾向。

表 8-1　阿里巴巴战略活动

战略	被并企业类型		被并企业
横向一体化战略	电子商务平台		美团网、快的打车
纵向一体化战略	上游	电子商务服务商	万网、上海宝尊、Vendio Services
		流量入口	搜索入口:雅虎中国
			娱乐入口:优酷土豆、虾米音乐
			社交入口:新浪微博、陌陌、Tango
			生活入口:口碑网、丁丁网、穷游网
			浏览器入口:UC 优视
	下游	物流公司/地图商	高德地图、海尔日日顺、新加坡邮政
		实体卖家	银泰百货
多元化战略	金融行业		天弘基金、恒生电子
	影视行业		文化中国、华数传媒
	体育行业		恒大足球

(二)战略动因

1. 横向一体化战略的动因

(1)寻求规模经济。

规模经济适用于所有行业,不过效益大小会有差别。阿里巴巴是互联网行业的一员大将,结合该行业的特点可以看到,如果阿里巴巴通过横向一体化,规模得到不断扩张,其边际成本就会不停地下降,规模是否经济的那个转折点也就会不停地被往后延,也就是说,阿里巴巴的规模经济较其他行业会更加明显。于是,阿里巴巴就具有了不断进行横向一体化的理由。

(2)保持市场敏感性,增强对市场的控制力。

通过横向一体化,企业可以扩大其在市场的占有率,不断提升其控制市场的能力。横向一体化以后,阿里巴巴"龙头老大"的位置会更加稳定,其业务范围将涉及各种电子商务模式,包括 B2B、B2C、C2C、O2O 等。其在市场中的话语权也被增强,不管是对供应商还是对分销商来说,其讨价还价的能力不容小觑。从而不仅可以改善互联网行业竞争激烈的局面,增强该行业的贸易壁垒,更有甚者可以形成垄断,使企业获得更高的利益。

（3）外因。

在 B2B、B2C、C2C、O2O 等诸多的电子商务模式中，阿里巴巴在前三种里面已经具有绝对优势，然而对于新兴的 O2O 模式，阿里巴巴还处于比较弱势的地位，因此为了保持其在市场中的竞争地位，其需要进行横向一体化，以进军 O2O 模式。

2. 纵向一体化战略的动因

（1）内因：降低交易成本。

根据交易成本理论，纵向一体化战略的实施可以节约企业的交易成本。阿里巴巴进行纵向一体化之后，就控制了上下游企业，从而使得关键的资源投入和分销渠道掌握在自己的手中，本身的市场交易被内部交易取代，大大降低了企业的成本。比如，通过对新浪微博进行控制，阿里巴巴就可以在新浪上面投放广告从而引起消费者的注意，而这一过程的成本会非常低甚至没有成本；另外，通过向下游行业扩张，例如物流公司，阿里巴巴就可以使用自己的物流为客户送货，也降低了成本。除此之外，通过纵向一体化还能够减少供应商或者客户随便终止交易的可能性，保证了交易的稳定性。

（2）外因：移动互联网时代的到来。

用户是互联网行业的核心关注点，各个互联网企业争夺的关键点之一就是用户。如今，移动互联网如雨后春笋般忽然兴起，此时，对于入口级产品来说，谁拥有更多的用户，谁就在竞争中拥有更多的话语权。

腾讯是阿里巴巴最主要的竞争对手之一，而腾讯的 APP——微信——已经几乎家喻户晓，拥有最多的用户数量。相比之下，阿里巴巴就逊色不少，因为其并没有什么可以与微信抗衡的移动端产品，此时，实行纵向一体化，从而抢占移动端的流量入口，就成为阿里巴巴的一条重要途径。

3. 多元化战略的动因

（1）降低企业风险，为企业带来新的盈利增长点。

互联网行业在科技的带动下，更新换代的速度非常快，这无形中就加大了企业的经营风险。而长期以来，阿里巴巴电子商务的收入在其营业收入中占了很大的比重，如果电子商务方面发生了什么意外，可以想象其会给阿里巴巴带来多么大的打击。资料显示，在阿里巴巴 2013 年的总收入中，电子商务的收入占比高达95％，其中国内电商零售收入（淘宝＋天猫＋聚划算）占所有收入的 82.7％，主要包括在淘宝搜索页上的竞价排名收费、广告费、淘宝客佣金。

因此，阿里巴巴采用了多元化的发展战略，其经营范围开始延伸至金融界，甚至是体育界和影视界。这无疑分散了阿里巴巴的经营风险，改变了以往阿里巴巴的运营单纯依赖电子商务的格局，为其带来了新的成长空间。此外，阿里巴巴经过多年打拼，其积攒的大量资金和大量用户都可以得到再利用，提高了资源的使用率。

(2)互联网行业介入传统行业的需要。

阿里巴巴的多元化发展战略,使其互联网行业向传统行业进军,具有更深层次的意义。这二者之间的融合,完成了"鼠标＋水泥"的工作,不但使互联网行业得以向纵深发展,而且因为有了发达的传统行业作为支撑,互联网行业可以消除泡沫,得到更健康的发展。

(3)响应国家政策号召的结果。

如今,想必大家对于"互联网＋"的概念一点都不陌生了,自从李克强总理提出这个概念以来,就得到了社会各界的广泛关注。阿里巴巴的经营范围延伸至金融行业,向用户推出"余额宝",正是响应了国家这一政策的结果,"互联网＋金融"的态势形成,我国的互联网行业和金融行业都取得了很大的进步。

(4)金融、文化行业发展前景良好。

阿里巴巴将业务范围扩展的重点放在了第三产业的金融行业和文化行业,也是有自己的一番考量。如今,随着经济的发展,人们也越来越看重生活质量的提高,第三产业在三个产业中所占的比重也会逐步提高,发展前景良好,金融行业和文化行业的良好发展势头势必会带动阿里巴巴继续发展。

（三）战略并购

阿里巴巴的并购活动是其扩张战略的体现,所以我们把它称为战略并购。为了实现扩张,阿里巴巴有多种可供选择的方式:并购、自建(内部发展)和战略联盟等。那么为何阿里巴巴选择并购这一方式来实行自己的战略扩张呢?

1. 并购内因

(1)由于先发优势的存在,并购比自建易成功。

互联网行业的特征之一是具有先发优势。也就是说,对于一个从未接触过某种互联网产品的客户来讲,他们往往会青睐于那些具有很多用户的平台,因为他们认为那些平台会更成熟,他们可以从中获得更好的体验,这也是我们通常所说的"网络外部性"。对于老的用户来说,如果他们已经习惯了某种平台,重新选择另外一个平台对他们来说就会不太适应,即使另外一个平台可能做得更加完善。因为放弃该平台的话就需要付出包括学习成本、适应成本、经验成本和交流成本等的"转移成本"。

因此,身处互联网行业的阿里巴巴在扩张时就选择了并购,因为和自建相比,并购的成功几率会更大。

(2)吸收先进的技术和人才。

我们都知道,互联网行业是技术密集型行业,同时也是人才密集型行业,说到底,互联网行业就是技术的竞争,就是人才的竞争。阿里巴巴具有电子商务方面的人才,但是却不一定具有运营微博能力强的人才,不一定具有社交软件方面的人才。为了能够在移动互联网时代继续保持领先地位,阿里巴巴首先需要积累起熟悉微博、社交软件等方面的人才和技术。如果通过内部发展,这一切在短时间内都难以做到,此时并购就可以显示出其优势。

并购以后,阿里巴巴就可以将这些各方面的专家和人才聚集起来,齐心协力专注于某项研发,不仅提升研发效率,而且减少了重复浪费。此外,被并购方也可以在并购之后将精力主要放在研究开发和主营业务上,以提高效率。因此,企业并购是一条合适的路径。

(3)减少自建的初始巨额投入。

为了更好地向市场推广自己的产品,互联网企业基本上都经历了"烧钱—盈亏平衡—盈利"的三个阶段。为了实现扩张,如果阿里巴巴选择了内部发展这一条路,那么其在自建初期就需要投入大量的人力、物力和财力,以让自己的产品为消费者所熟知,运营不善还有随时暂停的风险。但是如果选择并购这一途径,那么企业就可以很好地规避这一风险,为企业避免不必要的浪费。

(4)避免战略联盟带来的机会主义行为。

现在我们来谈一谈战略联盟。如果阿里巴巴为了实现扩张,采用了战略联盟的途径,那么就有可能面临"合作伙伴"的机会主义行为。这种行为有两种表现方式:其一,利用自己的优势跟阿里巴巴讨价还价;其二,随时终止合作关系,转而向腾讯或者百度寻求合作。无论上述哪种方式,对于阿里巴巴来说都有可能会遭受惨重损失。而并购可以将双方变为"利益共同体",很好地避免了这种机会主义行为。

2. 并购外因

(1)提高上市估值,规避上市之后对并购的限制。

可以看到,阿里巴巴并购活动的发生均赶在其在美国上市之前,资料显示,单单在2014年第二季度,阿里巴巴共发生了八起大型资金总额过亿的并购。为什么阿里巴巴的并购活动要安排的这么集中呢?

第一,是为了克服信息不对称。针对企业的经营状况,公司里面的员工当然比非公司员工清楚地多,通过并购,阿里巴巴就可以向市场传达出公司"经营状况良好""公司发展前景很好""公司现金流量充足"等信息,这些将会显著提高阿里巴巴的市值。

第二,是为了规避上市之后市场对并购的限制。对于上市公司,为了公众的利益,市场对其的信息披露要求更加严格。阿里巴巴想要进行大额投资,就必须向公众披露,同时征得股东的同意,但如果这一意向不能得到股东的同意,战略并购就会很难实现。

（2）资金充足。

经过多年的经营，阿里巴巴已经积累了足够的现金和资源，而且其净利润还在逐年提高，因此阿里巴巴已经具有足够多的资金来支持其进行大型的并购活动。

此外，流动性资金的减少对缓解企业所有者和经营者之间的矛盾有好处。企业的流动性连年增长，如果继续留在企业里面不进行投资，会让经营者感到权力膨胀，代理成本增加。因此，通过并购活动将大量闲散资金花出去，不仅能够提高资金的使用效率，获得投资收益，而且还能缓解所有者和经营者之间的矛盾，一举两得。

（3）被并企业的价值被低估。

基于价值低估理论，我们知道，如果 A 公司的市值比 B 公司对其的估值低时，B 公司就很愿意买下 A 公司。2014 年 3 月，阿里巴巴买下文化中国 60% 的股权，就是出于这个原因。阿里巴巴的管理层看好中国文化行业未来的发展，认为文化中国的市场估值比它的真实价值低得多。

（4）国家政策的支持。

阿里巴巴积极采取并购形式来寻求发展，这也离不开国家政策的支持鼓励。《关于加快推进重点行业企业兼并重组的指导意见》《并购重组审核分道制实施方案》和"新国九条"等文件的出台，国内市场的并购活动显得十分活跃，政策红利使得各企业愿意将经营范围向更多的领域扩展。

（四）课堂讨论

阿里巴巴战略并购的动因是什么？并购给企业带来了什么效应？

二、案例使用说明

（一）教学目的与用途

（1）案例主要适用于中级财务管理课程，也适用于企业战略管理等课程。

（2）本案例的教学目的在于使学生认识和了解并购的动因和效应。

（二）启发思考题

（1）为什么阿里巴巴选择并购这一方式来实行自己的战略扩张？

（2）企业并购的动因有哪些？

（三）分析思路

本案例通过对阿里巴巴战略并购的扩张道路进行描述和分析，引导学生分析企业并购的动因。

（四）理论依据与分析

本案例的理论依据主要是公司战略与并购的相关理论。

（五）关键要点

了解企业并购的战略动因。

（六）建议的课堂计划

（1）了解企业并购的类型、动因。

（2）课堂讨论。

（七）案例的建议答案以及相关法规依据

建议答案见上文分析。

案例三十三
58 同城并购赶集网

一、案例正文

摘要: 58 同城和赶集网作为全国分类网站中的大企业,业务趋于同质化,存在恶性竞争。本案例以 58 同城并购赶集网为切入点,分析企业并购的原因和风险识别,并对并购前后 58 同城的财务状况进行了分析。

关键词: 并购　原因　风险识别

（一）案例简介

1.企业概况

（1）58 同城概况。

58 同城(58.com Inc.)于 2005 年 12 月 12 日成立,创立人为姚劲波,总部设在北京,目前在全国一、二线城市共拥有 27 家直销分公司。网站定位于本地社区及免费分类信息服务,帮助人们解决生活和工作所遇到的难题。58 同城是中国专业中文分类信息网站,覆盖领域包括房屋租售、餐饮娱乐、招聘求职、二手买卖、汽车租售、宠物票务、旅游交友等。公司口号是:58 同城,一个神奇的网站!

58 同城于 2013 年 10 月 31 日在美国证券交易所上市,发行价 17.00USD,共募集资金 1.87 亿美元。

（2）赶集网概况。

赶集网于 2005 年 3 月成立,创始人为杨浩涌,总部设在北京,在上海、广州、深圳设有分公司,在全国 375 个主要城市开通了分站,服务遍布人们日常生活的各个领域。赶集网涉及领域包括求职招聘、房屋租赁、二手物品买卖、交由车辆买卖、宠物票务、教育培训、同城活动等。网站口号是:赶集网,啥都有。

2. 并购过程

(1)第一轮合并。

2015年4月17日,58同城发布公告称,公司战略入股赶集网。根据最终协议,58同城以现金加股票的方式获得赶集网43.2%的股份(完全稀释后),其中包含3400万份普通股(合1700万份ADS)及4.122亿美元现金获得赶集网完全稀释后43.2%的股份。另外,根据双方协议,合并后,两家公司将保持品牌独立性,网站及团队均继续保持独立发展与运营。

第一轮并购采取对等并购的形式,即58同城与赶集网在合并方案中的估值一样,相互之间的董事席位一样;在业务分工中,赶集网侧重好车、招聘,58同城侧重房产、家政服务。

(2)第二轮收购。

2015年8月11日,有报道称58同城与赶集网的合并已进入到实质阶段,在赶集网创始人杨浩涌入职58同城担任联席董事长、联席CEO之际,58同城官方隐晦地发了一条消息:58同城间接收购赶集网剩余股权。

公告显示,58同城于近期向一些私募基金贡献4650万股新增发普通股以及2.724亿美元现金,而这些基金中的一个财团以收购58同城还没有收购的赶集网剩余股权。

实际上,58同城是以有限合伙人的身份参与创立私募基金,相比此前直接收购赶集网43.2%股权不同,此次58同城收购赶集网剩余股权采取间接收购方式,还给其他基金留有空间。

(二)58同城并购赶集网的原因

1. 第一轮合并原因

(1)企业发展战略层面。

58同城和赶集网作为全国分类网站中的大企业,内容趋于同质化,其在竞争过程中进行各种公关战、广告战,耗费大量资金。从企业发展战略角度,为了防止恶性竞争、两败俱伤,选择合并对公司战略发展具有十分重大的意义。

58同城与赶集网这两家中国最大的分类信息网宣布合并,杨浩涌说自己压力骤减。姚劲波与他有同感,在合并发布会,他这样说道:杨浩涌是让我每天晚上睡不着觉的人。两家公司在市场上广告投入超过20亿元,杨浩涌与姚劲波都觉得,这样打下去消耗太大了,必须改变这种现状。

58同城并购赶集网有助于停滞短期市场行为,协调一致以提升整体收入和利润水平;提高信息发布门槛和审核标准,提高网站信息质量,保护用户利益;加大对创新产品和模式上的投入,把握市场机会。

（2）实现协同效应。

两家最大的分类信息网并购必然带来 1＋1＞2 的协同效应。

①经营协同。58 同城与赶集网并购，必然带来资源上的整合。资源上的共享大大降低企业的内部成本，扩大企业的经营优势和竞争优势。另外，还可获得市场上的主动权和定价权。

②管理协同。两家网站并购后需要做的事情之一就是对管理团队进行整合。在并购活动中，若并购方的管理水平比较高，而被并购方由于管理不善导致其虽然资产状况良好，绩效却比较差，并购之后并购方先进的管理水平便可得到发挥，从而改善被并购方的经营状况。

③品牌协同。58 同城和赶集网相互间的网络资源可以进行很好的互补，在合并之后采取保留品牌战略，两家企业均独立运行并且有着明显的差异划分。这样的差异主要表现在分类信息的不同。而且两家网站在不同模式下已经获得品牌认可，在市场上，整合后的企业相当于用两种品牌进行竞争，能够进一步扩大市场份额。

（3）降低成本，实现规模经济。

表 8 - 2　58 同城年度财务状况表　　　　　　　单位：万元

年度	2015	2014	2013	2012	2011
营业收入	71 489	26 498	14 575	8 712	4 153
营业成本	5 141	1 348	847	1 041	630
营业开支	91 411	24 446	12 266	10 797	11 864

从表 8 - 2 可以看出，营业开支是 58 同城主要的支出项目。在合并之前，58 同城和赶集之间的广告战十分激烈。在合并之后，分类网站广告竞争自然减少，营业开支可以节省。另外，两者合并可以扩大市场，将资金投入企业创新层面，实现企业规模效应。

2. 第二轮采用间接性全资收购原因

（1）规避垄断性争议导致交易难以实现。

58 同城间接性收购赶集网，主要是为了避免外界指责合并是在给本地生活领域造成垄断，导致交易有可能通不过。在滴滴快的打车合并之初，就遭到用户举报，指责合并后造成市场垄断。因此，选择间接收购，可以防患于未然。

（2）保留双方品牌形象。

从 58 同城与赶集网的收购案中可以发现，当初并购中较强的一方最终将会以全资方式收购后者,而最初的公告中表示合并主要是想继续保持赶集网的品牌形象。

(三)58同城并购赶集网前后财务状况分析

58同城合并赶集网前后的季度财务报表显示,主营业务收入出现大幅度提升,2015年第二季度主营业务收入为15 953万元,同比上涨83.20%。财务报表同时显示,58同城第二季度营业利润为亏损3 582万元,营业开支依旧上涨。自2015年以来一直处于烧钱状态,这次也未能改变烧钱本色。具体数据如表8-3、表8-4所示。

表8-3　58同城利润表(单季)　　　　　　　　单位:万元

日　期 项　目	2015-12 -31	2015-09 -30	2015-06 -30	2015-03 -31	2014-12 -31	2014-09 -30	2014-06 -30	2014-03 -31
主营业务 收入	25 533	21 294	15 953	8 708	8 022	7 196	6 465	4 824
营业成本	2 085	1 449	1 008	599	460	341	339	244
营业开支	30 617	28 374	18 527	13 893	8 095	6 551	539	4 410
营业利润	-7168	-8 529	-3 582	-5784	-533	304	727	170

表8-4　58同城利润同比增长率表　　　　　　　单位:%

日　期 项　目	2015-12 -31	2015-09 -30	2015-06 -30	2015-03 -31	2014-12 -31	2014-09 -30	2014-06 -30	2014-03 -31
主营业务 收入	20	33	83	9	11	11	34	7
营业成本	44	44	68	30	35	0	39	18
营业开支	8	53	33	72	24	22	22	22
营业利润	16	-138	38	-984	-275	-58	328	-79

下面我们分别从企业盈利能力、偿债能力和营运能力三个方面分析58同城并购赶集网前后的财务状况变化。

1. 盈利能力分析

我们先来分析合并前后58同城的盈利能力。在此我们选择以下具有代表性的三个指标,具体见表8-5。

表 8-5　**58 同城并购赶集前后盈利能力比较**　　　　单位:%

盈利能力		2015-12-31	2015-09-30	2015-06-30	2015-03-30	2014-12-31	2014-09-30	2014-06-30
盈利能力	净资产收益率	-9.4	-10.15	-4.3	-9.47	4.46	3.88	2.74
	销售利润率	-35.06	-38.94	-37.98	-66.42	2.52	6.5	7.95
	资产报酬率	-5.91	-5.51	-5.85	-7.37	0.97	1.28	1.16

数据来源:根据 wind 数据库整理所得。

58 同城并购赶集网前后四季度盈利能力相关指标如表 8-5 所示。比较 2015 年第一、二季度可以看出,净资产收益率、销售利润率及资产报酬率均有明显的上升,说明两家的合并对企业盈利能力有明显改善,销售利润率的上升说明企业盈利能力增强了,资产报酬率和净资产收益率的上升说明企业运用资本能力提高了。58 同城并购赶集网使得 58 同城的盈利能力有很大的提升。但是,58 同城并购赶集网后的发展和企业管理还需要调整,扭转亏损状态。

2. 偿债能力分析

我们选取流动比率、资产负债率和产权比率三个指标对 58 同城并购赶集网前后的偿债能力进行分析,具体见表 8-6。

表 8-6　**58 同城并购赶集网前后偿债能力比较**　　　　单位:%

偿债能力		2015-12-31	2015-09-30	2015-06-30	2015-03-30	2014-12-31	2014-09-30	2014-06-30
偿债能力	流动比率	75.68	58.45	114.23	157.93	325.89	386.89	167.58
	资产负债率	29.01	32.41	21.03	36.20	27.93	25.11	58.98
	产权比率	40.86	47.95	26.64	56.75	38.76	33.53	143.80

数据来源:根据 wind 数据库整理所得。

从表 8-6 可知,58 同城并购赶集网后偿债能力指标均呈下降趋势,这一现状表明合并使得 58 同城偿债能力减弱。2015 年 8 月 58 同城对赶集网实行的第二轮收购使得流动比率继续下降,但资产负债率和产权比率逐渐上升。因此,58 同城收购赶集网花费了大量资产,使得公司偿债能力有所下降。

3. 营运能力分析

最后我们选取总资产周转次数、应收账款周转次数和流动资产周转次数三个指标,对 58 同城并购赶集网前后的营运能力进行分析,具体如表 8-7 所示。

表 8-7　58 同城并购赶集前后营运能力比较

		2015-12-31	2015-09-30	2015-06-30	2015-03-30	2014-12-31	2014-09-30	2014-06-30
营运能力	总资产周转次数	16.85	14.61	15.42	11.09	38.58	19.74	14.55
	应收账款周转次数	13.8	4.17	3.61	2.11	9.9	33.99	20.43
	流动资产周转次数	0.87	0.71	0.48	0.15	0.41	0.20	0.15

数据来源:根据 wind 数据库整理所得。

从表 8-7 可以看出,58 同城在并购赶集网后总资产周转次数、应收账款周转次数及流动资产周转次数均出现上升。流动资产周转率的上升表明 58 同城利用赶集进行经营活动的效率提高,这可能会对盈利能力产生影响。应收账款周转率的上升说明 58 同城收账能力提升,提高了资产的变现能力。总资产周转次数上升说明对资产利用效率提高了。整体来看,58 同城合并赶集网对公司的营运能力产生了积极影响。

(四)58 同城并购赶集网的风险识别

1. 58 同城并购前的风险识别和风险控制

(1)战略决策风险和风险控制。

通过前文对 58 同城并购赶集网的原因分析可知,58 同城并购赶集网并不是非理性的战略决策,要想在分类信息网站保持优势,并购是必经之路。通过并购增强了企业核心竞争力——市场份额,这使得合并后的公司拥有很大的市场份额,这对于合并后公司的长期发展有着重要意义。同时,赶集网作为合并目标,有着良好的用户粘性和鲜明的特点,有着很好的发展空间,而且作为继 58 同城之后市场份额第二大的企业,在市场份额上也有着极大的优势。

58同城和赶集网的并购在短时间内满足了58同城的发展战略,扩大了58同城的市场份额,增强了其在分类网站行业的市场竞争能力,同时也使其依旧保持行业的龙头老大地位。但是在互联网飞速发展的今天,58同城应该对自己进行重新定位,以寻求更长远的发展,而不能仅仅把眼光放在保持大的市场份额上面。

(2)信息不对称风险和风险控制。

面对信息不对称风险,最主要的应对方法是进行并购前的尽职调查。从上述58同城和赶集网的并购中我们可以看出,58同城在并购前期做了尽职调查。但是,尽职调查不一定能全面保障信息的真实性,使得并购具有一定不可避免的风险。

2.58同城并购中的风险识别和风险控制

(1)法律风险和风险控制。

作为分类信息网站行业内数一数二的两大企业之间的横向并购,会使行业内的格局发生重大变化,导致行业寡头的诞生,可能会招来国家反垄断的调查。58同城在并购中一定要重点审视反垄断法相关内容,避免违法行为。

(2)财务风险和风险控制。

58同城对赶集网并购中包括3 400万份普通股的收购,可能会存在股价不准确的风险。另外,并购可能会引起58同城资金流动性压力,而且可能招致股价的不稳定,具有一定的风险。

对赶集网股价被高估的措施,58同城应当通过对赶集网的财务状况、市场价值、发展前景等方面进行全面的分析,对于财务报表之外的有关信息,更是要谨慎分析,避免对估价造成影响。另外,58同城应聘用专业评估人员或队伍对赶集网进行价值评估。

3.58同城并购后的风险识别和风险控制

(1)经营整合风险和风险控制。

58同城和赶集网均作为分类网站在内容上具有很多重复的地方。因此,在不影响用户体验从而解决内容重叠来降低成本方面十分重要。一旦业务整合不好,可能会导致网站失去一批顾客以及潜在的顾客,增加成本等风险。

对于企业经营整合的风险,应当整合好合并企业的重叠业务,做好内容聚焦。

(2)人力资源整合风险和风险控制。

不同的公司均有不同的人员管理模式。由于双方业务的相似性,有些岗位人员过剩是必然的,人员流动或削减也是不可避免的。赶集网作为目标方,在开始并购的时候会感觉处于弱势,从而使赶集网的人员产生焦虑心理。能否对合并后赶集网的团队进行有效整合,直接影响到合并后的58同城的协同效应。

对于人力资源的风险,应当加强员工沟通,建立正式的沟通渠道,传递信息和反馈信息;设立专门机构,引入整合经理专门进行协调整合,交流沟通和信息反馈,从而达到安抚员工、建立信任、控制员工流失等目的。

(3)文化整合风险和风险控制。

两家企业文化上也必定存在差异,合并后的58同城和赶集网必定在企业文化上发生碰撞,产生冲突。

在文化整合风险控制中,应当熟悉58同城和赶集网的文化理念,58同城应当极力突显自身强有力的企业文化,使得文化比较容易渗入赶集网。另外,还需建立必要的规章制度,使合并公司的价值观、道德规范、员工行为准则、薪酬赏罚制度在规章中予以体现,更有利于新企业文化的建立与传播,真正被员工接受。形成适应新合并公司的企业文化,使双方文化更有利的融合。

(五)课堂讨论

(1)58同城问什么要并购赶集网?

(2)并购过程存在什么风险? 如何识别和控制?

二、案例使用说明

(一)教学目的与用途

(1)案例主要适用于中级财务管理课程,也适用于企业战略管理等课程。

(2)本案例的教学目的在于使学生认识和了解并购的原因和并购过程中的风险识别。

(二)启发思考题

(1)58同城并购赶集网过程中是如何操作规避垄断性争议的?

(2)根据并购前后58同城的财务状况,分析此次并购成败的原因。

(3)根据此案例分析并购过程中的风险识别都有哪些?

(三)分析思路

本案例通过对58同城并购赶集网进行描述和分析,引导学生分析并购的原因和并购过程中的风险识别。

(四)理论依据与分析

本案例的理论依据主要是公司战略与并购的相关理论。

(五)关键要点

了解企业并购的原因和并购过程中的风险识别。

(六)建议的课堂计划

(1)企业并购的原因有哪些?

（2）企业并购过程中会产生哪些风险？如何识别和控制风险？

（3）课堂讨论。

（七）案例的建议答案以及相关法规依据

建议答案见上文分析。

案例三十四

滴滴与快的合并

一、案例正文

摘要：作为打车软件市场的两大巨头，滴滴打车与快的打车为争夺新兴 O2O 市场份额，从 2013 年开始进行了疯狂的价格补贴战，分别砸进了数亿元的资金。2015 年 2 月 14 日情人节这天，两家曾经战斗激烈的公司突然宣布合并，针对这两家公司合并的原因以及结合后带来的机遇与挑战，本案例将从管理、税收与法律角度进行分析并得出启示。

关键词：O2O 市场　企业合并　机遇　挑战

（一）案例简介

让我们将时针刻度调回 2015 年的情人节，中国互联网历史上烧钱最疯狂的两家公司在那时选择在一起，从此"在一起"成为互联网最热门的话题。

滴滴打车和快的打车都诞生于 2012 年，这两家公司具有高度的同质性，自成立之日开始，两者在市场中布局的步调就极为相似，双方围绕市场份额争夺的"烧钱大战"更是愈演愈烈。

合并之前，滴滴打车获得 4 轮投资，总金额超过 8 亿美元，背后金主是腾讯，支付接口是微信支付；快的打车获得 5 轮投资，总金额近 8 亿美元，背后金主是阿里巴巴，支付接口是支付宝。双方都不差钱，为了抢占客户资源，双方不约而同采用了补贴客户的"烧钱"战术。从 2013 年年底开始，快的打车率先推出首单补贴、每单补贴、免单奖励、现金返还等多种方式刺激旅客和司机使用其软件。2014 年 1 月起滴滴也推出类似补贴推广活动。疯狂的补贴成为 2014 年整年最热门的话题，在最疯狂的月份里，两家公司均因补贴行为而导致月开支高达数亿人民币。据统计，2014 年上半年，在滴滴与快的为争夺出租车市场发动的"烧钱大战"中，双方共补贴超过 24 亿元资金。然而，恶性、大规模、持续烧钱的竞争不可持续，在这场大战中，两家并未分出明显胜负。此后，为避免更大的时间成本和机会成本的损失，双方管理层经过反复沟通与交流，最终达成共识，决定进行战略合并。

　　根据双方公司透露的信息,我们可以推测出滴滴打车与快的打车此次合并的方式为新设合并,即滴滴打车与快的打车都将全部资产和负债以及业务转让给另一家新设的企业,滴滴打车与快的打车现有股东换取新设企业的股权或者非股权支付,实现两个企业的依法合并。

　　根据双方的声明,新公司将实施 Co-CEO 制度,滴滴打车 CEO 程维及快的打车 CEO 吕传伟同时担任联合 CEO;同时,两家公司在人员架构上保持不变,业务继续平行发展,并将保留各自的品牌和业务独立性。

　　据报道,合并后新公司估值高达 60 亿美元,这次合并,是中国互联网历史上最大的未上市公司的合并案,新的公司也是最快进入中国前十的互联网公司。

(二)合并的动因和效应

1. 克服企业负外部性,停止恶性竞争

　　企业合并好处之一是可以克服企业负外部性,减少竞争,增强对市场的控制力。所谓负外部性,是指一个人或企业的行为影响了其他人或企业,使之支付了额外的成本费用,但后者又无法获得相应补偿的现象。企业负外部性的一种表现是"个体理性导致集体非理性"。两个独立企业通过给消费者补贴而非技术创新来进行竞争的结果往往是两败俱伤,而企业合并可以减少恶性竞争,同时还能够增强对其他竞争对手的竞争优势。

　　滴滴和快的虽然躺在创新光环背后,但一直通过给司机和乘客补贴的方式进行竞争,耗费了大量资金,不堪重负,经历无休止的亏损。在腾讯和阿里这样的战略投资人退位之后,滴滴快的将不得不认真考虑赢利问题,进行企业合并可以终止这种"恶性大规模持续烧钱的竞争"。

2. 实现规模经济,获得协同效应

　　企业合并不仅扩大了生产规模,而且可以获得协同效应。协同效应指企业合并后互补资源带来的好处。这些资源与正在开发的产品或市场是相互兼容的,协同效应通常通过技术转移或经营活动共享来得以实现。用系统理论剖析这种协同效果,可以分为三个层次:

　　(1)经营协同。

　　企业并购后,新设立的企业可以获得原来企业的各种经营资源,包括营销渠道和营销活动,从而可以节约营销费用;大额的研究费用可以分摊到更多的产品中去,从而降低成本,同时还可通过研发投入采取新技术,向市场上推出新的产品。另外,并购之后企业的规模得到了扩大,其抵御各种风险的能力也得到增强。

　　(2)管理协同。

　　通过并购活动,并购方先进的管理水平可得到发挥,以改善被并购方的管理水平低下的状况。

（3）财务协同。

并购后的企业可以对资金统一调度，增强企业资金的利用效率，管理机构和人员可以精简，使管理费用由更多的产品分担，从而节省管理费用。由于规模和实力的扩大，企业筹资能力可以大大增强，满足企业发展过程中对资金的需求。此外，并购还为企业进行合理避税提供了一个渠道。若被并购方经营连年亏损，存在未抵补亏损，相反，并购方经营状况良好，具有比较好的利润，经营状况良好的企业便可以设法获得经营状况差的企业的控制权，通常情况下这个成本会比较低，从而利用盈利差的企业的亏损来抵减自身未来的应纳税所得额，降低税收成本。

滴滴和快的进行合并后，可以得到以下方面的改进：

第一，用户群扩大。两家公司合并之后，双方服务的用户群将更大，覆盖的城市将更多。

第二，实现资源与数据共享。目前快的和滴滴在司机端各有一些创新，快的推出了"接力单"和"交班单"，滴滴推出了"滴米系统"。虽然合并后两家公司将保持产品和品牌的独立，但可以预见的是，双方将会共享、整合已经累积的移动出行数据，并在技术升级上达成协同。使用快的和滴滴的出租车司机们将可以获得更多的数据、技术支持。在后台数据更加完善，计算模型更加合理的基础上，产品功能将更加丰富，并带来效率的提升和成本的节省。

第三，更加便捷的支付平台。合并后的软件平台，将同时提供支付宝和微信支付两个支付渠道，更便捷的支付平台将带来更好的用户体验和更多的用户。

3. 谋求更大的市场，联合针对外来竞争者

Uber、神州租车、易到用车等竞争给两家公司带来与日俱增的压力，合并是双方合力对抗压力的有力之举。

2014 年 8 月，易到用车就牵手百度推出商务租车服务——"百度专车"。

2014 年年底，百度和 Uber 正式达成战略合作及投资协议。2014 年 8 月，Uber 面向第三方 App（Application，应用程序）开放了 API（Application ProgrammingInterface，应用程序编程接口）。2014 年在百度第四季度财报电话会议上，李彦宏表示百度地图和 Uber 的集成即将完成。同时 Uber 也拿到了高盛的一大笔融资。

易到用车与海尔产业金融成立了合资的汽车租赁公司"海易出行"，3 年后计划将要达到 80 亿资产规模。

2015 年 1 月，神州租车推出自己的专车服务"UCAR 神州专车"。

2015 年 1 月 8 日，交通运输部明确专车必须为"租赁车辆"，私家车被禁。滴滴和快的并没有自己的车辆和司机，要发展专车业务只有两条路：要么联合租赁公司，要么自建车队。第一条路必须加大对租赁公司的议价能力，第二条路需要对牌照和车辆等的巨大投入。滴滴和快的合并后,两者的市场份额有望进一步提高,运营能力有望进一步壮大,便于一起对抗易到、Uber、神州等在专车市场上的竞争。

4. 有利于企业创新,便于开展 O2O 新的业务

O2O 是一种电子商务,即 Online To Offline,线下销售与服务通过线上推广来揽客,在线预订、结算,线下交易、消费。

滴滴和快的之前都各自宣称拥有 1.5 亿用户,合计拥有出租车 3 000 万台,这些用户被培养出使用习惯后,形成的其实是一个巨大的 O2O、移动支付平台和入口。这个平台和入口可干的事情不只是打车,还可以承载从代驾到美甲的大量生活服务,这是一个巨额的商业机会,如果两家公司合并后能够圈下这样巨大的地盘,新公司就可能会是下一个 BAT 级别的公司。

(三)合并中面临的挑战

1. 企业合并可能面临很高的税收负担

滴滴打车和快的打车在投资者的干预下宣布"闪婚",这一企业合并事项不仅涉及一系列的法律与商业上的问题,同时也存在税务方面的问题需要两家企业细细思量。

根据我国税法的规定,企业重组具有两种不同的税务处理方式:特殊性税务处理和一般性税务处理。其中值得注意的是,当以下五个条件同时满足时适用特殊性税务处理规定:①此交易具有合理的商业目的,且不以减少、免除或者推迟缴纳税款为主要目的;②被收购、合并或分立部分的资产或股权比例符合规定的比例;③企业重组后的连续 12 个月内不改变重组资产原来的实质性经营活动;④重组交易对价中涉及股权支付金额符合规定比例;⑤企业重组中取得股权支付的原主要股东,在重组后连续 12 个月内,不得转让所取得的股权。

两种不同的税务处理方式的主要区别在于是否允许被合并企业的亏损在合并企业结转。当上述五个条件同时满足时适用特殊性税务处理规定,此时被合并企业的所有所得税相关事项将全部移交给合并企业,被合并企业及原股东不用确认所得或者损失,并且被合并企业的亏损结转至合并企业弥补。而在一般性税务处理规定下,被合并企业被视为进行"清算",其亏损不得结转至合并企业。

前文分析了滴滴打车与快的打车的合并动机,可以判断出这两个企业进行合并具有合理的商业目的,并不是出于避税方面的考虑,这满足了特殊性税务处理规定适用的第一个条件。并且,根据已有的信息也可以判定企业合并满足特殊性税务处理规定适用的第二、三两个条件。因此,滴滴打车与快的打车合并采用哪一种企业重组处理方法主要根据后面两个条件判断。

如果滴滴打车与快的打车在这项重组交易对价中涉及的股权支付金额低于50%或者取得股权支付的原主要股东,在重组后不到 12 个月内转让取得的股权,那么这项重组交易便只能适用一般性税务处理的规定。

在适用一般性税务处理规定时,对于合并各方来说存在以下税务问题:

第一,滴滴打车与快的打车及其股东要就此交易缴纳巨额的税收。首先是被合并企业滴滴打车与快的打车需要作清算处理,就清算所得缴纳企业所得税。其次是两家企业的股东,需要就取得的新公司股权的公允价值与原公司股权账面价值的差额缴纳企业所得税或者个人所得税。由于没有具体的数据,本文用公司的融资额作为股东的投资成本,用新设立企业的估值作为新设立企业净资产的公允价值。滴滴打车总融资额为 8.18 亿美元,快的打车总融资额为 9.3 亿美元,而据权威机构预测,合并后的公司估值约为 60 亿美元,为所有股东融资额的 3 倍。如果以这一数据来确定股东股权交易的所得以及计算被合并企业的清算所得,滴滴打车、快的打车以及两者的原股东可能要缴纳高达千万甚至上亿人民币的税收。

第二,滴滴打车与快的打车两家企业的亏损额不能在合并后的企业进行弥补,造成税收负担的增加。滴滴打车与快的打车两家公司成立都不足四年,这四年企业的主要任务是培育市场,发掘用户。不论是烧钱的红包大战还是盈利渠道的不完善,都让这两家企业处于巨额亏损状态。如果两家公司合并适用一般性税务处理规定,那么这两家公司的亏损将不能在新公司进行结转弥补,新公司如果实现盈利,需就全部的利润缴纳企业所得税。这对于新成立的企业来说,不能结转弥补的亏损是巨大的浪费。

但是,如果滴滴打车与快的打车在这项重组交易对价中,涉及的股权支付金额不低于 50％并且取得股权支付的原主要股东,在重组后连续 12 个月内不转让取得的股权,结合前文的分析可知,这项合并行为满足适用特殊性税务处理的规定。新设立的企业继承滴滴打车与快的打车合并前的相关所得税事项,合并前两家企业的亏损可结转至新设立的企业进行弥补,新设立企业在盈利当年甚至可能不用缴纳企业所得税;此外,原股东不用就股权支付部分确认所得,因此不用缴纳所得税,这无疑是节约了企业合并的成本。

因此,综合以上的分析可知,在滴滴打车与快的打车的合并业务中,一旦不适用特殊性税务处理规定,合并各方有可能面临很高的税收负担,合并成本增加。

2. 企业合并可能面临很高的反垄断审查风险

滴滴和快的合并属于经营者集中,但是与动辄数亿的补贴相比,收费广告所带来的收入微乎其微,因此合并双方的营业额很难达到集中申报门槛。但是按照法律规定,有事实和证据表明其具有或可能具有排除、限制竞争效果的,商务部应依法进行调查。

要想判断滴滴和快的合并是否或可能具有排除、限制竞争效果,关键在于判断其是否具有市场支配地位。若要判断其是否具有市场支配地位,关键在于对打车应用市场的定义,究竟是归为广义的出行市场的一个细分领域,还是一个行业。若按照细分领域打车软件领域划分,根据数据显示,截至 2014 年 12 月,中国打车APP 累计账户规模达到 1.7 亿。滴滴打车与快的打车分别以 56.5%、43.3%的比例占据中国打车 APP 市场累计账户份额领先位置。如此算来,滴滴与快的合并后,新公司在中国打车 APP 市场份额中占比将超过 99%,已经符合反垄断法相关规定,具有市场支配地位。但是从整个出行行业来看,移动打车只是占非常小的比例,行业参与者非常多,因此,合并后的新公司不具有市场支配地位。

若从打车软件这一细分领域,滴滴快的合并后形成的新公司具有市场支配地位,可能协同定价,主导市场价格,从而挤压其他打车软件的生存空间。但是,即使滴滴和快的合并适用反垄断审查并不等于这次合并构成违法。所有经营者集中都在不同程度上具有排除、限制竞争效果,但反垄断法并不是不加区分的禁止所有经营者集中,而是有明确的法定豁免。即便滴滴和快的的合并具有反垄断效果,经营者集中审查也不是只有否决一个选项。根据相关法律的规定,国务院反垄断执法机构可以对企业合并附加限制性条件,减少集中对竞争产生不利影响,这也是对打车软件等互联网企业合并后进行监管的有效途径。

3. 业务同质化产生的管理方面问题

(1)业务过度竞争和无序竞争。

快的打车和滴滴打车都是立足于地理位置的 O2O(线上到线下)的打车应用,主要业务范围都涉及实时打车、预约订车和专车服务。合并后保持业务独立性使这两个品牌仍存在业务同质性,业务竞争依然存在,会导致资源浪费,无法实现资源的优化配置。

(2)裁员问题。

由于业务结构、产品组合上的同质性,人员安排上的同质化也极为明显。企业合并后,经常伴随员工裁减现象发生。企业内部很多员工会由此担心裁员,导致军心不稳,人才流失。

(3)联席 CEO 的制度会带来很多隐忧。

事实上,双方在谈合并的时候还是有很大的分歧的。两边的投资方甚至管理层都希望能够套现,但是最后由于金额方面无法达成共识,只能搬出一个所谓的联席制度。而这些分歧无疑是非常复杂的,双方管理层的意见冲突,阿里和腾讯的利益分歧,财务投资者和战略投资方的想法差异,而联席 CEO 制度无法真正消除这些分歧。相反,人为确定的均势只会放大这些分歧直到无法达成任何一致。

(四)课堂讨论

1. 税务方面

在企业合并时,合并各方应当尽量满足特殊性税务处理的规定,以达到延迟缴纳税款,降低合并成本的目的。滴滴打车与快的打车合并如果不满足特殊性税务处理条件时,不管是两家公司本身还是公司的股东,在公司估值很高的情况下,都面临巨额的所得税负担,可能不利于公司重组的顺利进行。因此,在签订滴滴打车与快的打车重组协议时,可以特别注意满足特殊性税务处理规定的五个条件,支付对价时股份支付比例要超过 50%,并且,取得股份的股东在连续 12 个月内不得转让取得的股份。

2.法律方面

反垄断法的实施以及国家反垄断审查的适用成为企业合并的障碍。因此,在合并前后,企业需认真研读国家反垄断相关法律法规,针对自身的实际情况,有意识地进行相应的安排,使之尽量避免成为反垄断法的适用对象,规避反垄断审查风险。与此同时,在合并前后,企业还需与商务部等政府部门进行积极沟通,通过相互积极的协商,达成一致意见,使之合并过程透明化,减少审查风险。

3.管理方面

合并双方要注意实现差异化定位。首先,合并双方需要把重点放在客户需求和细分市场上面,根据客户的需求制定自己的经营战略;其次,根据自己的优势资源和所擅长的领域在细分市场上研发适应市场需求的产品,提高自己的竞争优势,树立品牌形象,实现产品的差异化。在双方保持独立的基础上,促进企业文化的融合,提高管理效率。

二、案例使用说明

(一)教学目的与用途

(1)案例主要适用于中级财务管理课程,也适用于企业战略管理等课程。

(2)本案例的教学目的在于使学生认识企业并购的动因和效应、企业并购过程中的涉税问题以及并购给企业带来的风险挑战。

(二)启发思考题

(1)滴滴快的合并的动因是什么?

(2)企业合并带来的挑战有什么?应如何应对?

(三)分析思路

本案例通过对滴滴快的合并的背景进行描述,引导学生分析企业并购的动因和效应,并针对企业合并带来的问题提出一些应对措施。

(四)理论依据与分析

本案例的理论依据主要是公司战略与并购的相关理论。

（五）关键要点

了解企业并购的动因和并购过程中的风险挑战，以及并购中的涉税风险问题。

（六）建议的课堂计划

（1）我国反垄断法对公司合并具有哪些法律规定？滴滴和快的合并是否具有排除、限制竞争效果？

（2）滴滴与快的合并中应如何合理避税，以降低合并的税收负担？

（3）课堂讨论。

（七）案例的建议答案以及相关法规依据

《国务院关于经营者集中申报标准的规定》

第二条　经营者集中是指下列情形：

（一）经营者合并；

（二）经营者通过取得股权或者资产的方式取得对其他经营者的控制权；

（三）经营者通过合同等方式取得对其他经营者的控制权或者能够对其他经营者施加决定性影响。

第三条　经营者集中达到下列标准之一的，经营者应当事先向国务院商务主管部门申报，未申报的不得实施集中：

（二）参与集中的所有经营者上一会计年度在中国境内的营业额合计超过 20 亿元人民币，并且其中至少两个经营者上一会计年度在中国境内的营业额均超过 4 亿元人民币。

第四条　经营者集中未达到本规定第三条规定的申报标准，但按照规定程序收集的事实和证据表明该经营者集中具有或者可能具有排除、限制竞争效果的，国务院商务主管部门应当依法进行调查。

《中华人民共和国反垄断法》

第十九条　有下列情形之一的，可以推定经营者具有市场支配地位：

（一）一个经营者在相关市场的市场份额达到二分之一的；

（二）两个经营者在相关市场的市场份额合计达到三分之二的；

（三）三个经营者在相关市场的市场份额合计达到四分之三的。

有前两款第二项、第三项规定的情形，其中有的经营者市场份额不足十分之一的，不应当推定该经营者具有市场支配地位。

被推定具有市场支配地位的经营者，有证据证明不具有市场支配地位的，不应当认定其具有市场支配地位。

第二十九条　对不予禁止的经营者集中，国务院反垄断执法机构可以决定附加减少集中对竞争产生不利影响的限制性条件。

案例三十五
平安银行与深发展并购整合

一、案例正文

摘要：本案例尝试以平安银行与深圳发展银行并购整合为例，从财务管理的角度，对企业并购整合背景、动机、方案、结果等作出分析。平安银行与深圳发展银行并购整合是一个具有很强代表性的并购案例，本案例将对其做出具体分析。

关键词：并购　整合　方案

（一）案例简介

1. 背景介绍

（1）新桥投资退出深发展。

新桥投资（NEWBRIDGE）是美国德克萨斯太平洋集团（TPG）创建的、率先致力于在亚洲投资的股权公司。战略性投资是其主要业务，收购韩国第一银行的事件轰动一时，为人称道①。2004 年 12 月份，新桥投资以每股 3.54 元的价格购买了深圳发展银行 17.89％的股权，从而成为其第一大股东。以办理过户登记的时间为起点，新桥投资承诺了五年的锁定期。截至 2009 年 6 月，新桥投资共拥有深圳发展银行（以下简称深发展）16.76％的股权，共计 5.2 亿股股票。此时，基于以下两点原因，新桥投资退出了深发展：

①新桥在 2004 年 12 月份承诺的五年锁定期即将到期，退出行动是可行的。其实早在 2008 年 7 月份，就有消息称新桥投资已经开始酝酿退出计划，与此同时，平安也有意向收购。

②新桥投资主要从事战略性投资，其主要目的是获得溢价回报，根据 2009 年 6 月份深发展的股票价格，新桥此时退出已经能够至少获得 4 倍以上的盈利。

（2）中国平安有意收购深发展股份的原因。

中国平安综合金融战略的梦想就是：“保险、银行、投资”三驾马车并驾齐驱，然而从其盈利结构来看，目前银行板块明显偏弱。截至 2009 年 6 月，中国平安持有平安银行 90.75％的股份，以及深发展 4.68％的股权。2009 年的中国平安年度报告称，银行板块给中国平安营业收入的贡献度为 2.9％，净利润为 7.45％，银行板

---

①　韩国第一银行作为韩国第八大银行，在亚洲金融危机过后陷入困境。1999 年，新桥以约 5 亿美元的价格买入韩国第一银行 51％的股权，然后将其改造成一家优质银行，并在五年后出售给渣打银行，出售价格约合 33 亿美元。

块明显偏弱,急需补强。而收购显然是增强其规模的最快捷最有效方式。同时,再加上中国平安之前已经拥有深发展 4.68% 的股权,作为深发展的中小股东,其已经非常熟悉深发展这块相当具有含金量的牌照与其经营状况,所以,中国平安非常愿意收购深发展。

(3)深发展选择中国平安的原因。

中国平安非常愿意收购深发展,那么深发展为何也选择中国平安呢？深发展是我国第一家股份制银行,新桥投资成为其第一大股东之后,给其带来了内涵式的增长:深发展的不良贷款率不断下降,资本充足率不断上升,在公司治理、风险控制和管理与业务创新等方面均取得了很大的进步。到了如今,不断扩大业务规模是其下一步的发展方向,因此其亟需长期稳定的资本,引入平安就可以完全做到这一点。中国平安能够为深发展提供其扩大业务规模所需要的资金,长远提升其资本实力,同时平安的交叉销售和网点布局又可以使深发展获得"混业经营"的比较优势。其实早在 2008 年 8 月 21 日,深发展董事长兼首席执行官纽曼就在深发展半年业绩发布会上说道:如果平安来投资我们,我们一定会成为比其他银行更好的一个投资对象。

2. 并购进程概述及相关分析

中国平安与深发展的并购整合进程共进行了三个方案或阶段:收购新桥股份;深发展向中国平安定向增发;深发展再次向平安定向增发,中国平安以持有的平安银行股权和部分现金支付,实现平安银行注入深发展。其中,前两个方案的公布是由同一次董事会表决通过并公布的,不过因审批流程等的不同导致在后续进行过程中产生了先后差异,因此本文以时间为主线,就上述三个方案的具体内容及进行状况进行详细的阐述。

(1)中国平安董事会对外投资公告。

2009 年 6 月 12 日,中国平安的董事会通过会议表决通过了对外投资公告,公告的主要内容有以下两点:

第一,股份转让暨收购新桥投资所持有的深发展股份:依照中国平安与新桥投资双方签订的《股份购买协议》,中国平安将购买新桥投资所持有的深发展 5.2 亿股股份(持有深发展 16.76% 的股权)。双方约定,可以在以下两种方式中择其一,由新桥投资最终决定采取哪一种支付方式:①现金收购,共计作价人民币 114 亿元(折合 22 元/股,比后面所述的定向增发所采用的 18.26 元/股的价格溢价 20%。法律对此没有最低价格的限制,由双方自主协商确定);②换股收购,即以中国平安新发行 2.99 亿股 H 股的方式支付。

关于换股收购,法律依据来源于《上市公司收购管理办法》第 36 条的规定:"收购人可以采用现金、证券、现金与证券相结合等合法方式支付收购上市公司的价款。"而上市公司股票是证券的一种,收购人以持有的上市公司股票作为支付收购另一上市公司股份的对价就是所谓的"换股"收购。换股收购又可分为两种:以现有股份支付和以新增股份支付,但是二者的交易主体不同。假如本案是以中国平安现有股份作为支付对价,那么交易的主体应当是中国平安的股东与新桥,而非中国平安本身。因此,中国平安集团公司这个层面,只能以增发新股作为支付对价。

中国平安同时在 A 股和 H 股上市,那么为什么以增发 H 股作为对价呢? 我们认为原因有二:首先,大陆公司法对增发股份有限售期的规定[①],而 H 股没有限售期的强制性规定,因此 H 股更便于新桥套现;其次,新桥更看好 H 股的上升空间。因此,新桥将"平安增发 2.99 亿股 H 股"作为可供其选择的一种支付方式。

现在我们来讨论一下前述的两种支付方式。平安董事会公告日前 20 天 H 股交易均价为 52.815 港元/股,汇率为 1.1344,可以看到,2.99 亿股 H 股的市值大约是人民币 140 亿元左右,相比于第一种支付方式——现金——来说,新桥可以获得更高的溢价。再加上现金支付会影响中国平安的资金流动性,还需要获得国家外汇管理局的审核批准[②]。所以,新桥选择 H 股换股的方式更具可能性,除非届时中国平安 H 股大幅下跌。

第二,股份认购暨定向增发:深发展与平安寿险于 2009 年 6 月 12 日在深圳签署《股份认购协议》,深发展拟向平安寿险非公开发行股票,发行数量不少于 3.70 亿股但不超过 5.85 亿股,发行价格为定价基准日[③]前 20 个交易日的公司股票交易均价,即 18.26 元/股,总共募集资金总额不超过 106.83 亿元人民币,募集来的资金(首先扣除相关的发行费用)全部用于深发展补充资本。

另外,中国平安在公告中提到,无论是上述两笔交易完成时(以后者为准)还是上述两笔交易完成前的所有时刻,他们将采取各种可行的且符合法律规定的手段,以确保其拥有权益的深发展股份不超过当时深发展已发行股份的 30%。那么中国平安为什么要附加该条件呢? 其实依照我国《证券法》以及《上市公司收购管理办法》的相关规定,一旦中国平安持有的深发展股票达到其发行在外股票的 30% 时,需要继续收购的,就应当按照法律规定向深发展所有的股东发出收购深发展全

---

① 《上市公司非公开发行股票实施细则》第 10 条规定,"发行对象认购的增发股份自发行结束之日起12 个月内不得转让"。若为控股股东或为实际控制人,则在 36 个月内不得转让。

② 《中国人民银行结汇售汇及付汇管理规定》第 27 条规定,"境内机构下列范围内的外汇,未经外汇局批准,不得结汇。"国家外汇管理局综合司下发的《外商直接投资外汇业务操作规程(系统版)》1.19 条规定了审批所需资料和流程。

③ 按照《上市公司证券发行管理办法》和《上市公司非公开发行股票实施细则》的规定,该定价基准日为本次非公开发行股票的董事会决议公告日或股东大会决议公告日。本案为中国平安董事会公告日即2009 年 6 月 12 日。同时上述两办法规定,上市公司按照不低于发行低价即公告日前 20 个交易日均价非公开发行股票。

部或部分股票的要约,即"要约收购"。

　　和普通收购相比,要约收购的规定流程就显得更加复杂。在要约收购中,收购方必须要完成下列事项:第一,编制各种报告书、履行相关的信息披露义务;第二,如果收购行为并不是为了被收购方的上市地位,那么收购方就需要向证监会提出申请要约豁免①。当然是否可以获得该豁免是不确定的,如果豁免并没有被批准,那么收购方就需要以现金形式支付对价。

　　而在此案例中,快速套现是新桥投资的主要目的,因此中国平安在这一阶段就需要避免发生要约收购。

　　(2)前述方案的进展状况。

　　①收购新桥所持深发展股份的进展状况。

　　新桥投资选择换股支付方式,在陆续得到中国保监会的批准②、商务部反垄断局的批复③后,证监会于 2010 年 5 月初核定同意中国平安定向增发境外 H 股,作为收购新桥所持深发展股份的对价;银监会也于 5 月初批复,同意平安集团和平安

---

　　①　《上市公司收购管理办法》第 62 条规定了要约收购豁免的条件:有下列情形之一的,收购人可以向中国证监会提出免于以要约方式增持股份的申请:(一)收购人与出让人能够证明本次转让未导致上市公司的实际控制人发生变化;(二)上市公司面临严重财务困难,收购人提出的挽救公司的重组方案取得该公司股东大会批准,且收购人承诺 3 年内不转让其在该公司中所拥有的权益;(三)经上市公司股东大会非关联股东批准,收购人取得上市公司向其发行的新股,导致其在该公司拥有权益的股份超过该公司已发行股份的30%,收购人承诺 3 年内不转让其拥有权益的股份,且公司股东大会同意收购人免于发出要约;(四)中国证监会为适应证券市场发展变化和保护投资者合法权益的需要而认定的其他情形。

　　②　按照《保险资金运用管理暂行办法》和《保险资金投资股权暂行办法》的相关规定,保险集团(控股)公司、保险公司的重大股权投资,应当报中国保监会核准。该重大股权投资,主要指对拟投资非保险类金融企业或者与保险业务相关的企业实施控制的投资行为。

　　③　商务部反垄断局认为中国平安和平安寿险投资深发展股份的经营者集中不具有或可能具有排除或限制竞争的效果,即不构成垄断。本案中主要涉及"经营者集中"及是否构成垄断,本案属于"经营者取得股权或者资产的方式取得对其他经营者的控制权"。当然,并非所有的"经营者集中"均需要进行反垄断审查,必须达到一定的标准或者达到一定的程度。就申报标准,《国务院关于经营者集中申报标准的规定》第三条规定:经营者集中达到下列标准之一的,经营者应当事先向国务院商务主管部门申报,未申报的不得实施集中:(一)参与集中的所有经营者上一会计年度在全球范围内的营业额合计超过 100 亿元人民币,并且其中至少两个经营者上一会计年度在中国境内的营业额均超过 4 亿元人民币;(二)参与集中的所有经营者上一会计年度在中国境内的营业额合计超过 20 亿元人民币,并且其中至少两个经营者上一会计年度在中国境内的营业额均超过 4 亿元人民币。就该案中"营业额"的计算,《金融业经营者集中申报营业额计算办法》第三条规定,银行业金融机构的营业要素包括以下项目:①利息净收入;②手续费及佣金净收入;③投资收益;④公允价值变动收益;⑤汇兑收益;⑥其他业务收入。在本案中,结合中国平安和深发展的 2008 年会计报表,需要进行申报,取得商务部的批准。商务部以《经营者集中反垄断审查决定》(商反垄竞争函〔2010〕第 11 号)核准了上述交易。

人寿投资深发展股份的股东资格,并同意深发展非公开发行 A 股普通股①。

2010 年 5 月 6 日,新桥将其持有的 5.20 亿股深发展股份全部过户至平安名下,中国平安向新桥定向增发 2.99 亿股平安 H 股作为支付对价。2.99 亿 H 股过户到新桥不到一周,新桥即出售 1.6 亿股,套现 96.96 亿港元,在 9 月初其将剩余的 1.36 亿股出售。于是,新桥投资出售了其持有的所有中国平安 H 股,总共获得 187.76 亿港元,按照当时的汇率 1.154 9 计算,新桥投资总共获利人民币 162 亿元,这比现金支付的人民币 114 亿元远远超出很多。

至此,中国平安收购完成了新桥投资持有的深发展 16.76% 的股权,加之其之前持有的 4.68% 的股权,中国平安总共持有 21.44% 深发展的股权。

②股份认购暨定向增发的进程。

2010 年 6 月 28 日,深发展收到中国证券监督管理委员会《关于核准深圳发展银行股份有限公司非公开发行股票的批复》(证监许可〔2010〕862 号),核准其非公开发行不超过 3.79 亿股新股,该批复自核准发行之日起 6 个月内有效。当日,平安寿险以现金人民币 69.31 亿元全额认购。

至此,深发展的资本充足率升至 10.41%,核心资本充足率为 7.20%,首次达到新的监管标准,从而为深发展分支机构的设立和业务扩展打下基础。

就中国平安而言,至此中国平安合计持有 10.42 亿股深发展股份,而深发展的总股数为 34.85 亿,持股比例为 29.99%,为接下来深发展与平安的整合打好了基础。

在完成上述收购后,按照银监会下发的《中国银监会关于深圳发展银行股权转让及相关股东资格的批复》(银监复〔2010〕147 号文)的要求,为保证同业竞争的公平性②,在上述两项交割完成后的 1 年内(即 2010 年 6 月 28 日—2011 年 6 月 28 日),深发展应与平安银行完成整合。这成为下面的第三步及未来整合的直接原因和动力。

---

① 《中资商业银行行政许可事项实施办法》第 4 条规定:中资商业银行以下事项须经银监会及其派出机构行政许可:机构设立,机构变更,机构终止,调整业务范围和增加业务品种,董事和高级管理人员任职资格等。该办法的第 62 条就"机构变更"进行了阐释:法人机构变更包括:变更名称,变更股权,变更注册资本,修改章程,变更住所,变更组织形式,存续分立、新设分立、吸收合并、新设合并等。本案中涉及变更股权,是机构变更的一种,应得到银监会的批准或许可。

② 一般认为,同业竞争是指上市公司所从事的业务与其控股股东、实际控制人及其控制的企业所从事的业务相同或近似,双方构成或可能构成直接或间接的利益冲突关系。目前我国的法律体系中,法律层面对同业竞争尚无明确的认定标准,相关依据主要在于证监会的相关规定。证监会的《首次公开发行股票并上市管理办法》第 19 条规定:发行人的业务独立。发行人的业务应当独立于控股股东、实际控制人及其控制的其他企业,与控股股东、实际控制人及其控制的其他企业间不得有同业竞争或者显失公平的关联交易。该条确定了同业竞争之禁止这一基本原则。

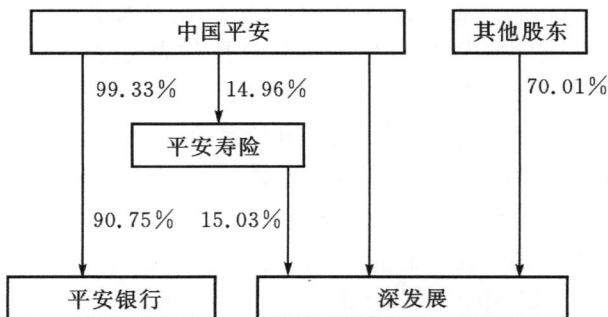

图 8-1　中国平安并购深发展股份结构图

③再次定向增发的进程。

2010 年 6 月 30 日,深发展和中国平安在同一时间对外发布公告称,因为将与平安银行进行重大资产重组,所以会连续停牌。2010 年 9 月 1 日,其对外公告了本次交易的具体方案:深发展将以非公开定向增发的方式向中国平安发行 16.39 亿股份。而中国平安认购这部分股票的方式是其持有的平安银行 90.75% 的股份加上人民币 26.92 亿元(相当于 9.25% 平安银行的股票市值)。此次交易完成后,平安合计持有深发展 26.81 亿股,成为第一大控股股东,其持股比例为 52.4%。

本次定向增发的价格以公告日前 20 日交易均价为基础确定,为 17.75 元/股,筹集资金总计 291 亿人民币。对平安银行的估值也是采用了两种比较常用的方法——市场法与权益法。2010 年 6 月 30 日,经审计的平安银行账面净资产为人民币 153.29 亿元,预估值为 291 亿元,对应 PB 约为 1.9 倍。

就上述交易方案,平安银行部分中小股东并不赞成,认为平安银行的价值被严重低估,中小股东提出中国平安在吸收合并前先以 12.43 元补偿和收购其手中所持股份,而中国平安认为价格过高,以本次 26.92 亿元现金全部用于收购平安银行中小股东手中的 7.97 亿股计算,约合每股 3.38 元,与中小股东提出的 12.43 元差距较大,双方陷入僵持阶段。

但从相关的法律流程看,中小股东无法通过在股东大会层面投反对票来否决上述交易方案,因为按照我国《公司法》的相关规定,单独或者合计持有公司百分之十以上股份的股东请求时才可以召开临时股东大会。因此,在该交易的核准与批准的内部表决程序中,平安银行由董事会表决通过上述方案[①],合法有效。

---

①　2010 年 7 月 23 日,平安银行通过召开董事会通过同意深发展成为平安银行持股 5% 以上股东的议案。

而 26.92 亿元的现金安排为将来由深发展出面收购 9.25% 中小股东手中的股份预留空间。按照深发展的相关公告,该笔现金将用于后续整合平安银行即收购中小股东股份,同时提到"如未因后续整合事宜使用或有剩余,将用于补充公司资本金",因为从理论上讲,收购平安银行剩余中小股东股份,除了以现金作为支付对价外,还可能以换股的形式,此时节省的该资金将用于补充深发展的资本金。因此,这 26.92 亿元主要目的为解决中小股东问题,为深发展将来通过现金安排解决平安银行并购过程中的历史遗留问题做好了准备。

就该并购交易中国平安和深发展已经召开第一次董事会,尚需经过的程序有:①中国平安再次召开董事会会议审议本次交易相关事项;②深发展再次召开董事会会议审议本次交易相关事项;③中国平安股东大会对本次交易的批准;④深发展股东大会对本次交易的批准且同意中国平安免于发出收购要约;⑤相关主管机关对本次交易的批准;⑥中国证监会对本次交易构成的中国平安重大资产重组的核准;⑦中国证监会对本次交易构成的深发展重大资产重组的核准;⑧中国证监会对中国平安就本次交易编制的深发展收购报告书没有异议,并对中国平安因认购深发展本次非公开发行股份而需履行的要约收购义务予以核准豁免。因此,从理论上讲,本次并购交易尚有不确定性。

(二)未来整合方案预期

鉴于目前深发展和平安银行均具有独立的公司主体资格,尚未实现真正的整合,而监管机构明确其在一年内完成整合,因此整合过程将是深发展和平安银行未来一年内的主旋律。深发展的公告也提到:根据本次交易的进展及与相关机关沟通并经其同意的结果,深发展在适当的时候可以采取包括但不限于吸收合并平安银行等适用法律所允许的方式实现"两行整合"。

因此,未来阶段两行整合的方案应为吸收合并。从理论上讲,吸收合并方案又可分为两种:

(1)深发展吸收合并平安银行,平安银行所有资产注入深发展,平安银行主体资格灭失,当然合并后的主体银行名称可以不用"深发展"这一称谓。此时,解决中小股东的问题成为吸收合并的前提,否则,将影响平安银行的整体注入。

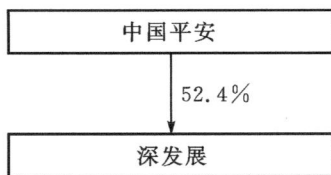

若采用此方案,中国平安与深发展最终　图 8-2　中国平安与深发展股权结构图
的股权结构图见图 8-2。

(2)平安银行吸收合并深发展,若平安银行吸收合并深发展,深发展主体资格

灭失。从具体操作方法看，又可分为两种：

其一，因深发展为上市公司，若深发展主体资格灭失，从证券法的角度为终止上市公司地位，此时需要履行要约收购义务，即平安银行或中国平安收购深发展其他股东股份，变成平安集团100%控股后，平安银行吸收合并深发展，深发展主体资格灭失。

其二，深发展将其资产注入平安银行，平安银行以增发股份作为支付对价，深发展持有平安银行的比例无限接近100%，剩余中小股东的持股比例不断被稀释。最终深发展将除持有平安银行股份外的全部资产注入平安银行，仅剩下平安银行股权和一个空壳。然后两者合并，深发展的主体资格注销，深发展的股东成为平安银行的股东。

到底是深发展吸收平安银行，还是平安银行吸收合并深发展？结合前面对各种吸收方案的操作方法，从可操作性的角度，应该是深发展吸收合并平安银行。理由如下：

第一，深发展为上市公司，若平安银行吸收合并深发展，深发展主体资格灭失，其上市公司的资格也必然灭失。对中国平安来说，代价过大。

第二，若平安银行吸收合并深发展，无论是采用要约收购的方式，还是深发展通过将资产注入平安银行，平安银行以增发为代价的方式，所需流程都相对复杂，且有相当的不确定性。而监管部门对其整合的期限要求为1年，因此平安系统必然选择最易操作的方法。

因此，未来的合并方案必然是深发展吸收合并平安银行，平安银行的主体资格消失。而平安银行主体资格灭失，前提是实现深发展100%持有平安银行的股权，因此平安银行剩余中小股东问题必须得到解决。在未来整合阶段，深发展解决中小股东的方案很可能为：换股加现金，即以深发展股票加上部分现金作为对价，换取其余中小股东持有的平安银行剩余股份。中国平安在公告中也提到其支持深发展进行未来的整合及提供必要的协助：在法律和相关机关允许的范围内，中国平安作为第三方或指定其他第三方向平安银行除深发展以外的股东（即剩余中小股东）提供深发展的股份作为吸收合并的对价，收购深发展异议股东持有的深发展股票[①]等。

---

① 我国《公司法》第143条规定，"股份有限公司的股东因对股东大会作出的公司合并、分立决议持异议，要求公司收购其股份的"，因此上述情形为：若深发展部分股东对该吸收合并方案有异议，中国平安愿意收购该异议股东的股票。

（三）本次交易对双方的意义

1. 就深发展而言

首先，能够缓解资本压力，中国平安能持续提供资本支持，从而长远提升深发展的核心资本实力与融资能力。深发展是国内最早上市银行，但是不良资产率居高不下和资本充足率的长期不达标已成为深发展前行路上的绊脚石，中国平安控股以后，能够较好地解决深发展的资本压力问题。

其次，通过本次交易，深发展将获得一次难得的外延式增长机会。

（1）网点布局的互补与优化。通过控股平安银行 90.75％的股权，深发展的网点布局将会得到优化，无论是资产规模还是网点数量，都将获得大幅度提高。据统计，2010 年 6 月 30 日，深发展在全国 20 个城市设有分行，平安银行是 9 个，在上海、深圳、杭州和广州四个城市，双方均设有网点。上述交易整合完成之后，在上述四个城市里，深发展的网点数量将得到进一步的补充，竞争优势也大大增强。另外，平安银行在福建省的福州、泉州和厦门也均设有分行，而深发展在福建省的网点渠道仍有空缺，这样，就将得到了很好的弥补。

另一方面，深发展还可获得中国平安的支持。在上述交易完成后，深发展便成为了中国平安的唯一控股银行，全国的一二线城市是深发展网点布局的主要集中点，同时也是中国平安保险业务最有优势的地区，这样的区域交集将使得深发展获得更高效率的协同效应。

（2）业务上的协调效应。深发展擅长于贸易融资和供应链融资，而平安银行致力于零售业务及对平安集团客户的交叉销售，两者整合完成后，深发展除了对公业务上的相对比较优势外，将在零售业务上具有较大的比较优势。此外，在深发展的分行网点上，银保产品和信托等理财产品都来自平安系列，这使得深发展上半年银行理财产品大幅度增长 426％。

初步估计，整合交易完成后，深发展总资产规模将超过 9 000 亿元，信用卡累计发卡量将超过 900 万张，超过 370 个物理网点。

最后，能够较大提升深发展的决策速度和反应能力，全面体现控股股东的意志。交易完成后，中国平安以持股 52.4％成为深发展的绝对控股股东，这结束了深发展自上市以来长达 20 年无控股股东、股权结构相对分散的历史记录，深发展也成为目前所有 A 股上市银行中为数不多的单一股东关联持股比例占绝对控股地位的银行①。

---

① 　目前 16 家上市银行中单一股东占绝对控股地位的仅有中信银行，第一股东中信集团持股 61.78％。

2. 就中国平安而言

首先,就中国平安而言,无论是其资产规模还是利润规模,两者都会有一个明显的提升。整合之前,中国平安对深发展采用权益法核算,计入投资收益。而在整合以后,将因其控股地位而采用成本法编制合并财务报表,中国平安的资产规模和利润都将得到提升。

其次,实现对一家更具规模的上市银行绝对控股,符合中国平安综合金融的战略目标,有利于推进三大业务支柱更均衡发展,银行业务更加壮大。据初步估算,银行业务占比将上升到30%左右。

目前,中国平安已经形成了保险、银行、投资三大板块,其中保险业务仍然是中国平安的核心业务。平安已建立了以平安寿险、中国平安财产保险股份有限公司(以下简称"平安产险")、平安养老保险股份有限公司(以下简称"平安养老险")和平安健康保险股份有限公司(以下简称"平安健康险")四大子公司为核心的全方位保险产品和完整业务体系。

就银行板块而言,本次合并以前,中国平安主要通过平安银行经营存款、贷款、汇兑、信用卡、理财等银行业务。平安银行的特色在于零售和中小企业业务,而在平安银行的发展中,依托的平安系统发挥了重要作用。据了解,平安银行的信用卡60%以上来自交叉销售。本次整合完成后,中国平安所属从事银行业务的重心将逐步集中到深发展,深发展将依托中国平安的强大资源优势,包括中国平安超过5 600万名个人客户和超过200万名公司客户,进一步增强核心竞争力。银行板块也将在平安综合金融战略中发挥更重要的作用。

就投资业务而言,平安资产管理公司、中国平安资产管理(香港)公司、平安证券和平安信托投资有限责任公司共同构成中国平安投资与资产管理业务平台。借助这些平台,能够受托对中国平安保险资金以及其他子公司的投资资产进行管理,提供集合理财、证券经纪、财务顾问以及信托计划等各种金融服务。从投向看,受托管理的资产不仅可以向资本市场进行投资,还将向基建、物业、直接股权等领域进行投资,这样就可以满足各种客户对产品和服务的不同需求,也在一定程度上规避了监管部门对银行、保险公司对外投资的限制。

至此,中国平安的综合金融集团战略和构架已基本得以实现。

中国平安的综合金融集团战略构架图见图8-3。

2012年6月,深圳发展银行股份有限公司完成了对原平安银行股份有限公司的吸收合并,更名为平安银行股份有限公司。

(四)课堂讨论

(1)平安银行与深发展的并购整合对双方具有什么意义?

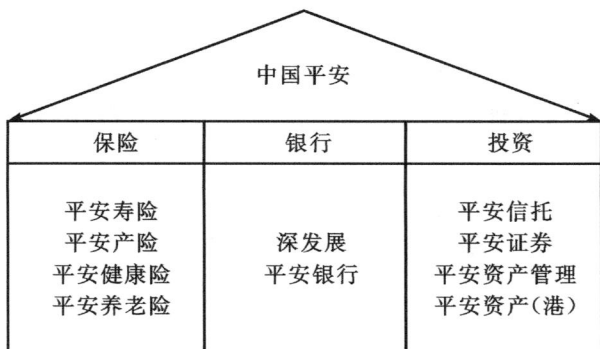

图 8-3　中国平安的综合金融集团战略构架图

(2)平安银行与深发展的并购整合对我国证券市场的发展具有什么样的意义?

二、案例使用说明

(一)教学目的与用途

(1)案例主要适用于中级财务管理课程,也可用于企业战略管理等。

(2)本案例的教学目的在于使学生了解企业并购,对并购具有一定的认识。

(二)启发思考题

(1)企业并购的类型有几种? 本案例属于哪一种并购?

(2)该案例的未来整合方案是否合理? 为什么?

(3)通过该案例你认为我国企业并购的未来发展趋势是什么?

(三)分析思路

本案例的分析思路是以平安银行与深发展股份并购作为切入点,对并购的方案进行了具体分析,重点分析企业对并购类型与方案的选择,使学生了解并购的类型与相关方案。

(四)理论依据与分析

本案例的理论依据主要是公司战略与并购的相关理论。

(五)关键要点

了解企业并购的类型与方案,企业并购的相关法律规定等。

(六)建议的课堂计划

(1)了解企业并购背景、并购类型及方案。

（2）课堂讨论。

（七）案例的建议答案以及相关法规依据

建议答案见上文分析。相关法律依据已在案例正文涉及，此处不再赘述。

案例三十六
东方电气集团并购重组

一、案例正文

摘要：本案例尝试以东方电气集团并购重组为例，从财务管理的角度，对企业重组中的换股比例、合并会计方法等作出分析。随着股权分置改革的逐步完成，在政府的倡导和市场的追捧下，企业集团整体上市驶入快车道，其中，"东电模式"被市场誉为最复杂的模式，被认为是我国资本市场并购重组的典范，本案例将对其做出具体分析。

关键词：并购重组　企业上市　案例分析

（一）企业背景

1. 东方电气集团基本情况

东方电气集团，是以大型发电成套设备、电动机制造、电站工程、设备成套及技术研究、服务、电力自动控制设备、环保节能设备制造及国际贸易为主业的特大型企业集团。其前身是于1984年经批准成立的东方电站成套设备公司。成立初期以东方电机、东方汽轮机厂、东方锅炉厂等为紧密层企业，隶属于原机械部。1992年正式更名为"中国东方电气集团公司"，财务关系上划中央。1993年，国家授权东方电气集团统一经营管理紧密层企业的国有资产；1996年财政部、机械部同意将紧密层企业的国家资本金并入东方电气集团，建立产权纽带关系，初步形成母子公司体制；2003年国务院国资委履行国有资产出资人职责，东方电气集团成为全国53家由中央直接管理的企业之一，发电设备产量2004—2006年连续居于世界第一。

中国东方电气集团公司，现总部位于四川成都，注册资本为1 149 915 000元，拥有东方电机、东方锅炉、东方重机、中州汽轮机等六个重点生产制造企业和四川东方电力设备联合公司、工程分公司、东方日立（成都）电控设备有限公司、投资管理分公司、财务公司等专业公司。

2. 东方电机股份有限公司

东方电机股份有限公司，位于四川德阳市，前身为四川德阳水力发电设备厂，创建于 1958 年 10 月,是中国研制大型发电设备的三大基地之一,国家一级企业。1965 年更名为"东方电机厂"。1992 年 9 月,被国务院确定为全国首批在境外上市的规范化股份制改制试点企业之一,并作为独家发起人以其主要生产经营性资产投入设立"东方电机股份有限公司",于 1993 年 1 月 28 日实行重组分立。改制后,东方电机厂作为东方电机股份有限公司国有法人股的持有者,保留法人地位,行使法人股股权。作为存续企业,主要为股份公司提供与发电设备产品相配套的系列产品和环保设备的制造,并承担工厂原兴办的社会职能和后勤服务产业,为股份公司提供专项服务。东方电机股份有限公司 1994 年 6 月在境外发行 17 000 万股 H 股(股票简称:东方电机,股票代码:1072)于 1994 年 6 月 6 日在香港联合交易所挂牌交易;于 1995 年 7 月 4 日增发 A 股(股票简称:东方电机,股票代码:600875)境内公众股 6 000 万股,同年 10 月 10 日公司 A 股在上交所上市交易。2005 年 10 月,按照有关要求,东方电机厂将国有股权的管理权上交集团公司。2006 年 4 月 7 日,东方电机相关股东顺利通过股权分置改革方案,公司唯一非流通股股东东方电气集团以持有的部分非流通股作为对价,支付给公司流通股股东。股改完成后,东方电气集团持有东方电机股份下降至 20 380 万股,占总股本的 45.29%。

　　东方电机股份有限公司,是东方电气集团的核心企业,主要从事各型水轮机、水轮发电机、汽轮发电机、交直流电(动)机以及相关控制设备的设计、制造和销售。公司的生产技术水平处于国内领先地位,并已经具备了与国际某型电站设备制造商竞争的实力。发电设备产量已超过美国通用电气(GE),跃居世界第一位。

3. 东方锅炉基本情况

　　东方锅炉(集团)股份有限公司,位于四川省自贡市,是东方电气集团旗下核心企业之一。前身是始建于 1966 年的东方锅炉厂,为我国电站锅炉行业的重点骨干企业。1988 年,经批准由东方锅炉厂以部分生产经营性账面净资产折为国家股,独家发起并以募集方式设立股份制试点企业"东方锅炉(集团)股份有限公司"。1988 年 8 月 18 日和 1989 年 3 月 2 日,公司分别向社会公开发行 3 000 万元和 2 400 万元普通股股票。1993 年以评估净资产增值 2 750.72 万元和公司成立至 1991 年 12 月 31 日止所形成的积累 1442.75 万元全部进入国家股,由此形成总股本 21127.12 万元。1996 年 1 月 8 日,经国家国有资产管理局批准,东方锅炉国家股被界定为国有法人股,由东方锅炉厂持有并行使股权。1996 年 12 月 27 日,公司 5 400 万股社会公众股在上海证券交易所上市流通(股票简称:东方锅炉,股票代码:600786)。2005 年 12 月 22 日,东方锅炉厂与东方电气集团签署协议,约定东方锅炉厂将其持有的东方锅炉国有法人股全部无偿划转至东方电气集团。2006 年 5 月 17 日,此次无偿划转完成股份过户手续。

　　东方锅炉(集团)股份有限公司曾经经历了一段非常低潮的时期。上市不久,

"东锅事件"爆发,公司被发现采取非法手段包装上市,且部分董事私自将公司股票进行场外交易牟取暴利以及私吞公司财产。又遇上发电市场设备需求减缓,受"十五"期间电站锅炉设备"三年不开工"的国家产业政策影响,公司在 2000 年至 2002 年连续亏损。但公司通过员工降薪、开发新技术产品等措施度过难关,在 2003 年迎来了行业的"井喷"式增长。

　　东方锅炉(集团)股份有限公司,现已成为以生产电站锅炉为主,以及工业锅炉、特种锅炉、汽轮机辅机、锅炉辅机、高中压阀门、电站控制设备及石油化工容器等产品的中国大型火电设备制造企业之一,是全国三大火电设备设计制造出口基地之一。公司现有在册员工 3 000 余人,占据国内大型电站锅炉产品市场份额的1/3,并远销海外,年产值突破百亿元。

4. 东方汽轮机基本情况

　　东方汽轮机有限公司,公司位于四川省德阳市郊区,隶属于中国东方电气集团公司。其前身为东方汽轮机厂,创建于 1966 年,是我国研究、设计、制造大型电站汽轮机的高新技术国有骨干企业和四川省重大技术装备制造基地的龙头企业。东方汽轮机厂于 2006 年启动改制,主辅分离,改制完成后更名为"东方汽轮机有限公司"。

　　虽然地理位置比较偏僻,改制较晚,但东方汽轮机长久以来一直保持稳定的业绩增长,从未出现过亏损,汽轮机产量的连年翻番,净利润在蒸汽轮机制造商中排名第一,是东方电气集团下属效益最好的企业之一。公司主要从事大型燃煤、燃气及核能发电厂所使用的汽轮机,以及风力发电机组的设计、制造及销售。作为机械工业 100 强和全国三大汽轮机制造基地之一,东方汽轮机现有总资产逾 120 亿元和 5 000 余名员工,主要生产设备 2500 余台。东汽以 PDM、CAPP、ERP 等系统集成制造和核心透平设备加工上的全面数控化,成为国内乃至世界最为先进的发电设备制造基地。拥有 350 吨转子高速动平衡试验台、多级透平试验台、燃机压气机试验台、轴承试验台、油系统试验台、蠕变持久试验机等一批行业领先的实验设备,完成了核电焊接转子研制中心、重型燃气轮机转子研制中心的建设,具备了强大的产品研发能力。2006 年 12 月 31 日,东方汽轮机有限公司注册资金 1 846 000 000.00 元人民币,其中原东方汽轮机厂整体评估净资产出资 1 825 317 201.93 元人民币,货币资金出资 20 682 798.07 元人民币,全部折合为东方电气集团持有的国有法人股。

　　(二)东方电气主业资产整体上市过程

1. 东方电气主业资产整体上市方案

　　东方电气主业资产整体上市涉及四家独立法人企业,分别是中国东方电气集团及其下属的东方电机有限公司、东方锅炉(集团)有限公司和东方汽轮机有限公司。其中东方电机和东方锅炉均为上市公司。为打造一个整合后的资本平台,中国东方电气集团 2006 年 2 月 5 日提出了"股权分置改革＋定向增发＋换股要约收购"的整体上市方案。

对东方锅炉股权分置改革，东方电气集团作为公司唯一非流通股股东，将向东方锅炉股权登记日在册的全体 A 股流通股股东支付 10 送 2.5 股股份的对价，同时还承诺：在本次股改完成后，将以其通过定向增发增持的东方电机 A 股向东方锅炉无限售条件的流通股股东发出换股要约，每 1 股东方锅炉流通股股份可以换成 1.02 股东方电机 A 股股票。

东方电机则通过向东方电气集团发行 3.67 亿股 A 股，折合资金约 89 亿元，用于购买东方电气集团持有的东方锅炉 74.44％股份中扣除支付东方锅炉股改对价后的股份（约占东方锅炉总股份 68.05％）及东方汽轮机 100％股权。购买以上资产不足部分资金以现金支付，现金部分将作为公司对东方电气集团的负债延期支付。

换股收购完成后，东方电气集团则通过东方电机实现主业资产"A＋H"股整体上市。整个方案以东方电机为平台，包括两次收购，第一次以非公开发行 A 股股票和支付现金结合的方式收购东方电气集团持有的东方锅炉 68.05％的股份及东方电气集团东方汽轮机有限公司 100％的股权；第二次将以支付现金的方式收购东方电气集团在换股要约收购东方锅炉要约期届满时取得的不超过东方锅炉 31.95％的股份。两次收购资产的总价值最高合计 150.1 亿元。第一次收购的资产的总价值为 121.8 亿元，第二次收购资产不超过 28.3 亿元。

2. 东方电气集团主业资产整体上市具体实施过程

2006 年 12 月 20 日，东方锅炉公告因拟进行股权分置改革，且涉及重大资产重组事项，开始停牌。同日，东方电机公告因将有重大信息进行披露，公司股票开始停牌。

2007 年 2 月初，《中国东方电气集团公司主业资产整体上市方案》获得国家相关监管部门预审通过，并于 2007 年 2 月 5 日在内地和香港同时公布。

2007 年 2 月 5 日，东方锅炉刊登公告，公司董事会将召开股权分置改革相关股东会，流通股东就股权分置改革方案进行表决。同日，东方电机 A 股和 H 股复牌交易，并刊登公告，称公司董事会审议通过关于公司拟向控股股东中国东方电气集团购买资产并拟非公开发行股票的议案。

2007 年 3 月 6 日，东方锅炉股权分置改革方案获得国务院国有资产监督管理委员会批准。2007 年 3 月 12 日，东方锅炉召开股权分置改革相关股东会议，审议通过了公司股权分置改革方案。2007 年 3 月 21 日，股权分置改革方案正式实施。股改之后，东方电气集团持有的东方锅炉有限售条件流通股 263 165 244 股，占东方锅炉总股本的 68.05％。

2007 年 5 月 16 日,东方电机股份有限公司与中国东方电气集团公司签署《收购协议》,购买东方锅炉及东方汽轮机股权;2007 年 7 月 3 日此次向东方电气集团非公开发行股份并购买资产的议案获股东大会审议通过;2007 年 8 月 7 日获得国家国资委批准;2007 年 8 月 27 日,获得中国证监会重组委员会有条件通过。2007 年 10 月 18 日接到中国证监会正式核准文件,核准东方电机向东方锅炉控股股东——东方电气集团——非公开发行不超过 3.67 亿股人民币普通股,购买东方电气集团持有的东方锅炉股份及东方汽轮机股权,并同意豁免东方电气集团因东方电机向其定向发行 3.67 亿股 A 股股份导致持股数达到 57 080 万股(占东方电机发行后总股本的 69.9%)而应履行的要约收购义务。

2007 年 10 月 26 日,东方电机股份有限公司更名为"东方电气股份有限公司"。

2007 年 11 月 2 日,东方电气集团将其原持有的东方锅炉 273 165 244 股股份(占东方锅炉已发行股份总数的 68.05%)转让给东方电气股份有限公司的过户登记手续在中国证券登记结算有限责任公司上海分公司办理完毕。2007 年 11 月 7 日东方电气股份有限公司向中国东方电气集团公司非公开发行 A 股 36 700 万股,发行价格为 24.17 元/股。

2007 年 11 月 26 日,东方电气集团主业资产整体上市仪式在上海证券交易所举行,经上海证交所核准,股票简称变更为"东方电气",股票代码保持不变。

2007 年 11 月 28 日,东方锅炉履行要约收购获证监会批准;2007 年 12 月 28 日,东方锅炉发布公告称,作为东方电气集团主业重组的一部分,东方电气集团向东方锅炉全体无限售条件流通股股东发起全面换股要约收购。本次要约收购比例为 1∶1.02,即投资者每持 1 股东方锅炉股票,在要约收购期内,都可以换取 1.02 股东方电气股票。要约收购期限从 2007 年 12 月 28 日起至 2008 年 1 月 26 日。与此同时,东方电气集团还提出了 25.40 元/股的现金选择权。但相对于目前东方锅炉的市场价格,投资者若选择现金选择权将可能承受较大损失。

2008 年 1 月 26 日,东方锅炉收购要约期限届满,并于 1 月 28 日起连续停牌;2008 年 2 月 28 日,开始办理相关股份结算、过户手续,确认接受要约的股份总数为 126 905 730 股,东方电气集团向接受本次要约的东方锅炉无限售条件流通股股东支付东方电气股份有限公司 A 股股票 129 444 150 股,上市流通日为 2008 年 3 月 10 日。现金选择权申报期限内,没有投资者申报行使现金选择权。

截至 2008 年 3 月 5 日,东方电气集团收购的东方锅炉股份与东方电气股份有限公司持有的东方锅炉股份共计 400 070 974 股(占东方锅炉已发行股份总数的 99.67%)。根据相关规定,东方锅炉股权分布不符合上市条件,于当日向上海证券交易所申请公司股票终止上市。

2008 年 3 月 22 日,东方电气股份有限公司与中国东方电气集团公司签署协议,确认东方电气集团根据双方于 2007 年 5 月 16 日签署的《收购协议》转让其要约收购的东方锅炉股份数量为 126 905 730 股,约占东方锅炉已发行股份总数的31.61%,收购对价为人民币 2 799 884 194 元。

至此,历时一年多的东方电气集团主业资产整体上市基本完成。

(三)课堂讨论

1. 换股比率的确定问题

由于当时我国的证券市场尚处于起步阶段,股票发行的规模与方式受到政府的严格管制,典型意义上的换股并购并不多见。国企改制的股份公司,其股份一般有国家股、法人股和社会公众股三种,其中前二种目前不能上市流通,在这种独特的股权结构及股份设置下,换股比率如何确定是一个具有中国特色的实际问题。

东方电气集团主业资产整体上市实施的是股改结合整体上市并实施换股要约,在国内尚属首次,具体为:在保持公司总股本不变的前提下,由东方电气向相关股东会议股权登记日收盘时登记在册的全体流通股股东共计送出 25 650 000 股股份,即流通股股东每持有 10 股流通股将获送 2.5 股东方锅炉股份的对价。公司非流通股股东中国东方电气集团公司承诺,在本次股权分置改革方案实施完成后,以其通过非公开发行的方式增持的东方电机 A 股股票为换股证券,向东方锅炉无限售条件的流通股股东发出全面换股收购要约,东方锅炉无限售条件的流通股股东持有的每 1 股东方锅炉流通股股份可以换成 1.02 股东方电机 A 股股票,即换股比例为 1:1.02。因为市场平均的股改对价方案是 10 股送 2.8 股,早在 2006 年中,东方锅炉就提出过一次单独的股改方案,但被流通股股东否决,但现在东方电气结合股改和换股进行整体上市,就顺利通过了,从公司角度,是实现了"股改成本"最低的目的。那么这个股改对价以及换股的比率的确定是否反映了公司的基本面和全体股东的即期利益和长远利益,并有利于公司的发展和市场的稳定,充分保护了改革前后流通股股东的利益?

东方电气聘请的保荐机构对这次对价的安排是以非流通股获得上市流通权的价值为基础确定的。具体确定程序如下:

(1)以海外成熟市场可比公司股票市盈率来确定方案实施后的股票价格。

综合考虑国内 A 股市场在治理结构等方面与国外成熟市场存在一定差距的现实,以及东方锅炉在行业中的地位及综合竞争能力等因素,预计本次股权分置改革方案实施后东方锅炉股票市盈率水平应该在 16 倍左右。东方锅炉 2006 年每股收益预计为 1.2 元,则东方锅炉的理论股价预计为每股 19.2 元。

(2)确定对价水平。

假设:

R 为非流通股股东为使非流通股份获得流通权而向每股流通股送出的股份数量；

P 为方案实施前流通股股东的持股成本；

Q 为股权分置改革方案实施后股价。

为保护流通股股东利益不受损害，则 R 至少满足下式要求：

$$P = Q \times (1+R)$$

以东方锅炉 A 股截至 2006 年 12 月 19 日的 60 日收盘均价 23.85 元/股作为 P 的估计值，以股权分置改革方案实施后的理论股票价格 19.2 元/股作为 Q 的估计值。则：非流通股股东为使其非流通股份获得流通权而向每 1 股流通股送出的股份数量 R 应为 0.242 股，即东方锅炉非流通股股东为获得流通权作出的对价安排应为每 10 股送 2.42 股的水平。

（3）实际执行的对价安排。

实际执行按照每 10 股流通股股份获得 2.5 股东方锅炉股份。非流通股股东东方电气集团承诺，在本次股权分置改革方案实施完成后，以其通过非公开发行的方式增持的东方电机 A 股股票为换股证券，向东方锅炉无限售条件的流通股股东发出全面换股要约，东方锅炉无限售条件的流通股股东持有的每 1 股东方锅炉流通股股份可以换成 1.02 股东方电机 A 股股票，即换股比例为 1：1.02。

综合送股对价和要约收购安排，东方锅炉流通股股东持有的每 10 股东方锅炉的流通股股份可以换成 12.75 股东方电机 A 股股份。

2. 权益结合法还是购买法？

鉴于权益结合法（相对于购买法而言）对合并后的利润会有较大影响，各国均对权益结合法的应用条件作了比较严格的规定（法国和德国甚至不允许使用权益结合法），不符合其中任何一个条件的只能采用购买法。根据 2006 年颁布的企业合并的规定，如果是属于同一控制下的合并则应采用权益结合法，非同一控制下的合并则应采用购买法。因此，按照这一规定，东方电气的合并会计处理应采用的是权益结合法。那么这种规定合理么？

我们来看看国外的情况，早在 1994 年 4 月 21 日美国财务会计准则委员会（FASB）发布了一个令人震惊的消息：全体委员一致投票表决取消权益结合法。同年 9 月，又颁布了企业合并与无形资产征求意见稿。之后 FASB 于 2001 年颁布企业合并会计准则正式取消权益结合法，并在随之颁布的无形资产会计准则中规定，合并商誉不再按期分摊，但要求每个会计年度末对商誉进行减值测试，如发生商誉减值，则冲减商誉账面价值，并将减值损失记入当期损益。这意味着颇受非议的权益结合法将结束其长达半个世纪的生命，成为美国乃至全球会计界的一个历史名词。为什么权益结合法在美国乃至大多数国家取消的趋势下，却在我国还一直存在？我国上市公司换股合并是否也应取消权益结合法而采用购买法呢？

3. 关联方交易的公平性问题是否得到解决？

一方面，为了避免或减少将来可能产生的关联交易，作为东方电机的大股东，中国东方电气集团公司承诺：中国东方电气集团公司作为东方电机的控股股东，本公司及本公司下属的其他企业将尽量减少并规范与东方电机之间的关联交易。对于无法避免或者有合理原因而发生的关联交易，本公司及本公司下属的其他企业承诺将遵循市场公正、公平、公开的原则，依法签订协议，履行合法程序，按照有关法律、法规和上市规则等有关规定履行信息披露义务和办理有关报批程序，保证不通过关联交易损害东方电机及其他股东的合法权益。同时，中国东方电气集团公司承诺在合适时机将相关资产注入东方电机，减少关联交易，进一步提高东方电机资产的完整性、业务独立性和可持续发展能力。只要东方电气集团仍为本公司的控股股东，该承诺将一直生效。

另一方面，整体上市以后，东方电气股份有限公司控股股东东方电气集团的持股比例从 45.29％上升到 54.02％，成为绝对控股股东，其对董事会的组成及公司重大决策的控制权得到加强，包括公司战略、投资决策、发行分配方案等。另外东方电气也从其控股股东那里用换股以及现金购买等方式收购了东方锅炉和东方汽轮，使并列的子公司的关系变为了垂直的直接的控制关系。那么整体上市对关联方关系的加强和东方电气对关联交易公平的承诺是否会有矛盾？

4. 需要进一步讨论的几个问题

(1)你是否认同东方电气聘请的保荐机构确定换股比率的程序和方法？你是否认为这个股改对价以及换股比率的确定反映了公司的基本面和全体股东的即期利益和长远利益，并有利于公司的发展和市场的稳定，充分保护了改革前后流通股股东的利益？

(2)你认为应该采用权益结合法还是购买法来处理整体上市中的换股收购交易？两者的处理结果有何不同？

(3)为了避免或减少将来可能产生的关联交易，作为东方电机的大股东，中国东方电气集团公司对未来关联交易的公平性作出了承诺，另一方面整体上市后，东方电气集团内部的关联方关系加强了，请用关联方关系的角度来分析其可能的后果。

(4)整体上市后，东方电气的合并报表的合并范围是否有所改变？编制合并报表的主体又有何变化呢？整体上市后，东方电气应该以合并报表的利润为基础还是以母公司的个别报表为基础来分配利润？有何不同影响呢？

(5)东方电机向东方电气集团非公开发行 367 000 000 股 A 股股票作为收购

上述股份及股权的部分对价,发行的股份的性质为人民币 A 股普通股,每股面值人民币 1 元。根据公司 2007 年 1 月 4 日《东方电机股份有限公司五届六次董事会决议公告》,本次发行股票的价格拟定为公司临时停牌公告日(2006 年 12 月 20 日)前 20 个交易日收盘价的算术平均值,即 24.17 元,高于定价基准。东方电机向东方电气集团发行的 367 000 000 股 A 股股票折合总价值为 88.7 亿元。这个定向增发的股票定价是否合理? 是否符合法规规定?

(6)经东方电机公司与东方电气集团公平磋商,通过对被收购资产的质量、增长前景、盈利潜力、在各自市场的竞争优势等因素的综合考虑,由四川华衡资产评估有限公司进行的资产评估以及其他相关估值基准确定此次整体上市方案拟购买资产之转让总价格最高为 1501 亿元。其中,首次购买东方电气集团现时持有的东方锅炉 68.05% 的股份及东方汽轮机 100% 的股权的总价格为 121.8 亿元人民币;东方电气集团在换股要约收购期限届满时持有的东方锅炉不超过 31.95% 的对应最高对价为人民币 28.3 亿元。对价一部分由东方电机向东方电气集团非公开发行股份支付,余款将以现金方式分期支付,具体付款方式通过《购买协议》约定。

如换股要约收购期限届满时东方电气集团通过换股要约收购持有的东方锅炉的股份占东方锅炉已发行总股份的比例不足 31.95%,则应付对价按如下公式计算:收购对价 = 人民币 28.3 亿元×东方电气集团未来所持东方锅炉股份占第二次成交日东方锅炉已发行总股份数的百分比÷31.95%,该应付对价将由公司以现金方式支付。

表 8-8 是华衡为拟收购股份出具的评估结论。

表 8-8　拟收购资产评估表

企业名称	转让股权比例	评估值
东方汽轮机有限公司	100%	651.517
东方锅炉(集团)有限公司	100%	885,091
合计		1 500.608

资料来源:《中国东方电气集团公司拟转让资产项目评估报告》(川华衡评报〔2007〕53 号)

评估基准日:2006 年 12 月 31 日。

那么这个上市公司资产的评估方法是否合理?

(四)案例点评

(1)确定换股比率的基础是企业的内在价值。内在价值的计算分传统方法和会计评价方法两种。

①传统方法:计算内在价值的基本思想是现金流量折现法,即资产价值等于该

资产在未来时期付给投资者的净现金报酬按一定的折现率折成的现值,折现率为时间价值和风险溢价之和。

还有以会计利润替代未来现金股利的折现模型为 Gordon 增长模型。

②会计评价方法:会计盈利固然对股票市价有一定的解释力,但解释力度最强的是资产账面价值,而上述方法未考虑账面价值对内在价值的影响。Ohlson(1995)的会计评价方法把两者有机结合。

Ohlson 模型引入了会计净剩余关系,即期初的账面价值与本期盈利之和减去本期发放的现金股利等于期末的账面价值。

确定换股比率的传统方法主要有以下几种:每股净资产之比、每股收益之比、以每股收益不被稀释为约束条件确定换股比率、每股市价之比

L-G 模型:Kermit D. Larson 和 Nicholas J. Gonedes(1969)被认为是较为正规、合理的换股比率的确定模型,以合并双方的股东财富不能因为合并而减少作为确定换股比率的前提条件。

利用各种方法代入东方电气换股案例进行计算。

(2)合并会计方法的选择与合并企业价值。

从理论上讲,商誉费用是一种非现金费用,合并企业采用权益结合法时,其合并后的会计利润通常高于采用购买法时的会计利润,但只要所得税不受影响,两者并不导致现金流量差异。因此,在有效市场下,合并会计方法的选择并不影响合并企业价值。

从国外的文献看,人们对权益结合法的概念基础及其误配资源的质疑,是导致FASB 等准则制定机构取消权益结合法的根本原因。但是,我国企业合并是否也应禁止权益结合法而采用购买法,这一问题的回答不仅需要会计理论的支持,而且需要我国证券市场的证据支持。

利用权益结合法和购买法分别分析对东方电气的财务影响。

(3)关联方关系的程度和公允价值。

在东方电机有能力并取得所需资格及监管机构的批准从事目前东方电气集团从事的主要业务后,东方电气集团承诺不与东方电机构成同业竞争,其主营业务变更为投资管理。

本次交易前,东方电气集团主要从事水、火、核电站工程总承包及分包,电站设备的成套技术开发及技术咨询;其主要业务活动为通过向下属公司采购发电设备,向水电、火力及核能发电厂提供总承包服务及以总承包商或分包商的身份供应综合发电机组,及为电厂提供技术支持服务及物流服务。收购完成后,东方电机将有能力承接该类业务并有意于海外市场进行目前东方电气集团的该部分业务。为避免东方电气集团与东方电机在此方面产生任何竞争,除东方电气集团作出的同业

竞争的承诺外,东方电气集团已于收购协议中作出进一步承诺,其将保证东方电气集团的每个成员公司不再进行或拥有以下业务之直接或间接权益:(a)出售或供应成套发电设备;(b)出售或供应任何发电设备或提供项目管理、工程化、采购、建造或其他与电厂总承包项目相关的其他服务(不管是否具有主承包商或其他能力)。就将与国外客户进行的任何业务而言,进一步承诺将从首次完成日期起生效;就将与国内客户进行的任何业务而言,进一步承诺将从本公司或其任何附属公司已获得中国法律要专门从事该等业务所需资格、批文、牌照或许可日期起生效(须待首次完成已经发生)。只要东方电气集团仍为本公司的控股股东,进一步承诺将一直生效。东方电气集团对本公司作出的其他不竞争承诺将不受进一步承诺的影响。本次交易后,东方电气集团的主营业务变更为投资管理,与东方电机之间不存在同业竞争。

东方电机还聘请独立财务顾问中信证券股份有限公司对公司治理结构发表独立意见,意见认为,东方电机已经建立了相对完善的股份公司治理结构,本次交易完成后,能够做到与东方电气集团及其关联企业之间在人员、资产、业务、财务、机构上完全分开,确保公司资产完整、人员独立、业务独立、财务独立、机构独立。

东方电气在一定程度上保证了形式上的关联方交易的公允性,但另一方面由于关联方程度的加深,控制强度加大,关联方交易的非公允性在另一方面也有加深的可能性。

(4)合并范围有较大改变,原来东方电机、东方锅炉和东方汽轮是属于并列的三个子公司,控股股东为东方电气集团公司,整体上市后东方锅炉和东方汽轮都变为东方电机的直接子公司,因此,对于东方电机来说,合并范围应增加东方锅炉和东方汽轮,较整体上市前增加了。同时,由于东方锅炉和东方汽轮没有上市,则不需要单独公布其个别报表了。

至于按照合并报表还是母公司的个别报表来分配利润,在公司法中没有明确的解释。

分析在其合并报表利润为亏损而母公司个别报表是盈利时的利润分配可能存在的问题。

(5)根据证监会发布的《上市公司证券发行管理办法》《上市公司非公开发行股票实施细则》规定,上市公司非公开发行股票,发行价格不低于定价基准日前二十个交易日公司股票均价的百分之九十,定价基准日可以为关于本次非公开发行股票的董事会决议公告日、股东大会决议公告日,也可以为发行期的首日。上市公司应按不低于该发行底价的价格发行股票。定价符合证监会相关规定,且充分考虑了本次交易公告前的二级市场价格,同时该定价对于 H 股市价也有较大的溢价空间,对 A 股和 H 股两市中小股东利益有较好的保障。

(6)根据国内监管部门要求,重大资产重组项目定价应当建立在相关的评估和审计的基础之上,力求合理公平。此次收购,上市公司聘请了德勤华永会计师事务所有限公司为本公司此次重大资产收购事项的审计师,同时还聘请了四川华衡资产评估有限公司对东方锅炉和东方汽轮机进行资产评估。德勤华永会计师事务所有限公司和四川华衡资产评估有限公司与东方电气集团、东方电机均没有现实的和预期的利益,同时与相关各方亦没有个人利益关系或偏见,其出具的评估报告符合客观、独立、公正的原则。

此次资产评估采用收益法和市场法对东方锅炉全部股东权益价值进行评估,综合分析后以市场法确定东方锅炉全部股东权益的市场价值为 885 091 万元;采用收益法和成本法对东方汽轮机公司全部股东权益价值进行评估,综合分析后以收益法确定东方汽轮机公司全部股东权益的市场价值为 615 517 万元。对于评估增值额,评估报告做出了详细说明。

按东方电机拟购买资产的最高总价值 150.1 亿元计算,拟购买资产(100%东方锅炉股权和100%东方汽轮机股权)2006 年 12 月 31 日的合并净利润约为 131 329.19万元,2006 年的市盈率为 11.43 倍,低于国际同行业的平均水平 18.3 和国内同行业的平均水平 28.9。

二、案例使用说明

(一)教学目的与用途

(1)案例主要适用于中级财务管理课程。

(2)本案例的教学目的在于使学生了解企业并购重组上市中各方面问题的判断与解决方法,并对相关法律法规有一定认识。

(二)启发思考题

(1)具体谈谈资产评估的方法的优缺点。

(2)结合该案例谈谈东方电气应该采用权益结合法还是购买法来处理整体上市中的换股收购交易。

(2)计算企业内在价值的方法有哪些?

(三)分析思路

本案例的分析思路是以东方电气集团并购重组与上市作为切入点,对企业换股比例的确定、合并会计方法的选择、合并范围、审计基础等问题一一进行了分析,重点对企业资产评估作出分析。

(四)理论依据与分析

本案例主要依据为《会计法》《证券法》《上市公司证券发行管理办法》《上市公

司非公开发行股票实施细则》等相关法律规定,具体内容参见上文分析。

（五）关键要点

了解企业并购重组和上市中面临的问题与解决方法。

（六）建议的课堂计划

（1）了解企业背景,重组中的换股比例、合并会计方法、资产评估等事宜。

（2）课堂讨论。

（七）案例的建议答案以及相关法规依据

建议答案见上文分析。

案例三十七
万科股权之争引发的思考

一、案例正文

摘要：在公司治理中,不同的股权结构往往会导致不同的公司治理问题。万科集团为了避免大股东对其他小股东的利益削弱,采用分散的股权结构与职业经理人制度来维持并推动万科的发展,而分散的股权结构却引来了"野蛮人"的收购,最终上演了一场收购与反收购的经典商战。万科的股权之争对于股权分散的上市公司来说是一个警示,它提醒这些企业,一定要有反收购的意识,要保证企业的控股权不会旁落,要有随时打破敌意收购的措施安排。

关键词：收购　反收购　公司控制权

（一）案例涉及公司介绍

1. 万科集团

万科集团成立于1984年,其前身为现代科教仪器展销中心。1987年3月更名为"深圳现代企业有限公司",同时进入房地产行业。同年11月进行了股份制改制,并向社会发行股票,公司正式更名为"万科企业股份有限公司",1991年"深万科A"在深圳证券交易所上市。在集团董事会主席王石及创始人团队的带领下,经过30多年的发展,万科已发展成为全球最大的房地产公司。王石所代表的管理层持股比例总计占万科股份的1%,但是由于其作为创始人对公司的发展起着中流砥柱作用,长期以来大股东并未过多对万科董事会加以干涉,所以王石及其团队是万科集团各种决策的实际掌控者。

2. 宝能集团

宝能集团是宝能系的核心,成立于2000年,总部设在中国深圳,注册资本为3

亿元人民币。从工商注册资料来看,宝能集团只有姚振华一个股东。宝能集团旗下业务涵盖非常广,不仅包括传统物流行业、物业开发和民生产业,还囊括了金融和文化旅游产业。下辖创邦集团、前海人寿、粤商小额贷款和钜盛华等多家子公司,其中前海人寿和钜盛华是此次事件宝能系的开路先锋。

3. 华润集团

华润集团是一家多元化控股企业集团,在中国香港注册成立和运营,其前身是1938年中共为抗日战争在香港建立的地下交通站,1948年改组更名为华润公司,1952年隶属关系变更,由中共中央办公厅变为中央贸易部(现为商务部)。1983年,改组成立华润(集团)有限公司,业务由总代理贸易转向自营,并通过一系列实业化投资,推动企业逐步发展成为在香港和内地颇具影响力的、以实业化为核心的企业集团。2003年归属国务院国有资产监督管理委员会直接管理,被列为国有重点骨干企业。

(二)万科股权之争始末

1. "野蛮人"来袭,"万宝之争"上演

回顾这场商战,肇始于"宝能系"的收购。

自2015年7月起,潮汕商人姚振华旗下的宝能系,通过旗下的钜盛华、前海人寿等"一致行动人",在二级市场连续暴力举牌,控股权一举超越此前万科企业股份有限公司(下称"万科",000002.SZ)的第一大股东华润集团。

对于万科而言,这无疑是一场"地震"。面对宝能系对控股权的步步紧逼,2015年12月17日,王石在北京发布言辞激烈的讲话,将宝能系称为"门口的野蛮人","万宝之争"的资本大戏正式公演。12月18日,万科紧急宣布停牌,声称公司正筹划股份发行,用于重大资产重组及收购资产。

万科停牌期间,管理层合纵连横,筹划资产重组,力图解决股权分散问题。以杠杆收购而持股24.26%的宝能系,则因为股市下行、监管收紧,面临越来越大的资金和政策风险。

事实上,对于万科股权分散存在的潜在风险,管理层并非无动于衷。早在2014年初,郁亮在一次会议上拿出一本《门口的野蛮人》说:"野蛮人正成群结队地来敲门。"他算了笔账,以万科当时的股价来看,想要控制万科只要200亿元,"如果能成为大股东,获得绝对控制权,这是最简单的;如果不能获得绝对控制权,可以通过股东大会、董事会来捣乱,比如投反对票、利益要挟等等"。

2. 深圳地铁出手相救

一面是王石的合纵连横,一面是宝能系的默不作声。

2016年3月13日,万科发布公告称,已与深圳地铁集团于12日签署战略合作备忘录。万科拟主要以新发行股份方式,收购深圳地铁集团所持有目标公司的全部或部分股权,预计交易规模介于人民币 400 亿元至 600 亿元之间。如交易成功,未来万科将成为深圳地铁集团长期的重要股东。

根据合作备忘录,相关目标公司的主要资产为深圳地铁上盖物业项目,具体交易对价以经有关部门备案后的独立第三方评估结果为依据。万科拟主要以定向增发股份的方式支付对价。王石表示,未来双方将依托"轨道＋物业"模式,通过联合开发,实现优势互补。

2016 年 3 月 17 日,万科 2016 年的第一次临时股东大会召开,审议《关于申请万科 A 股股票继续停牌的议案》,王石、郁亮等万科管理层出席现场会议。万科股东大会投票结果显示,万科 A 将继续停牌至 6 月 18 日,宝能系对引进深圳地铁重组、继续停牌的议题投了赞成票。

不过,在随后召开的"2016 中国发展高层论坛"上,华润董事长傅育宁表示,其个人仍将支持万科的健康发展,建议中小股东关心万科重组进程。他同时表示:"3月 17 号股东会之后,股东代表向媒体披露的这件事是一件令人遗憾的事","如此重大的事项,11 号开会的时候谈了 21 个议题,只字未提这个事,第二天,就披露了又是股权对价、又是交易资产规模、又是支付方式,这合适吗?"

2016 年 6 月 17 日,万科召开复牌前的董事会会议,审议万科和深圳地铁的重组预案。

当晚,万科宣布,公司有条件同意向深圳地铁集团收购深圳地铁前海国际发展有限公司(下称"前海国际")的全部股权。重组预案提出,万科通过发行 A 股股份的方式购买深圳地铁集团持有的前海国际 100％股权,初步交易代价 456.13 亿,股份发行价格为每股 15.88 元。

公开信息显示,前海国际在深圳市南山区拥有 3 个地块,总建筑面积为 180 万平方米左右,可用于商业和住宅发展。若此次收购继续进行,深圳地铁集团将成为万科集团的最大股东,持有 20.65％股权。

6 月 18 日凌晨,万科发布公告称,董事会投票以 7∶3 优势表决通过了与深圳地铁的重组预案,而华润 3 名董事集体投反对票。华润方面坚称投票无效,认为重组预案未获得 2/3 的票数通过,并向万科发送了律师函。

针对深铁重组计划,舆论的声音也大相径庭。

国际信用评级机构穆迪副总裁、高级信用评级主任曾启贤对《中国经济周刊》记者表示:"从万科集团的角度来看,如果收购建议成功完成,则可扩大其土地储备,从而进一步加强其在深圳的市场地位,同时也将扩大其股本基础。""此外,万科集团将可能有更多的机会参与深圳地铁集团铁路沿线的房地产项目。"作为穆迪针对万科集团的主分析师,曾启贤补充道。

有评论则指出,战略调整、资产重组和重大项目投资都是非常审慎的,而深圳地铁重组计划显然不是基于长远利益的既定战略。

3. 宝能、华润意外联手，"万宝之争"演变为"万华之争"？

6月23日深夜，钜盛华和前海人寿深夜发布联合公告称，明确反对万科发行股份购买资产预案，后续在股东大会表决上将据此行使股东权利。随即，华润集团也发布声明，称反对万科重组预案，关注万科公司治理。华润同时强调，支持万科与深圳地铁在业务层面的合作。

这意味着华润、宝能联手计划以近40%的话语权彻底否定该重组预案，"宝万之争"出人意料地演变为"万华之争"。

6月23日晚间，作为万科重组案的财务顾问，西南证券发布公告称，其因涉嫌未按规定履行职责被正式立案调查。一旦被立案调查，其包括保荐承销、财务顾问在内的投行业务材料将不被证监会受理。

6月24日，万科相关负责人就此事回应，"公司关注到深圳市钜盛华股份有限公司、前海人寿保险股份有限公司和华润等股东的声明，将广泛听取相关各方的意见和建议，做好协商沟通"。

6月26日，万科发布公告称，公司于近日收到股东深圳市钜盛华股份有限公司及前海人寿保险股份有限公司发出的"关于提请万科企业股份有限公司董事会召开2016年第二次临时股东大会的通知"。

宝能系提出罢免现任万科董事长王石、现任万科总裁郁亮等10人的"清盘"提案。宝能系直指王石在任董事长期间，前往美国、英国游学，长期脱离工作岗位，却依然在未经董事会批准下获取现金报酬共5 000万余元。宝能称，万科企业合伙人制度作为万科管理层的核心管理制度，万科实质已成为内部人控制企业，违背公司治理的基本要求，不利于公司长期发展和维护股东权益。

同晚，华润再次声明，重申对与深圳地铁重组预案的反对立场，并对万科公司治理"高度关注"。

"天要下雨，娘要改嫁。还能说什么？"王石在朋友圈里发文感叹，"当你曾经依靠、信任的央企华润毫无遮掩地公开和你阻击的恶意收购者联手，彻底否认万科管理层时，遮羞布全撕去了。"

在翌日召开的2016年股东大会上，对于罢免议案，郁亮表示，尊重每个股东拥有的权益，近期董事会会讨论相关议案。

"管理团队会尽力维持，但是今天我们也感到有心无力。王石主席和我的去留问题并不重要，但是万科普通员工的人心如果散了，股东和相关方的利益都得不到保证。我们在任何一天都会尽到自己的责任。"郁亮说。

6月27日，万科2016年度董事会、监事会报告均未获通过。

万科独立董事华生撰文透露，华润此次谋求的不仅是第一大股东的地位，而是能够控股和控制万科,使万科名副其实地变为华润旗下的下属央企控股企业,服从华润的一元化领导,从根本上结束过去华润身为第一大股东而又说了不算的局面。"由于华润客观上短期不可能在万科增加持股到50％以上,成为绝对控股股东,要实现目的就必须改变现行万科治理架构,赶走长期实际控制的公司管理层。"华生指出,华润与宝能本应对立的两家最近宣布将会联手在下次股东大会上否决引入深圳地铁的重组预案,共同指控万科管理层"内部人控制"等治理问题,这意味着在共同否决万科公司几十年形成的治理模式、撤换经营管理层的目标下,双方可能成为盟友和一致行动人。

6月27日,深交所分别向华润及宝能系下发关注函,要求二者各自说明:是否存在协议或其他安排等形式,以共同扩大所能支配的万科股份表决权数量的行为或事实,同时须对照《上市公司收购管理办法》,说明是否互为一致行动人及其理由。

6月30日,华润与宝能系均回复深交所问询,表示与对方不构成一致行动人。当日,华润还发布公告称,对于公告中罢免所有万科董事、监事的提案,华润有异议;华润会从有利于公司发展的角度,考虑未来董事会、监事会的改组。

(三)课堂讨论

导致万科集团控制权危机的因素有诸多方面,既包含了影响控制权的股权结构不合理,也有管理层本身迟钝的反应而显示出的公司治理失效。总的来说,此次万科集团控制权危机由以下几个方面原因造成:

1.万科股权结构弊端

万科集团由于其特殊性,在原大股东华润的支持下,持股仅占1％的管理层成为了公司的实际掌控人。对于万科这样一个巨无霸型的公司而言,保留创始人王石团队对万科的控制权非常重要,然而控制权应该和所有权相匹配。万科团队通过个人关系和华润保持了良好的所有者和经验控制者的关系,却忽略了实际控股比例过低的天然劣势。算上大股东华润的持股,也只有16％左右的股份,要结盟控制上市公司,并不十分保险。根据万科2014年披露的公司年报可以看出,万科资产接近5 000亿元,其股本只有110亿元。在股市上,万科一共有流通股96.6亿股,即使按照宝能最后一次购入万科股票的价格23.304元计算,也只有2 251亿元。随着宝能坐上万科第一大股东位置,加上市场推力,万科的市值达到了2 699亿,万科此时若要在资本市场硬碰硬夺回第一股东,成本大大提高。此外,万科股权相当分散。分散股权本身是一个有利于产生权力制衡,便于民主决策的方式,同时还能防止恶意收购。然而,由于万科本身具有特殊性,万科的实际控制权力主要来自于没有绝对控股的大股东华润对管理层的同盟。也就是说,实际是1％的股份在运作整个公司,这样一来,当有人趁虚而入时,便很容易站在道义的制高点。

同时,万科股权过度分散但是其流动性极大,非常便于在资本市场进行收购。所以,在分散股权的情况下,没有足够数量的盟友也是宝能系能登堂入室的重要原因。

2. 关键少数个人的实际权利超越公司治理制度限制

与很多上市公司类似,万科集团创始人团队对公司的控制度之高,几乎可以达到绝对控制程度。种种迹象表明,万科在遇到任何突然状况时,只要董事局主席王石发声,上至总裁郁亮,下到万科各个部门都必须接受指令。这样的机制导致万科遇到很多大事,都需要听候处于半退休的王石决策,也正因此导致宝能凶猛的举牌在初期并没有受到重视,待王石反应过来,有点措手不及,错失了最佳防御时间。当关键少数的个人对公司的影响力超越了公司治理制度本身,说明公司治理的各种制度失效,对于上市公司来说这无疑是一种隐患。

3. 对杠杆资金冲击准备不足

万科对宝能系前期的投资没有给予重视。因为万科并不相信宝能能拿出400亿的巨额资金,而出乎所有人的意料,宝能居然采取了非常激进的杠杆手段,以100亿左右的资金撬动了300多亿以冲击万科的控制权。宝能系以短期债务形式做了当下看起来是万科的长期投资的决策,使得万科管理层始料未及。

(四)万科事件引发的思考

万科事件涉及的金融杠杆问题、控制权问题和公司治理问题值得整个社会反思。尤其是对王石这些为公司发展立下汗马功劳的创始人,如何确保他们在公司中的发言权,值得思考。

1. 优化股权结构

一直以来,万科管理层只用了不到百分之一的股权就掌控了整个万科,这个100倍的"杠杆"本身就意味着巨大的风险。想要控制一个上市公司,保持相对优势的股权是最基本且最有效的,这也可以更加有效地激励控制者为公司用心经营。其次,面对恶意收购时,原控制者要尽可能稀释对方股份。定向增发新的公司股份给盟友和一致行动人,可以提高自己人持股比例。同时,由于此消彼长,也可以有效稀释掉收购方股份,这也是当下万科集团管理层最优先考虑的策略。此外,我国《公司法》规定了"一股一权"的股权制度,这使得很多公司如京东、百度、阿里巴巴等竞相到国外上市,其目的就是为了实行双重股权。公司股票被分为高和低两种投票权后,内部股东的决策权就会被提升。让内部股东持有投票权高的股票,如此便可避免为了公司控制权而耗费大量资金,保证了创始人及其团队的控制权,也有利于形成高效的管理层团队。

2. 完善公司治理制度,降低少数派的影响力

完善的公司治理制度应该既要考虑创始人和少数关键个人对公司本身的影响

力和控制力,也要有相应的制度来制约或弥补这种具有相对特权的群体本身的短板,这样才能有效地对公司所面临的各种情况快速做出反应。对一个上市公司来说,创始人团队注入的公司文化、发展战略、资源配置等一系列既定方针对公司的运营和发展都起着举足轻重的作用,所以企业应该重点考虑创始人团队的各种建议甚至授予他们某些特殊决策权。这种特殊的决策权必须要有相应的机制予以限制或者辅助,否则很有可能由于关键少数派自身失误或者短板造成公司对危机事件的反应过慢,从而失去最佳处置时机,此次万科控制权事件就非常典型。

3. 完善公司控制权危机应急预案

保持盟友和一致行动人规模是对股权分散企业的最大保护,控制方必须要获得尽可能多的股东支持才能保持对公司的实际控制。若盟友和一致行为人可以互相制衡,则更加有利于控制者保持对公司的控制。对于类似于此次"蛇吞象"事件,被收购方应做好充足的反收购资金准备,如此便可以考虑反向收购收购者公司,以此威逼恶意收购者放弃原有收购计划。当然,此计划需要考虑公司具体情况,如董事会任免周期等。

二、案例使用说明

(一)教学目的与用途

(1)案例主要适用于中级财务管理课程,也适用于企业战略管理等课程。

(2)本案例的教学目的在于使学生了解何为恶意收购与反收购。

(二)启发思考题

(1)为什么万科的毒丸计划行不通?

(2)我国法律方面是如何对恶意收购加以规制的?

(三)分析思路

本案例的分析思路是以万科股权之争为切入点,使学生对恶意收购与反收购有较深的认识。

(四)理论依据与分析

恶意收购,是指收购公司在未经目标公司董事会允许、不管对方是否同意的情况下所进行的收购活动。当事人双方采用各种攻防策略完成收购行为,并希望取得控制性股权,成为大股东。当中,双方强烈的对抗性是其基本特点。

(五)关键要点

了解恶意收购及反收购的各种手段。

(六)建议的课堂计划

(1)分析案例,了解恶意收购及反收购。

（2）课堂讨论。

（七）案例的建议答案以及相关法规依据

建议答案见上文分析。

案例三十八

企业财务战略——美国通用电气公司案例

一、案例正文

摘要：本案例以美国通用电气公司为例，从企业财务管理的角度分析了美国通用电气公司的财务战略。美国通用电气公司的财务战略选择是十分成功的案例，其经验值得推广，本案例将对其做出具体分析。

关键词：财务战略　价值管理　方案

（一）案例简介

企业财务战略，是指企业在特定的时期内，对财务活动的发展目标、方向和道路，从总体上做出的概括与描述；是在对企业面临的市场环境和自身资源进行综合分析后提出的，用来指导企业资金管理、投资和筹资等活动的一套长期的系统性方案。

财务战略管理就是这套方案的制订、实施和评价过程。它可以帮助企业明确使命，弄清所追求财务战略的目标有哪些，需要开发哪些战略，从而通过企业更好的财务决策来创造更高的价值。由此可见，企业财务战略是企业战略理论在企业财务管理的延伸。就财务战略管理的基本内容来说，营运资本战略、投资战略和融资战略等资金的运作活动是我们最为关心的。

通用电气（以下简称 GE）其是一家多元化的大公司，自成立以来，以帮客户解决棘手问题为公司宗旨，产品和服务涉及制造业、金融服务业和高新技术等各个行业，经营范围十分广泛，客户也遍及世界上 100 多个国家和地区。据资料显示，2010 年，通用电气的年销售收入达到 1 502 亿美元，销售利润达到 116 亿美元。取得如此成就的 GE 公司在财务战略制订过程中都考虑了哪些问题呢？

1. 由谁负责制订财务战略？

早期，在 GE 公司，企业总裁与规划部门和财务部门负责设计制定财务战略，之后交给公司经营部门负责执行。这样一来，规划制定者只负责设计财务战略，经营管理层只负责将其付诸行动，从而对制定战略的影响却越来越小，最终就引发了二者之间的脱节与矛盾，所制定的规划也就无法落到实处，只能被抛之脑后。如今,面对日益复杂的市场环境和越来越激烈的竞争环境,在战略制定过程中了解企业所处的环境越来越必要。为此,GE 公司重新设计了财务战略规划组的成员结构,将经营管理者也吸收引进来。同时,GE 公司继续创新,企业战略规划组成员又加入了许多新的面孔,比如各个年龄区的基层经理与员工。这些长期奋斗在一线的职工会更熟知企业所面临的市场环境,更容易识别企业的机会和挑战。

在未来,让企业供应商和客户参与企业战略规划过程将成为一种新的趋势,这样便于企业获得最新信息。比如,作为高度分权的一家跨国公司,惠普就已经采用了这种方式。

2. 财务战略是怎么制定出来的?

企业制定战略规划往往有三种方式:自上而下、自下而上或者互动式,这三种方式各有利弊,企业往往根据自身经营特点以选择适合自己的方法。

GE 采用的方法综合了自上而下和自下而上的特点,努力去适用于各种不同的国际经营环境中运作,寻求统一的全球战略。该战略规划过程,由经营部门的管理层开始,对企业的现状及面临的环境提出分析报告,如技术进步、政府法规的变化、竞争对手的动态等,并确定实现预定目标所需要的企业资源。然后,规划便交由市场小组管理层进行审核,由市场小组代表向总公司的战略规划委员会作出说明;审议结果再反馈给市场小组讨论并调整差异,力求形成共识。最后,由总公司对规划做出评估,并依次投票决策。

但是这样也会出现某种分歧:集团总部的管理者关注的是整个集团所面临的环境,而职位较低的管理者可能只对某个子公司或者部门感兴趣。为了更进一步提高企业的竞争地位,使财务战略更加科学合理,GE 公司就还需要在以下几个方面作出努力:

(1)高层管理者的角色定位是"战略决策者",其必须为决策投入大量的时间和精力;

(2)如今战略规划的本质是创造性思维,而非对未来的预测;

(3)改变以往由已知推测未知的思维,财务战略的制定应该着眼于用动态发展的眼光看问题,关注点在于公司面临着哪些变化以及公司如何在这些变化中看到机遇。

新的战略规划过程对管理层提出了更高的要求,管理层需要设想未来各种可能出现的结果,思考公司应该如何应对以及现在应该如何操作来避免不利情形的发生;另外,还需要事先检验决策是否能够经得住各种情况的考验,尤其是意外事件,从而使得制定出来的战略规划完整却不失灵活性。

3. 财务战略规划包含哪些内容?

总的来说,GE 公司制定的财务战略规划,主要包含如下几个方面的内容:

(1)新项目或新产品投资战略。

就短期而言,企业新项目或新产品的开发投资将占用大量现金,而且在短时间内可能不会赚得较高利润和现金流量。公司的战略现金流规划就需要在仍处于开发期的"长线"项目与短期将会产生较高利润的"短线"项目之间加以权衡。

GE 公司比较倾向于长期投资。为了解决大客户的各种问题,2015 年 GE 公司在全球的基础性投资会增加到 4 万亿美元。就医疗保健来说,该公司每年都会发布 100 多项创新产品。2010 年公司营业收入中的 200 多亿美元就来自于 10 年前还未存在的项目。GE 公司不断地在追求创新,其培育了多项长期投资业务,这些业务如今每年至少会为 GE 公司带来 10 亿美元的收入,加速了公司增长。

(2)资产组合调整战略。

GE 公司的资产大体可以分为两类:核心资产和非核心资产。其中核心资产是公司主营业务所必需的资产;非核心资产又包括快速变现的和变现有难度的资产。快速变现的资产一般指的是有价证券,可以迅速在市场上实现变现;对于变现有难度的资产来说,其在市场上变现存在着不确定性或者需要时间,但是我们可以通过剥离该部分资产而获得现金。GE 公司经常对其资产组合进行调整:与 Comcast(美国最大的有线系统公司)合资组建环球影视(NBCU);出售变现某些非核心资产,支持其在全球经济恢复中获得重要的财务灵活度。

(3)营运资本战略规划。

为了防范现金流风险,公司必须进行通过减少存货、应收账款、取得更多的应付账款等来加强营运资本管理,调整股利政策,安排出售闲置资产。

(4)业绩评价体系建设。

高水平的业绩评价将促使公司全体员工向公司长期最佳利益而努力,GE 的内部评价体系有四个目标,按其重要性排序如下:①确保必要的收益率;②提供早期的预警和修正机会;③为资源合理配置提供依据;④用于评价管理团队。当然,其标准除了利润贡献之外,还有推进业务发展等。

(二)课堂讨论

(1)什么是企业财务战略? 如何制定企业财务战略?

(2)美国通用电气公司的财务战略对我国企业具有什么借鉴意义?

二、案例使用说明

(一)教学目的与用途

(1)案例主要适用于中级财务管理课程,也可用于公司战略管理等课程。

(2)本案例的教学目的在于使学生了解企业的财务战略的制定及其构成内容。

（二）启发思考题

美国通用电气公司财务战略的制订对我们有何启示？

（三）分析思路

本案例的分析思路是以美国通用电气公司财务战略制定作为切入点，对企业财务战略进行了探讨，重点分析美国通用电气公司的相关战略选择，使学生了解企业财务战略制定的相关知识。

（四）理论依据与分析

本案例的理论依据主要是企业战略的相关理论。

（五）关键要点

了解企业财务战略对企业发展的重要性。

（六）建议的课堂计划

（1）了解案例背景、美国通用电气公司的相关财务战略。

（2）课堂讨论。

（七）案例的建议答案以及相关法规依据

建议答案见上文分析。

参 考 文 献

[1] 嵇海芳,蒋力.企业财务管理案例分析——以步步高商业连锁公司为例[J].时代金融,2016(24):209-210.

[2] 施妍,邓单月.基于财务管理角度的工程项目审计案例分析——以 Y 公司项目为例[J].经济研究导刊,2015(21):126-128.

[3] 袁琳,张伟华.集团管理控制与财务公司风险管理——基于 10 家企业集团的多案例分析[J].会计研究,2015(05):35-41.

[4] 何晶晶.巨人集团财务危机案例分析报告——从企业危机管理动态演进的角度分析案例[J].经营管理者,2015(09):116.

[5] 杨寿松,黄为群,俞银富,肖婧,陈莹.电网集体企业集团财务管理信息化研究——以浙江省电力实业公司为案例[J].管理观察,2013(26):97-102.

[6] 嵇媛.中小企业公司治理层面上的资金管理——基于东方电子财务舞弊案例的分析[J].中国商贸,2013(08):36-37.

[7] 袁琳,张宏亮.董事会治理与财务公司风险管理——基于 10 家集团公司结构式调查的多案例分析[J].会计研究,2011(05):65-71.

[8] 张格领,陈志红.苏美达公司价值创造型财务管理案例研究[J].会计研究,2010(10):62-66.

[9] 张晓,吴斌.财务管理新视角——QL 公司客户资产生命周期成本管理案例解析[J].新理财,2009(08):78-80.

[10] 王棣华.对北光集团加强子公司财务管理的案例分析[J].辽东学院学报(社会科学版),2008(03):25-32.

[11] 麦瑜翔.信息化变革对企业财务管理的影响——从国内外企业案例中得到的启示[J].当代经济(下半月),2007(10):58-59.

[12] 白喜波.财务集中管理创新——来自 A 公司的案例研究[J].兰州学刊,2007(07):117-121.

[13] 马忠.公司财务管理案例分析[M].北京:机械工业出版社,2015.

[14] 王棣华.财务管理案例精析[M].2 版.北京:中国市场出版社,2014.

[15] 何瑛.中国管理模式案例丛书:上市公司财务管理案例[M].北京:经济管理出版社,2016.

[16] 邓路.财务管理案例——中国情境下的"哈佛范式"案例[M].北京:中国人民

大学出版社,2017.

[17] 龚巧莉.全面预算管理案例与实务指引[M].北京:机械工业出版社,2012.

[18] 陈玉菁,赵洪进,顾晓安.MBA精品系列:财务管理实务与案例[M].3版.北京:中国人民大学出版社,2015.

[19] 裘益政,竺素娥.财务管理案例[M].2版精要版.大连:东北财经大学出版社,2014.

[20] 李延喜,张悦玫,王哲兵.财务管理——原理、案例与实践[M].北京:人民邮电出版社,2015.

[21] 汪波.财务管理案例与实训教程[M].武汉:武汉大学出版社,2016.

[22] 赵德武.财务管理[M].北京:高等教育出版社,2000.

[23] 曹慧婷.我国企业集团公司财务风险管理与控制[J].企业导报,2010(01).

[24] 文志军,叶涛.浅谈企业集团财务管理[J].财会研究,2000(01).

[25] 楼萍亚.试述企业集团的财务管理[J].经济师,2004(07).

[26] 刘俊哲,线凌云.企业集团财务管理八策[J].中国物资流通,2001(19).

[27] 谢成荣.企业集团财务管理决策分析[J].知识经济,2008(02).

[28] 马芸.企业财务风险的管理与控制[J].现代商业,2010(06).

[29] 迟锁仁.集团公司财务风险管理探究[J].会计师,2011(04).

[30] 王强.关于加强企业财务风险管理的探讨[J].财会学习,2017(04).

[31] 房玲.企业财务风险管理刍议[J].财会研究,2000(06).

[32] 王小军.集团公司财务风险与防范的研究[D].西安:西安理工大学,2002.

[33] 财政部企业司.企业财务风险管理[M].北京:经济科学出版社,2004.

[34] 迟国泰.财务管理案例[M].大连:大连理工大学出版社,2003.

[35] (美)詹姆斯·范霍恩(James C. Van Horne),(美)约翰·瓦霍维奇(John M. Wachowicz).现代企业财务管理[M].北京:经济科学出版社,1998.

[36] 张星文.集团公司财务风险管理研究[D].南宁:广西大学,2007.

[37] 李胜.全面财务风险管理研究[D].湘潭:湘潭大学,2005.

[38] 王斌.张延波,企业集团财务[M].上海:上海社会科学院出版社,2000.

[39] 财政部注册会计师考试委员会办公室.财务成本管理[M].大连:东北财经大学出版社,1999.

[40] 刘志远.企业财务战略[M].大连:东北财经大学出版社,1997.

[41] 李心合.企业财务控制实务前沿[M].北京:中国财政经济出版社,2004.

[42] 刘永中,金才兵.财务控制在企业管理中的应用[M].广州:广东经济出版社,2004.

[43] 胡逢才.企业集团财务控制[M].广州:暨南大学出版社,2004.

[44] 张延波.企业集团财务战略与财务政策[M].北京:经济管理出版社,2002.

[45] 解云香.企业集团财务管理案例分析及模式研究[D].西安:西安科技大学,2006.

[46] 许春华.企业集团财务管理模式问题研究[D].广州:广东工业大学,2007.

[47] 柴斌锋.企业集团财务管理模式研究[D].杨凌:西北农林科技大学,2005.

[48] 王璞,赵月华.母子公司管理[M].北京:中信出版社,2003.

[49] 汤谷良,韩慧博,祝继高.财务管理案例[M].3版.北京:北京大学出版社,2017.

[50] 卢家仪.财务管理[M].4版.北京:清华大学出版社,2011.